SHOHEI

大谷翔平

全本塁打
パーフェクト
データブック

2023年版

監修
福島良一

OHTANI

宝島社

INTRODUCTION

こんなスーパースターはMLBにいなかった

福島良一（大リーグ評論家）

２０２３年は大谷翔平選手にとって史上最高のシーズンだったといえるでしょう。アメリカでは「The Greatest Season」と報道されたほどです。

２０２１年は本格的なリアル二刀流に挑戦して成功を収め、満票でＭＶＰに選ばれました。２０２２年には、ベーブ・ルース以来１０４年ぶりの２桁勝利＆２桁本塁打。さらに、投球回と打席で「ダブル規定到達」が大きな話題を呼びました。

今年はＷＢＣに初参加し、投打で３大会ぶりの世界一に貢献しました。そして休む間もなくシーズン開幕。にもかかわらず、今季の大谷選手は投打にフル回転しました。投げては開幕からほぼ中５日で先発し、新球種「スイーパー」を駆使して開幕４連勝。最初の５先発で防御率０・64と絶好調。今季から長いバットに変更した打撃では、６月に調子を上げ、昨年アーロン・ジャッジ（ヤンキース）のア・リーグシーズン最多62本を超えるかという驚異的なペースで本塁打を量産しました。

日本人初の本塁打王に輝き、史上初の２年連続２桁勝利＆２桁本塁打を記録。さらに一時は投打二刀流で打撃三冠王かといわれるほど歴史的な活躍ぶり。ルースでも成し得なかったことであり、まさしく「The Greatest Season」といえるでしょう。

私は、日本人の本塁打王は絶対に出てこないと思っていました。どんなにパワーがあっても、日本人打者が可能な範囲は30本ほどで、ましてや本塁打王を争う本数は無理ではないか――。しかし、大谷選手は２０２１年にリーグ３位の46本塁打をマーク。そしてついに、今年は本塁打王争いで独走したのです。

ＭＬＢを50年間見てきたなかでも、こんな選手はいない。球界のスーパースターはえてして、敵地では盛大なブーイングで迎えられるもの。しかし、大谷選手にだけは敵地のファンも大歓声を送るのです。

かつて、日本ではＭＬＢの注目度は低く、全米のどの球場へ行っても、日本人は見当たりませんでした。１９９５年、日本人大リーガー・野茂英雄氏の誕生から約四半世紀。日本選手の活躍により、はるか遠い世界だったＭＬＢが身近になり、いまや日本人の生活に溶け込んでいる。50年前には考えられなかった。野球を愛する者として、これほどの喜びと幸せはありません。

９月19日（日本時間20日）に右肘手術を受けた大谷選手は来季、打者としてプレーし、投手復帰は２０２５年を予定。打者に専念した大谷選手がどんな歴史を紡いでくれるのか、今から楽しみにしています。

PROFILE

ふくしま・よしかず●1956年生まれ、千葉県出身。中央大学商学部卒。小学6年生の時に日米野球を観戦してメジャーリーグに興味を持つ。73年に初渡米して以降、毎年現地で観戦。メジャーリーグ通として知られた元パ・リーグ広報部長、故パンチョ伊東氏から薫陶を受ける。専門誌、スポーツ紙などで執筆するほか、MLB中継の解説者としても活躍中

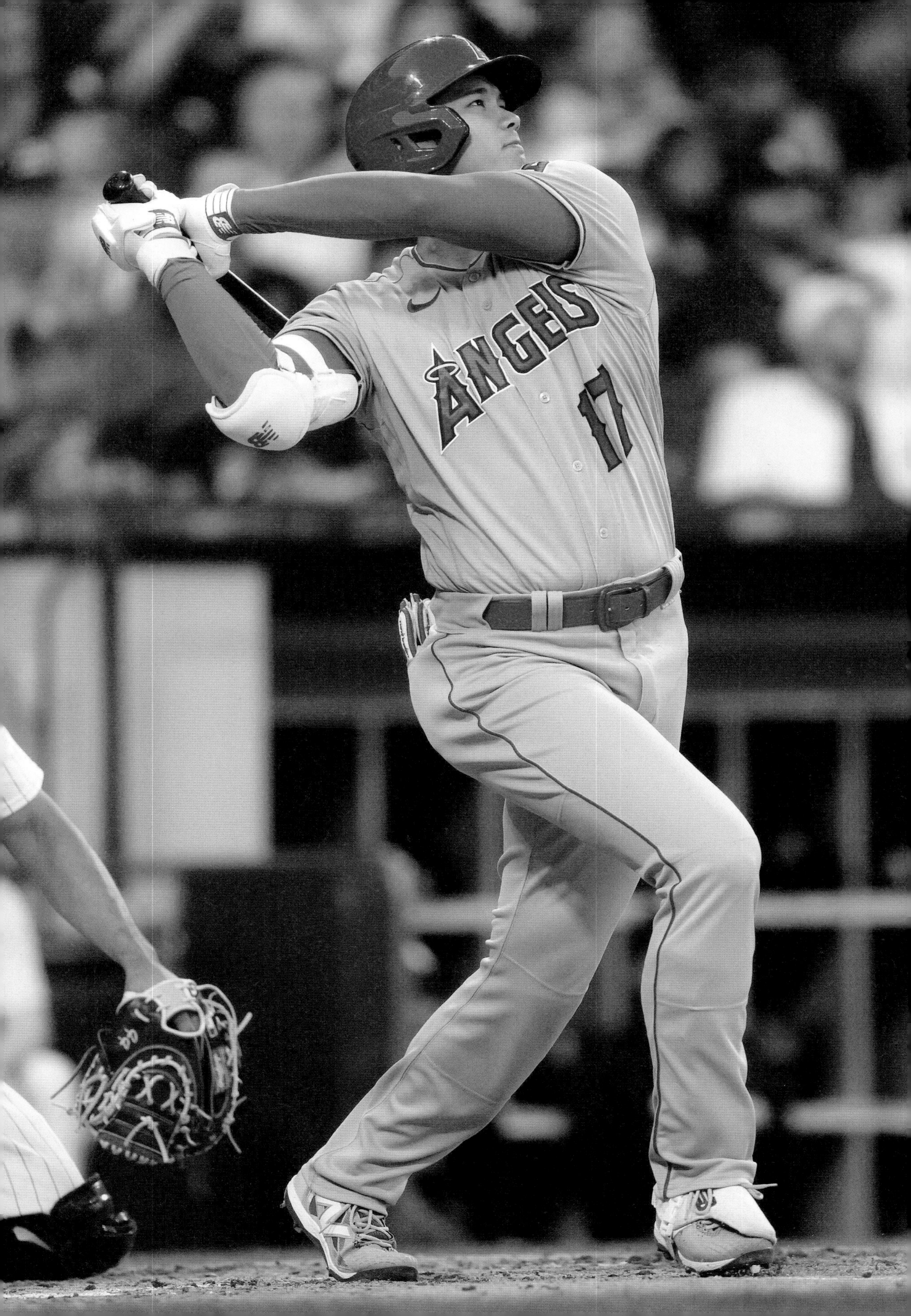
ANGELS
17

4月18日

旧ヤンキー・スタジアム「開場100周年」記念弾

別名「ルースが建てた家」と呼ばれた旧ヤンキー・スタジアム開場100周年記念日に、“現代のベーブ・ルース”と呼ばれる大谷翔平が登場という粋な演出。1923年4月18日、史上最大の開幕戦——。ルースは「この球場の最初の試合で本塁打を打てたら、寿命が1年縮んでもいい」と語った。すると、新球場で3回に第1号ホームラン。それから100年の時を超えて二人が共演。大谷が1回、いきなり先制2ランを放った

大リーグ評論家・福島良一が選ぶ

「SHO-TIME」2023年名場面

この半世紀、MLBをウォッチし続けてきた福島氏も驚愕した「2023年の大谷翔平」。メジャーの歴史に残る10の名場面。

4月27日

史上初
投手がサイクルヒット未遂

2018年デビュー以来、何かと因縁あるアスレチックス戦に「3番・投手兼DH」で出場。開幕から無傷の4勝目をマーク。さらに打者では単打、二塁打、三塁打。最終打席で本塁打なら自身2度目、先発投手が達成すれば史上初のサイクル安打だったが、大きな中飛で凡退。惜しくも、スタンドまであと2メートルで快挙を逃す。その後も5月15日、6月9日と合計3度の先発投手でサイクル未遂。いつか必ず快挙を成し遂げるはずだ

4月30日

計測史上最高度のムーンショット弾

伝説の本塁打王ベーブ・ルースといえば、史上最高のフライボールヒッターとして有名。1965年に開場した世界初の屋根付き球場アストロドームは、ルースの打球の高さから屋根の高さを決めたという逸話もある。それほど高いフライを打ち上げるルースを彷彿《ほうふつ》とさせる一打だった。これまで見たこともない、計測史上最高度となる49.4メートル弾

5月3日

自己最多タイの「1試合13奪三振」

2023年3月のWBCでともに戦った侍ジャパンの同僚、ラーズ・ヌートバー（カージナルス）から、スイーパー、スプリット、直球とすべて異なる球種を駆使し、まさに狙い通りの3打席連続の空振り三振を奪う。メジャー通算500奪三振に到達し、ベーブ・ルース以来2人目の「通算500奪三振&100本塁打」を達成

6月14日

左打者の逆方向弾 計測史上最速の187キロ

6月12日から敵地レンジャーズ4連戦で4本塁打と大活躍。なかでも、14日の試合で9回に左中間2階席へ放った一打は、スタットキャストが導入された2015年以降、左打者の逆方向弾としては計測史上最速の打球速度116.1マイル(約187キロ)。7月に同球場を訪れたとき、レンジャーズの名将ブルース・ボウチー監督が、打球の落下地点を見つめながら「あんな打球は見たことがない」と啞然として語ったという。まさに伝説の一打

OHTANI
17

6月23日

現役最多! 通算29度目の「トラウタニ弾」

敵地ロッキーズ戦の5回に25号を放ち、日米通算200号。続くマイク・トラウトが2者連続のホームラン。2人のアベックアーチ「トラウタニ弾」は今季7度目。アーロン・ジャッジ、ジャンカルロ・スタントン（ヤンキース）の通算28度を抜き、現役最強のホームランコンビに。7月2日には今季8度目、通算30度目のアベック弾を記録した。しかし、翌日の試合でトラウトが左手の有鈎骨骨折。残りシーズンをほぼ欠場した

6月30日

今季MLB最長 150メートル弾

本拠地ダイヤモンドバックス戦で自己最長、今季メジャー最長飛距離493フィート（約150メートル）の超特大弾。その後、メジャー監督歴26年のボウチー監督（レンジャーズ）に「アーロン・ジャッジ（ヤンキース）と大谷のどっちがパワーがあるか?」と聞くと、なんと「オオタニ」と一言。メジャー最高のパワーヒッターであることを裏付ける一発

Yakult
S, HOT DOGS, & SODAS - $44
els.com/funpack
NGELS
17
ARIZONA
47

7月27日

メジャー史上初の
ダブルヘッダー離れ業

敵地でのタイガース戦、ダブルヘッダーの第1試合。8回を終えて6−0と大量リードにもかかわらず、「自分で終わらせる」と9回志願登板で1安打の初完封劇。続く第2試合はわずか45分後に開始で休養かと思いきや、なんと「2番・DH」で出場し2打席連続ホームラン。メジャー史上初の大記録となり、「野球界史上最高の一日」となった

ANGELS
17

8月9日

メジャー史上初の2年連続「2桁勝利&2桁本塁打」

昨年と同じ「野球の日」に本拠地ジャイアンツ戦で6回3安打1失点(自責0)。今季10勝目を挙げ、元祖二刀流ベーブ・ルースを超越する2年連続の「2桁勝利&2桁本塁打」を達成。昔と違い、いまや先発投手は登板間隔が空き、投球回数が減る傾向にあり、2桁勝利が至難の時代。おそらく大谷選手以外には、今後二度と破ることができない不滅の大記録となるだろう

ANGELS
17
FBM

9月3日

史上8人目の複数回「40-20」

今年からメジャーは新ルールの一つ、ベース拡大によって盗塁数が増加。大谷選手も2021年以来、2年ぶりのシーズン20盗塁に到達。メジャー史上8人目の複数回「40本塁打&20盗塁」を達成。これはパワーとスピードを兼ね備えたエリート選手の勲章であり、過去に4人しか達成していない「50-20」も夢ではない

大谷翔平

全本塁打パーフェクトデータブック 2023年版

装丁／HOLON
本文デザイン＆DTP／田辺雅人
編集・取材・文／アンサンヒーロー
写真／ゲッティイメージズ、アフロ、
AP/アフロ、日刊スポーツ/アフロ、
東京スポーツ/アフロ、
USA TODAY Sports/ロイター/アフロ

※カバー写真は大谷翔平選手の個人事務所から許諾を得て掲載しています。
※日付は現地時間

002 INTRODUCTION
こんなスーパースターは
MLBにいなかった

004 大リーグ評論家・福島良一が選ぶ
「SHO-TIME」
2023年 名場面

022 2023年と過去2年のデータを徹底比較
44本で本塁打王獲得！
進化を続ける大谷の打撃

027 全本塁打パーフェクトデータ 1号〜32号
CRAZY BIG FLY 前半戦

092 大リーグ評論家・福島良一が厳選
2023年「神記録」トップ10

094 歴代MLB本塁打王

095 全本塁打パーフェクトデータ 33号〜44号
CRAZY BIG FLY 後半戦

120 「エンゼルス・大谷」は見納め!?
2018-2022 挑戦と歓喜の5年間を振り返る

124 記録から見る「投手・大谷」
被打率はリーグトップ相当
右肘故障離脱も歴史的投球

126 2023年シーズン打者成績

129 2023年シーズン全打席完全データ

CONTENTS

2023年と過去2年のデータを徹底比較

44本で本塁打王獲得！進化を続ける大谷の打撃

「2023年の大谷翔平」は、どんな進化を見せたのか。

スポーツデータ分析のトップランナー「データスタジアム株式会社」のアナリスト・小林展久氏が解説する。

2023年：ホットゾーン

※上から打率、長打率、本塁打　※長打率＝塁打÷打数

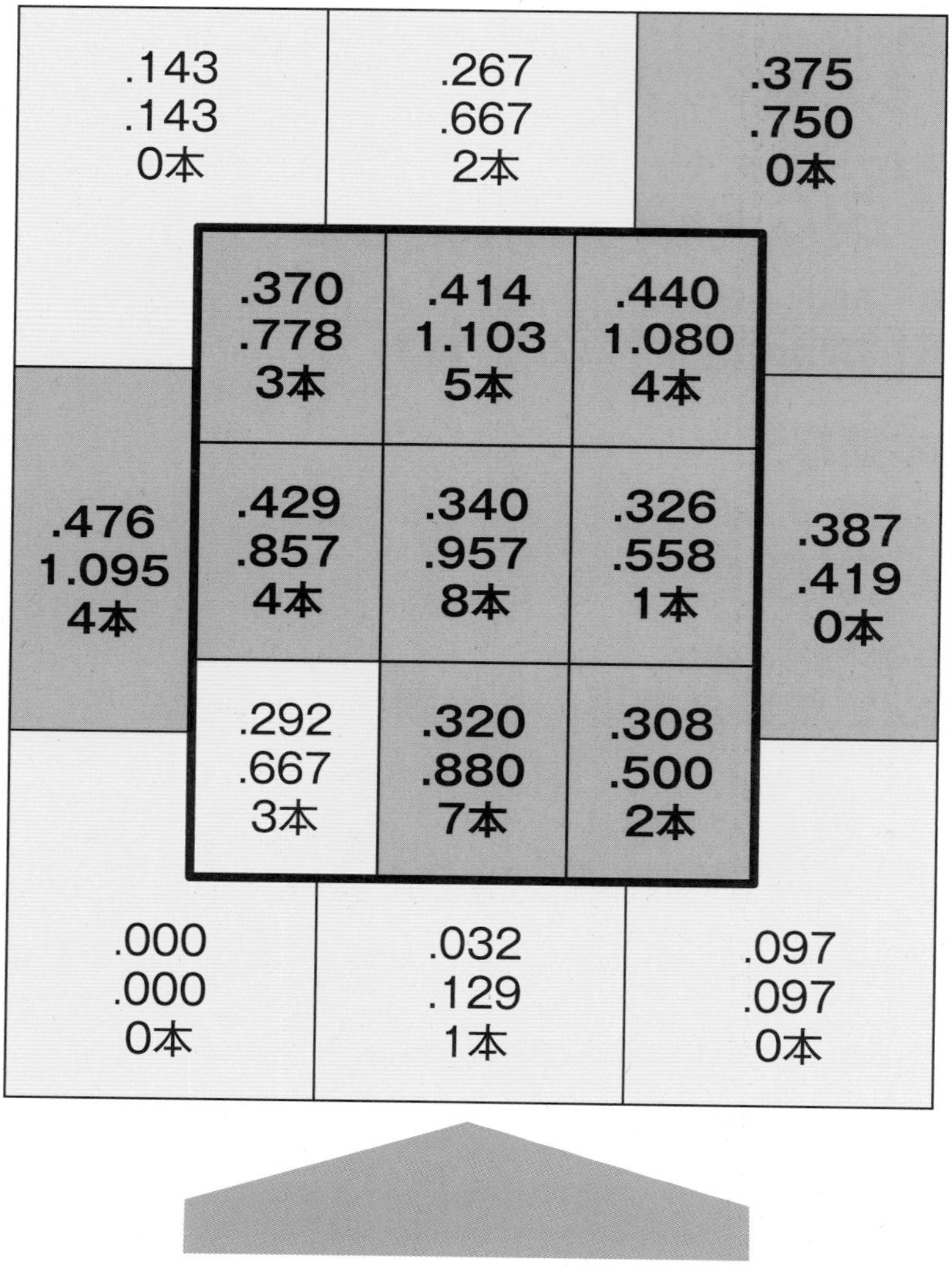

※現地2023年9月30日終了時点のデータ。図は投手目線、ホットゾーンは打率.300以上のコースにハイライト

進化1　ミート力

得意の内角から外角にまで広がったホットゾーン

2021年:ホットゾーン

ど真ん中の甘い球を見逃さず、内角を得意としていた。しかし、外角には対応できていなかった。本塁打は終盤までキングを争う46本も、打率は.257にとどまった

.167 .167 0本		.143 .429 1本		.000 .000 0本
	.250 .625 2本	**.304 .739 3本**	.286 .357 0本	
.667 1.222 1本	**.413 1.022 7本**	**.322 1.102 15本**	.295 .639 5本	.156 .222 0本
	.321 .714 3本	.224 .552 4本	.255 .509 4本	
.053 .053 0本		.125 .292 1本		.036 .036 0本

2022年:ホットゾーン

2021年よりホットゾーンは増えたが、ストライクゾーンの外角低めは、相手バッテリーにとって打たれにくいというセオリー通りの結果。ボールゾーンも内角のみを得意とした

.167 .167 0本		.000 .000 0本		.167 .333 0本
	.333 .762 2本	**.571 1.429 6本**	**.308 .385 0本**	
.381 .571 1本	**.400 .780 3本**	**.362 .884 11本**	.238 .413 2本	.220 .220 0本
	.320 .600 2本	**.309 .618 4本**	.212 .394 3本	
.063 .063 0本		.171 .200 0本		.069 .069 0本

今季、大谷選手の打撃で最も変化した点は、ヒットゾーンが広がったことです。図は中央のストライクゾーンを9分割し、さらにボールゾーンも含め合計17分割で示したものです。大谷選手はもともと内角寄りに「ツボ」があり、過去2年はともに真ん中から内角、体に近いほうが得意なゾーン。今年も、びっくりするような本塁打は、だいたい内角のボールゾーンでした。

一方で、2021年ごろは外角に逃げるチェンジアップなどで打ち取られることが多かった。課題は「外角をいかに打つか」だったのです。

ところが今年は、外角でも成績を残しました。しかも、得意の内角は据え置きのままです。

今季から大谷選手は1インチほど長いバットを使用し、〝リーチ〟が長くなりました。バットが長くなると重心の位置が変わり扱いが難しくなりますが、左投手に対して少しスタンスを変更するなど、徐々にアジャストしていった。その結果、今まで打率をあまり残せていなかった、もしくは長打がなかなか出なかった外角にも対応。さらに、外角のボールゾーンでも結果が出るようになったのです。

また、高めに対しても強くなっています。2021年は比較的、低めの球をすくい上げていました。ゴロよりもフライのほうが長打の確率が上がるという「フライボール革命」に従えば、アッパースイング気味になるため、得意なゾーンが低めになりがち。大谷選手も、高めは比較的空振りしやすかったのですが、今年は違う。パワーを発揮できるゾーンが全体的に少し高めに上がった印象です。

最後に、自身初のシーズン打率3割到達は、今季から極端な内野守備シフトが禁止されたことも要因の一つ。ゴロが安打になる確率が昨年通りであれば、安打数は約9本減り、打率は1分9厘ほど低下していた。昨年2割4分5厘で極端なシフトの最たる被害者といわれたシーガー（レンジャーズ）は今季3割超。このルール変更により、左打者の成績が上がったのです。

進化2

パワー

左中間方向の本塁打増でも平均飛距離は〝過去イチ〟

2023年：本塁打打球方向

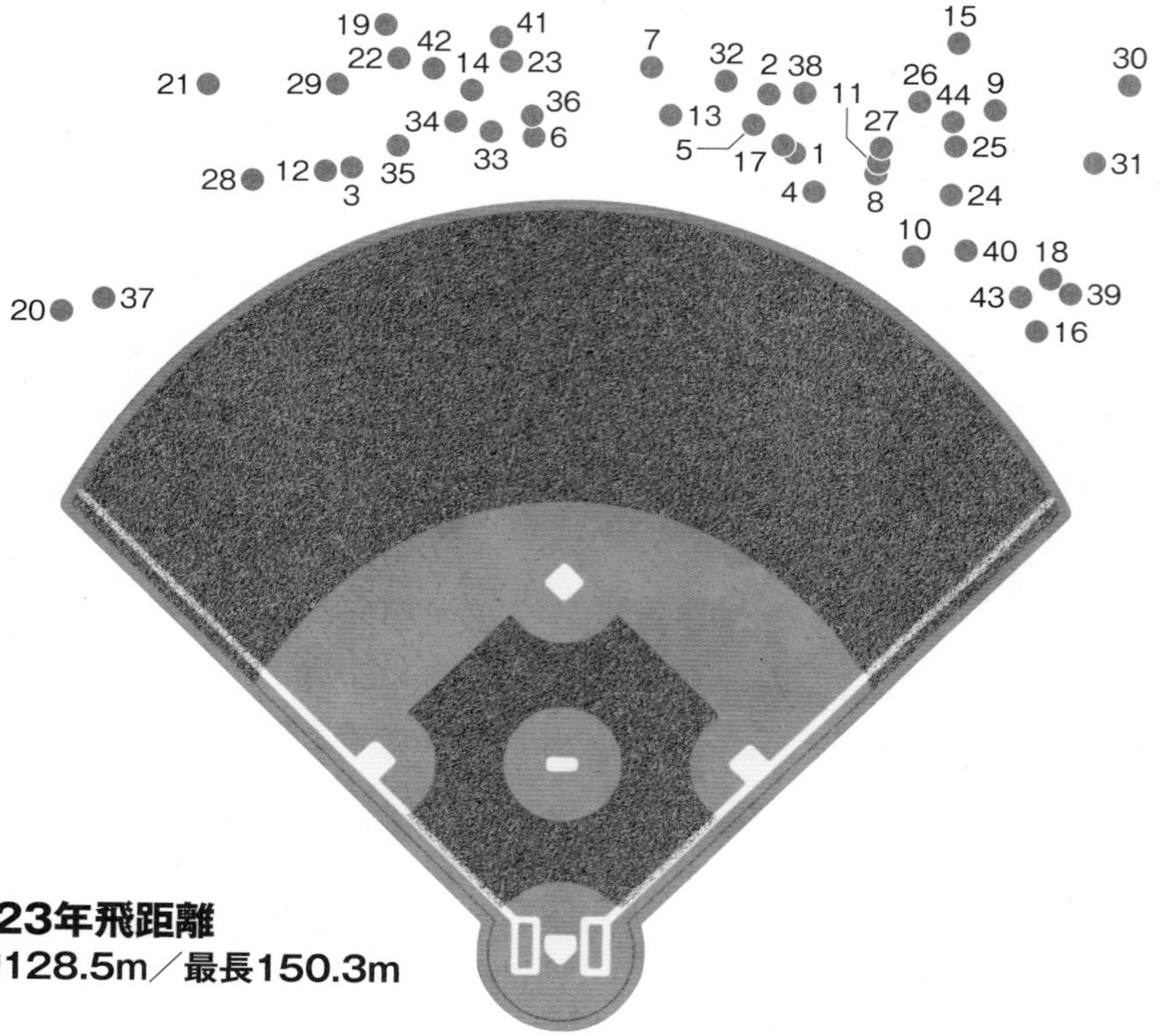

2023年飛距離
平均128.5m／最長150.3m

2021-23年：本塁打打球方向内訳

年	左	左中	中	右中	右
2021	9%	7%	13%	30%	41%
2022	6%	24%	18%	38%	15%
2023	5%	18%	23%	39%	16%

2021-23年：飛距離別本塁打数

飛距離	2021年	2022年	2023年
120m未満	10	7	7
120-125m	6	10	10
125-130m	11	13	7
130-135m	12	2	10
135-140m	4	1	9
140m以上	3	1	1

今年の大谷選手の本塁打は、左中間方向が非常に増えました。中堅から左中間にかけてが41%、右越えは2021年の41%から16%まで減っています。

2021年は引っ張りの傾向が強く、本塁打数が爆発的に増加。大谷選手のスラッガーとしてのポテンシャルが開花したシーズンでした。本塁打の打球方向でみると、中堅から右中間にかけてに集中しています。右中間を含めた右方向への打球は、全体の71%。それまでは日本時代も含め、中堅から左中間にかけて飛ばす打者でしたが、2021年はものすごい引っ張りで長距離砲になり、MLBで名を上げたわけです。

2022年はその傾向が少し減り、どの方向へも比較的まんべんなく、ニュートラルな印象です。中堅から逆方向という本来の姿に戻ってきていたといえるでしょう。今年も打球方向は昨年と同じような傾向ですが、それに加えて飛距離をさらに伸ばしてきました。

一般的に、本塁打の飛距離は

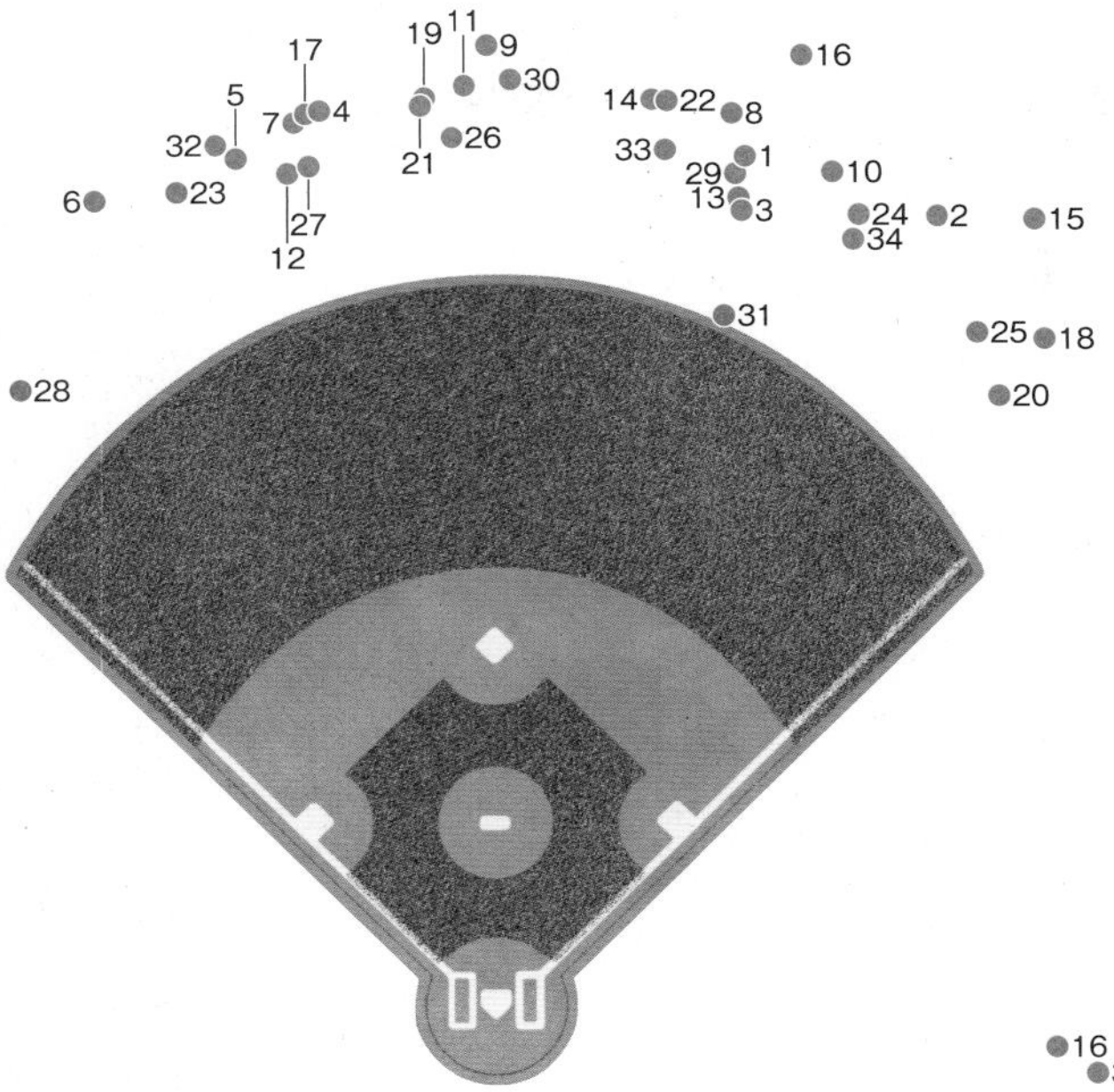

2022年:本塁打打球方向

このシーズンの本塁打は全方位へ打ち分けた格好。左越えは6%にとどまるが、左中間への打球が7%から24%と飛躍的に増え、2021年は41%も占めていた右越えは激減して15%

2022年飛距離
平均124.3m/最長140.8m

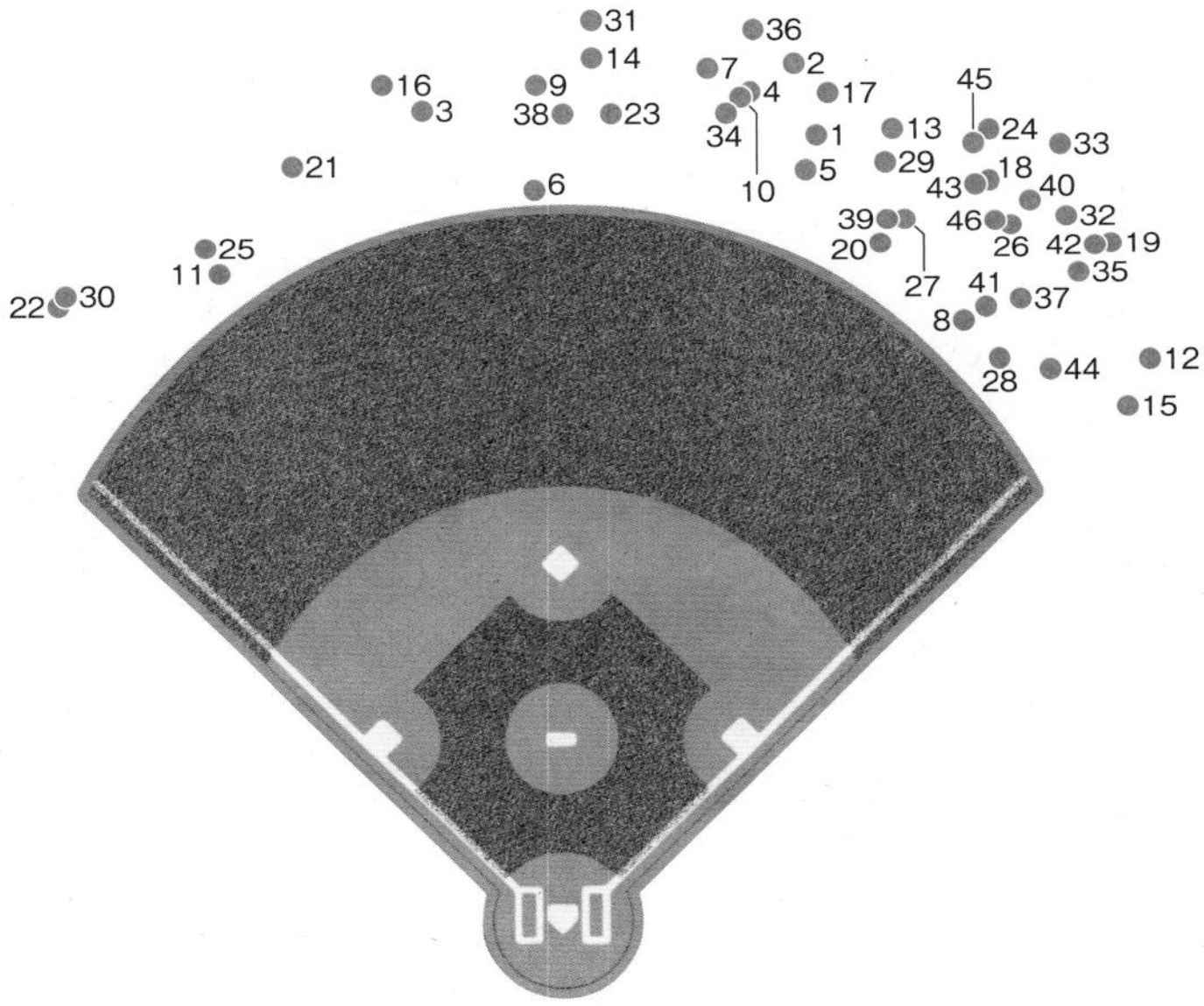

2021年:本塁打打球方向

自己最多46本のシーズン。右越えは41%、右中間は30%と引っ張りの傾向が如実に表れている。一方、左方向は左越えが9%、左中間は7%。最長飛距離は17号の143.3メートルだった

2021年飛距離
平均126.8m/最長143.3m

引っ張りのほうが出やすい。本塁打の平均飛距離は、2021年が126・8メートル、2022年は124・3メートル。ところが、2023年は引っ張り傾向が強くないにもかかわらず、平均飛距離は128・5メートル、最長は150・3メートル。46本を放った2021年よりも飛距離が出ています。打球全体でみても平均打球速度が、2021年の150・6キロ、2022年149・5キロから、今季は151・9キロまで上がりました。メジャートップクラスの打球速度が、さらに上昇しているのです。

　この打球速度の変化にも、バットの変更が寄与しているかもしれません。たとえ重さが変わらなかったとしても、従来と同じパワーであれば、より長いバットを振るとスイングスピードにも影響が出そうなものですが、大谷選手はスピードを落とさずにボールを捉えている。打者として発揮できるパワーがこれまでより、もう一段階上がっているのだと思います。

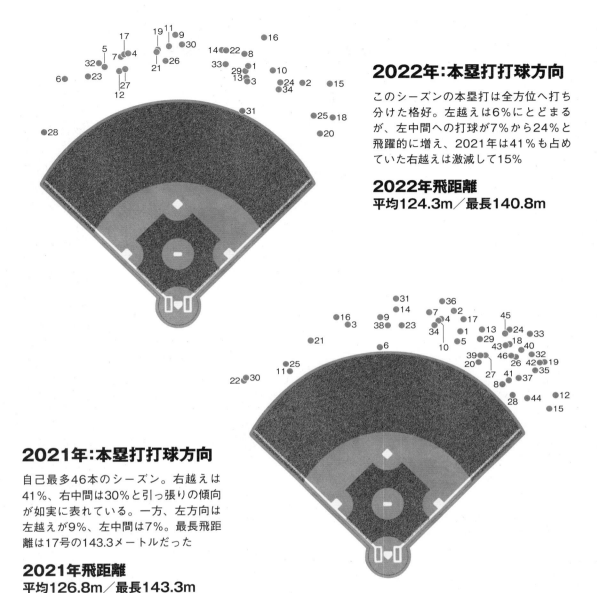

進化3 総合力

MVPの指標「WAR」が異次元の数値まで到達

2023年 MLB:WARランキング

順位	選手名	チーム	主な出場	WAR
1	大谷翔平	エンゼルス	指名打者/投手	10.1
2	M.ベッツ	ドジャース	右翼手/二塁手	8.4
3	R.アクーニャ Jr.	ブレーブス	右翼手	8.1
4	G.コール	ヤンキース	投手	7.5
5	M.オルソン	ブレーブス	一塁手	7.4
5	M.セミエン	レンジャーズ	二塁手	7.4

※baseball referenceを参照。WAR…打撃、走塁、守備、投球を総合的に評価し、代替可能選手と比較して上積みした勝利数

2021-23年 MLB:WARランキング

順位	選手名	チーム	主な出場	WAR
1	大谷翔平	エンゼルス	指名打者/投手	28.5
2	A.ジャッジ	ヤンキース	右翼手/中堅手	21.2
3	M.セミエン	レンジャーズ	二塁手	20.2
4	M.ベッツ	ドジャース	右翼手/二塁手	18.8
5	A.ライリー	ブレーブス	三塁手	18.7

※ Baseball reference 参照。数値は合計

2023年 MLB:バレル率ランキング

順位	選手名	チーム	バレル率
1	大谷翔平	エンゼルス	19.6%
2	Y.アルバレス	アストロズ	18.2%
3	M.チャップマン	ブルージェイズ	17.1%
4	J.バーガー	ホワイトソックス/マーリンズ	16.8%
5	M.オズーナ	ブレーブス	16.6%

※バレル打球…一定の打球速度と角度を備えた長打になりやすい打球。バレル率＝バレル打球÷全打球。300打球以上の選手を対象

2023年 MLB:打球速度ランキング

順位	選手名	チーム	打球速度
1	R.アクーニャ Jr.	ブレーブス	195.1
2	G.スタントン	ヤンキース	192.3
3	E.デラクルーズ	レッズ	191.8
4	大谷翔平	エンゼルス	190.9
4	M.オルソン	ブレーブス	190.9

※打球速度の単位はkm/h

大谷選手は2年ぶりのア・リーグMVP受賞が濃厚。その根拠ともいえる指標が「WAR」です。選手の価値をはかる指標で、「代替可能な選手」と比較し、打者は走攻守、投手は投球によってチームの勝利を何勝分積み重ねたかを示します。数値は「2」が平均的な選手、「4」はオールスター級、「6」でトップ・オブ・トップ。今年の大谷選手の「10・1」は筆舌に尽くし難い数字。しかも、3年連続で10前後をマークしているのです。

守備の貢献度で数値を稼ぎやすい遊撃手のシーガー（レンジャーズ）、40本70盗塁の偉業を達成したアクーニャJr.(ブレーブス）でも及ばない。これは、大谷選手が投手としてもエース級だからです。今季は8月23日の登板が最後でしたが、守備や走塁で稼ぐ選手たちよりも、はるかに高い数値が上積みされている。昨年は62本のジャッジ(ヤンキース）がWARで大谷選手を上回りましたが、安定して高い数値を出せるのは、二刀流・大谷選手の強みです。

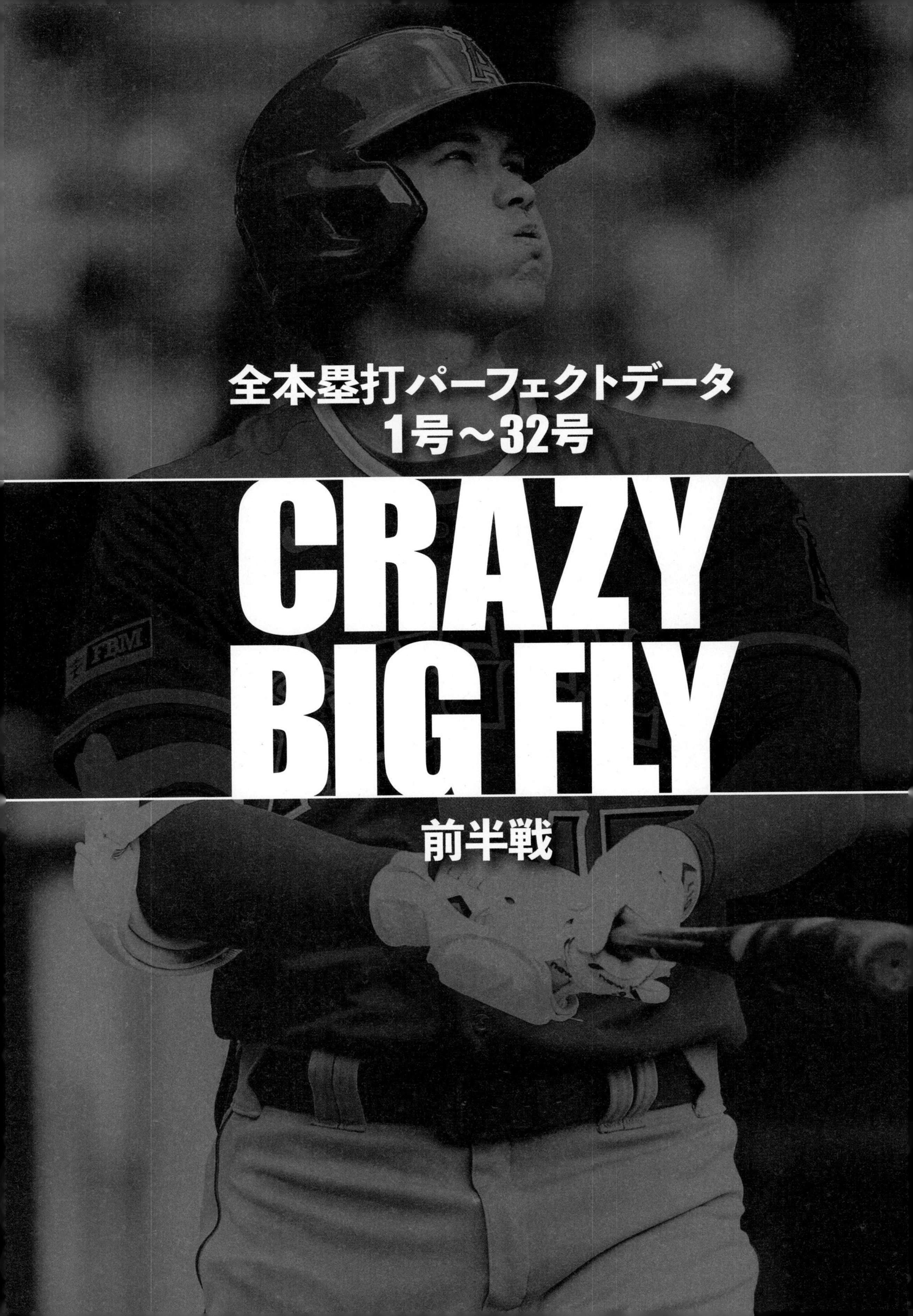

全本塁打パーフェクトデータ 1号～32号

CRAZY BIG FLY

前半戦

1号

3番・DH

SHOHEI OHTANI 1st HOME RUN

本塁打王争いは「トラウタニ弾」で口火

WBC決勝で対戦 2週間後にアベック弾

4月2日

2023年「SHO-TIME」の幕開けは、WBC決勝で対戦したトラウトとのアベック弾だ。

4月2日の敵地アスレチックス戦、3点リードで迎えた5回無死の場面で、まずはトラウトが今季1号2ラン。球場のざわめきが落ち着く間もなく、大谷は初球スライダーを右中間スタンドへ。136メートルの特大1号ソロは、相手外野手がほぼ動かない完璧な一発だった。

これで通算23度目の「トラウタニ弾」となり、2人が本塁打を放った試合は15勝8敗。また、このコンビによる2者連続アーチは昨年6月28日のホワイトソックス戦以来、通算6度目。

2週間前には敵同士。WBC決勝ではそれぞれ日米の代表として9回2死で対戦し、大谷が日本の優勝を決める空振り三振を奪った。盟友との共演で本塁打王争いのスタートを切った。

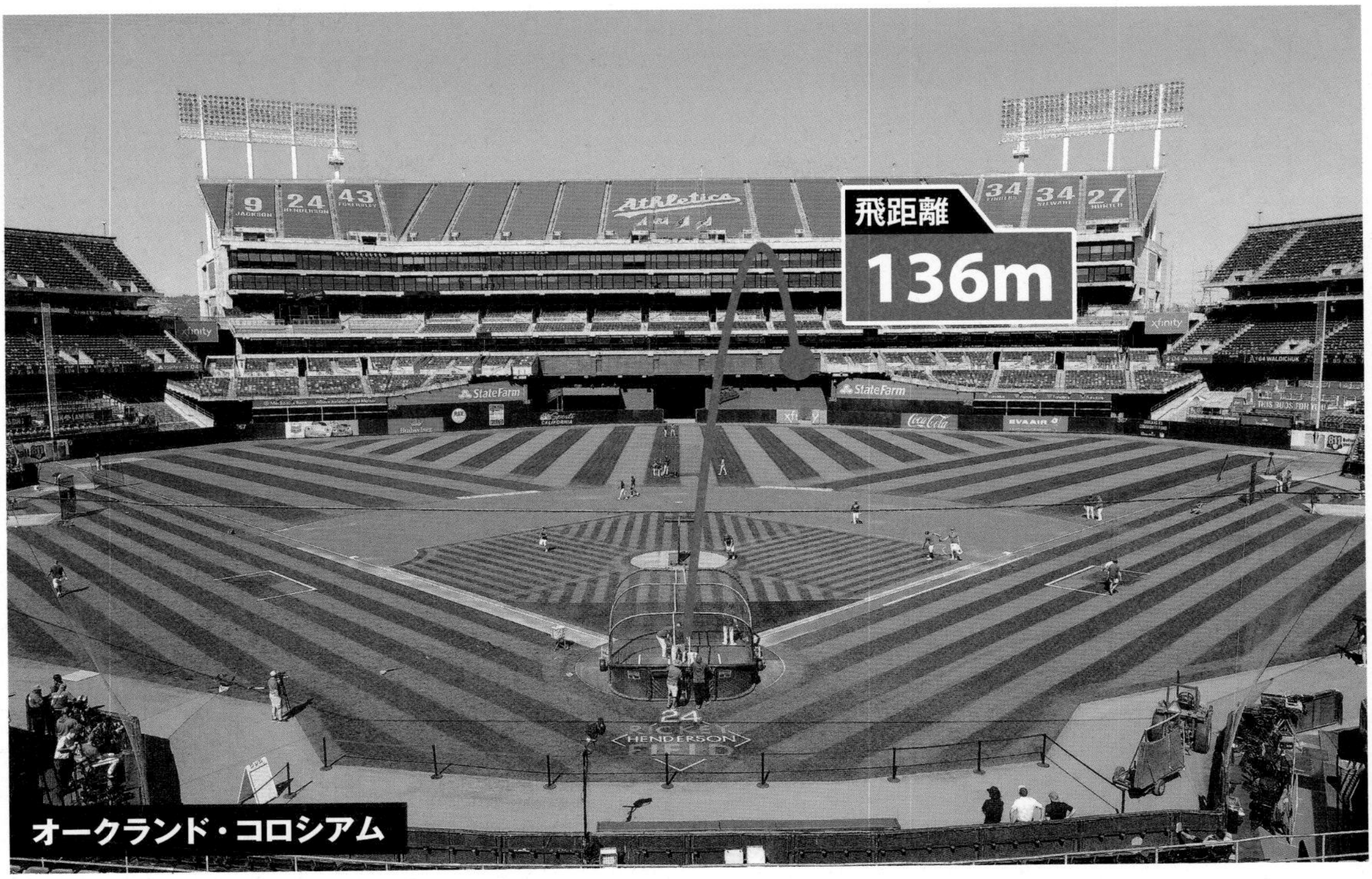

オークランド・コロシアム

4月2日　試合結果:エンゼルス 6−0 アスレチックス

スコアボード	1	2	3	4	5	6	7	8	9	R	H	E
エンゼルス	0	0	0	3	3	0	0	0	0	6	11	0
アスレチックス	0	0	0	0	0	0	0	0	0	0	5	1

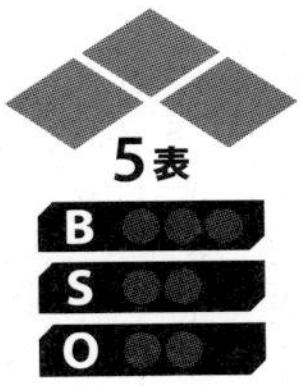

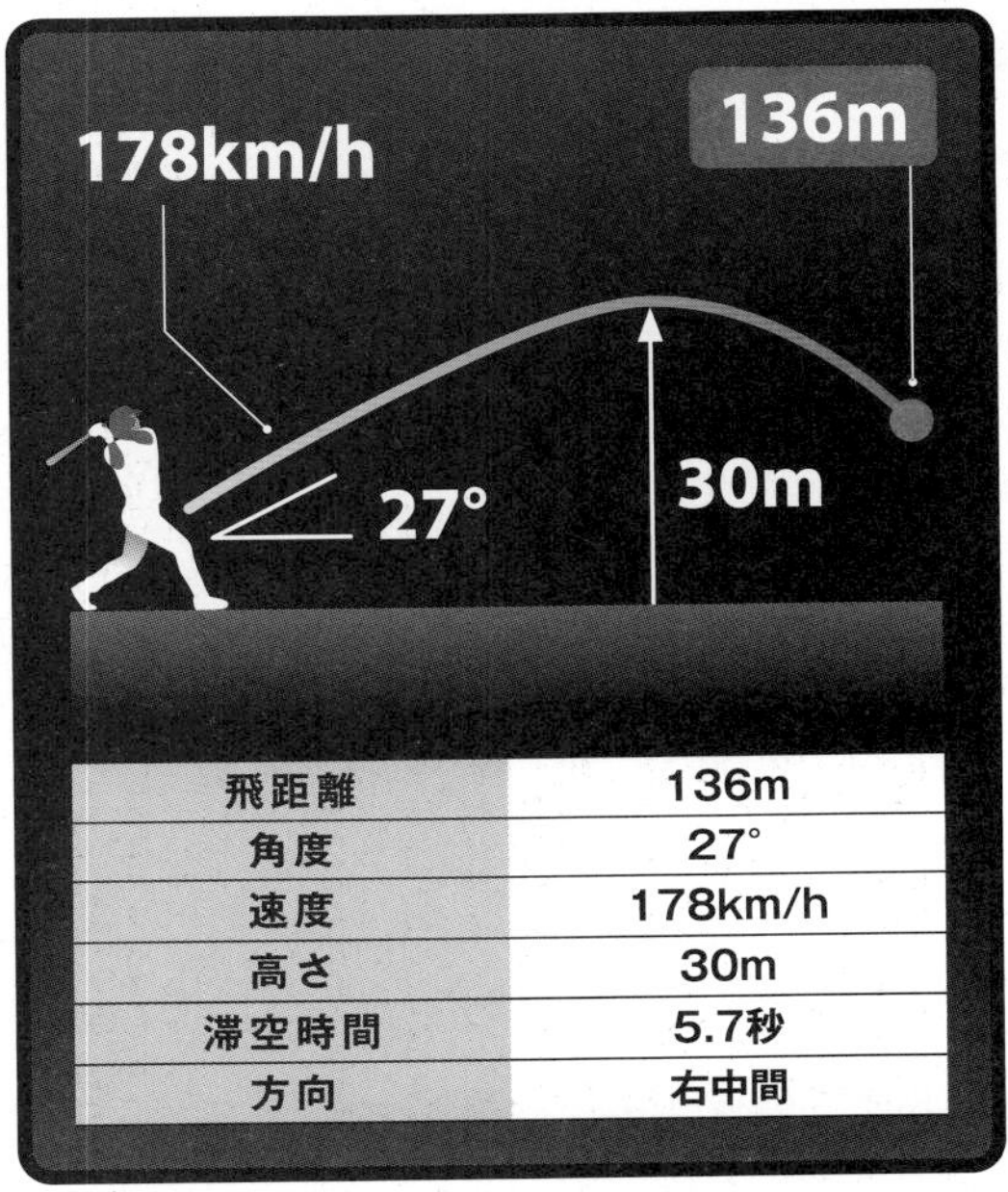

飛距離	136m
角度	27°
速度	178km/h
高さ	30m
滞空時間	5.7秒
方向	右中間

投手

K.ウォルディチャック(左)

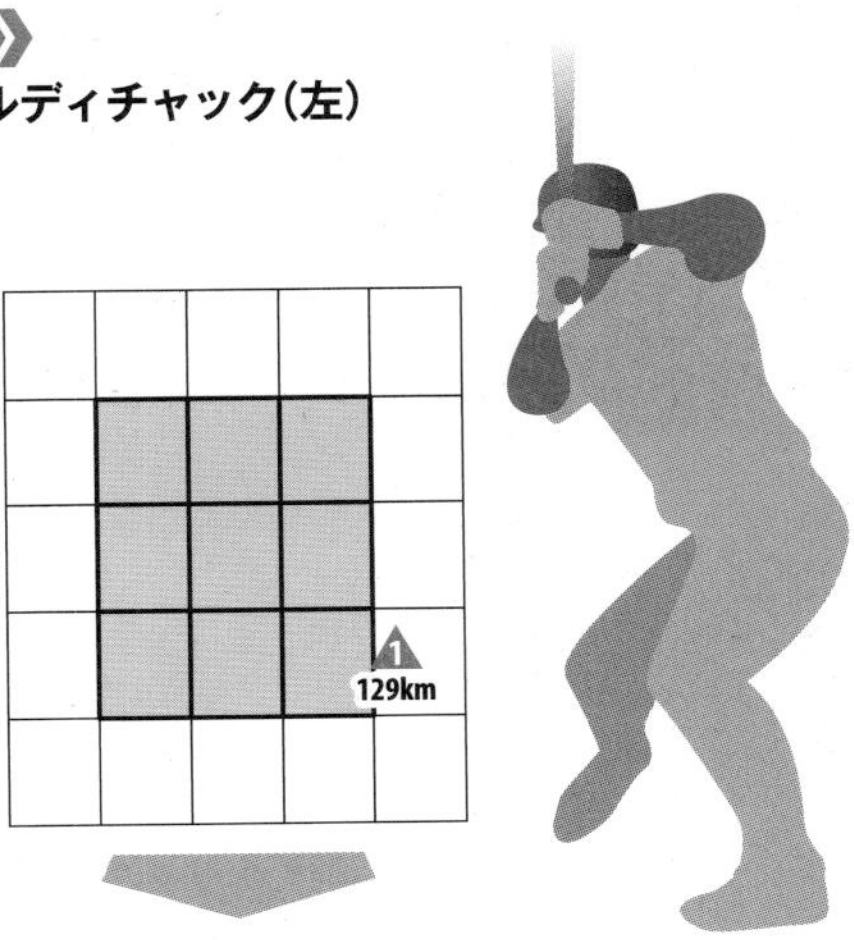

- フォーシーム
- ツーシーム
- カットボール
- スプリット
- チェンジアップ
- スライダー
- カーブ

2号

3番・DH

4月3日

2打席変化球で凡退 直後に変化球討ち

SHOHEI OHTANI 2nd HOME RUN

これぞ〝確信歩き〟の2試合連続アーチ

気温5度。肌寒いシアトルの夜に熱気をもたらした。

4月3日のマリナーズ戦、ここまで通算打率4割5分5厘と相性のいい相手先発カービーに2打席連続で凡退していた。しかし、同点で迎えた5回無死一塁。下半身をうまく回転させ、3球目の甘いチェンジアップをすくい上げた。前2打席は変化球を中心に攻められて凡退も、3打席目では相手バッテリーの配球を読んで変化球に対応してみせた。

本塁打を確信した大谷が、ゆっくりとバットを手放す。快音を残した打球は、観客全員に見送られてスタンドへ。大谷はダイヤモンドを回りながらブルペンへ人さし指を突き上げた。

中堅右へ飛び込んだ打球は、2試合連続の貴重な勝ち越し2ラン。これが決勝弾となり、チームを3連勝に導いた。

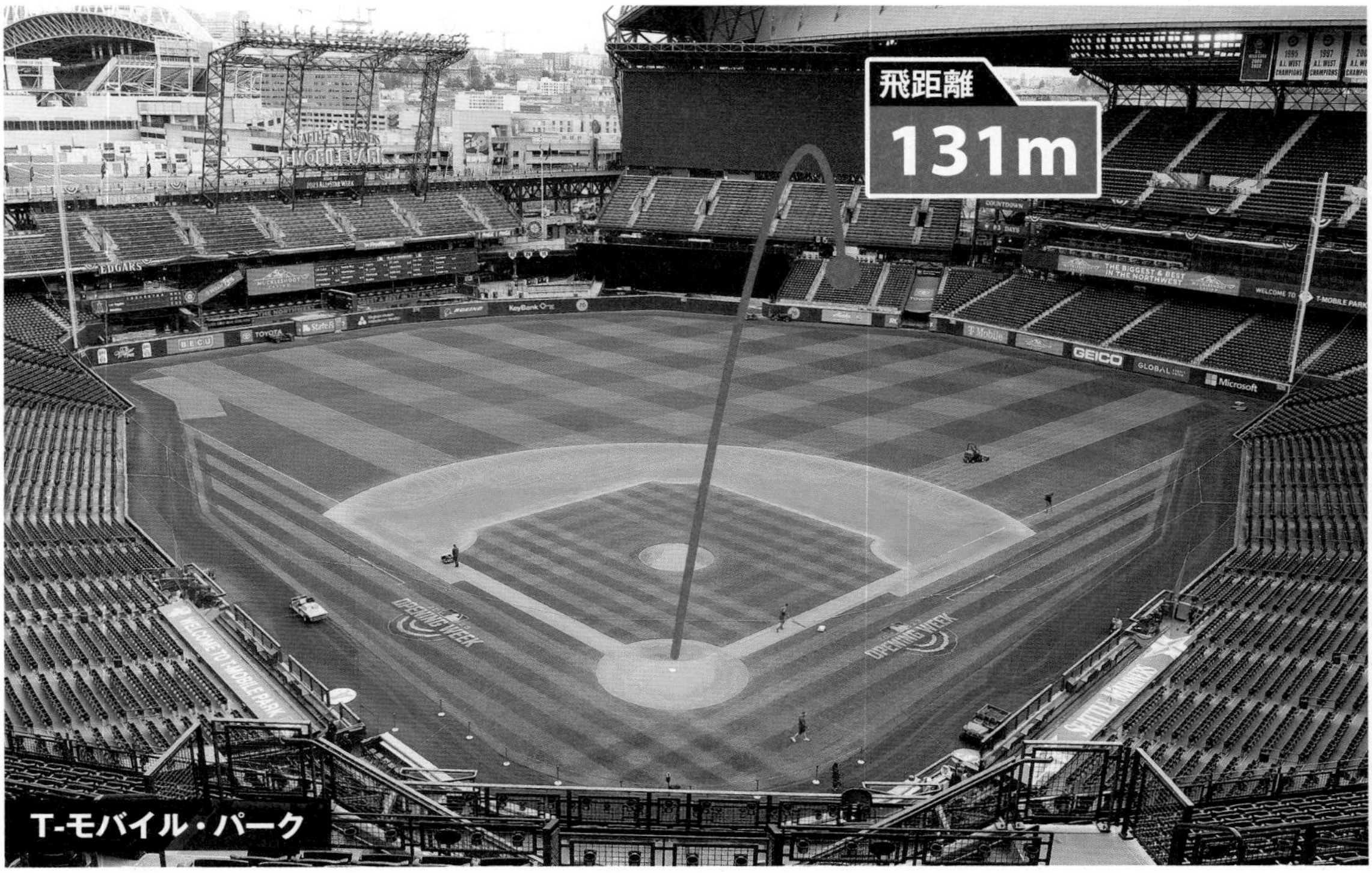

4月3日　試合結果:エンゼルス 7−3 マリナーズ

スコアボード	1	2	3	4	5	6	7	8	9	R	H	E
エンゼルス	0	1	0	1	2	0	0	2	1	7	11	1
マリナーズ	1	0	1	0	1	0	0	0	0	3	5	0

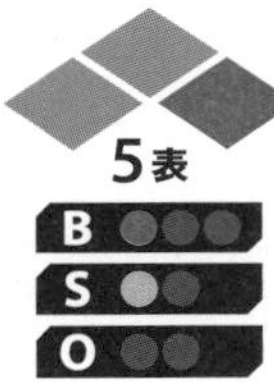

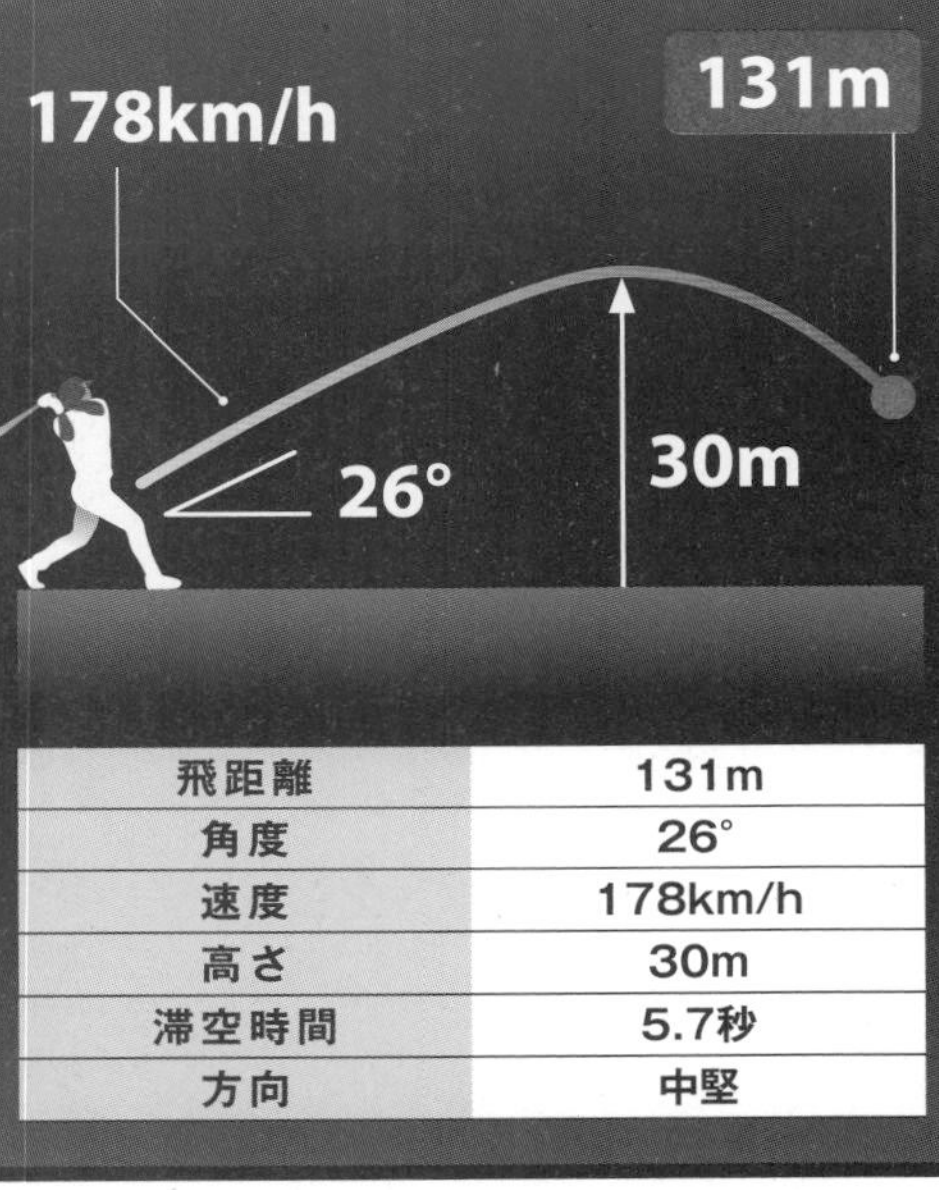

飛距離	131m
角度	26°
速度	178km/h
高さ	30m
滞空時間	5.7秒
方向	中堅

投手

G.カービー（右）

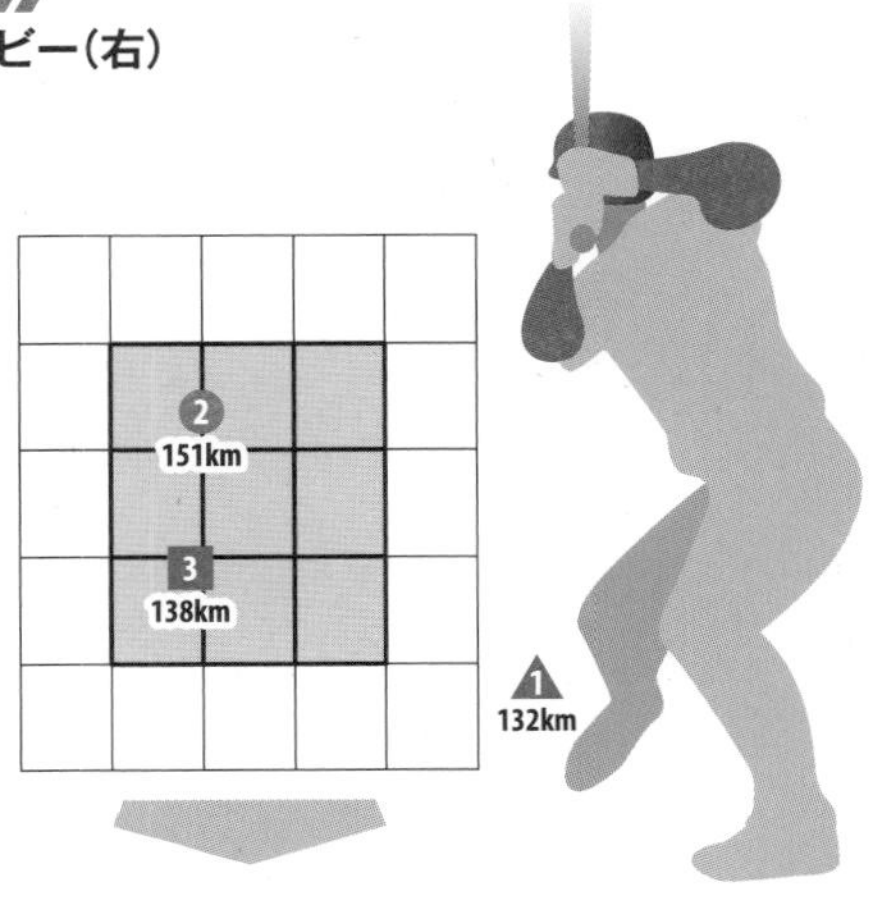

フォーシーム　ツーシーム　カットボール
スプリット　チェンジアップ　スライダー
カーブ

3号

3番・DH

≫ SHOHEI OHTANI 3rd HOME RUN

花巻東対決を制して笑顔の「兜」デビュー

菊池の苦手スライダーを中堅の岩場へドカン！

4月9日

日本人対決を制し、「将軍」となった——。4月9日のブルージェイズ戦は、花巻東高校（岩手）で3学年上の菊池雄星との同門対決。この日までに17打数4安打と苦手としていた先輩に、1打席目は一ゴロに打ち取られた。しかし、3点リードの3回1死一塁の場面では、これまで10打数1安打と超苦手としていた菊池の「スライダー」を本拠地中堅の岩山へ鮮やかに運んだ。

今季からエ軍では、ホームランセレブレーションに、日本の戦国武将が身につけた「兜」が使用されることに。WBC優勝を飾った「侍ジャパン」からインスパイアされたかのような斬新なアイデアは、本拠地開幕戦の4月7日から開始されていた。大谷はベンチでフィリップスからかぶせてもらい、笑顔で兜姿を初披露した。

4月9日　試合結果:エンゼルス 11−12 ブルージェイズ

スコアボード	1	2	3	4	5	6	7	8	9	10	R	H	E
ブルージェイズ	0	0	0	0	0	6	4	0	0	2	12	13	0
エンゼルス	3	0	2	1	0	0	0	1	3	1	11	13	1

3裏
B
S
O

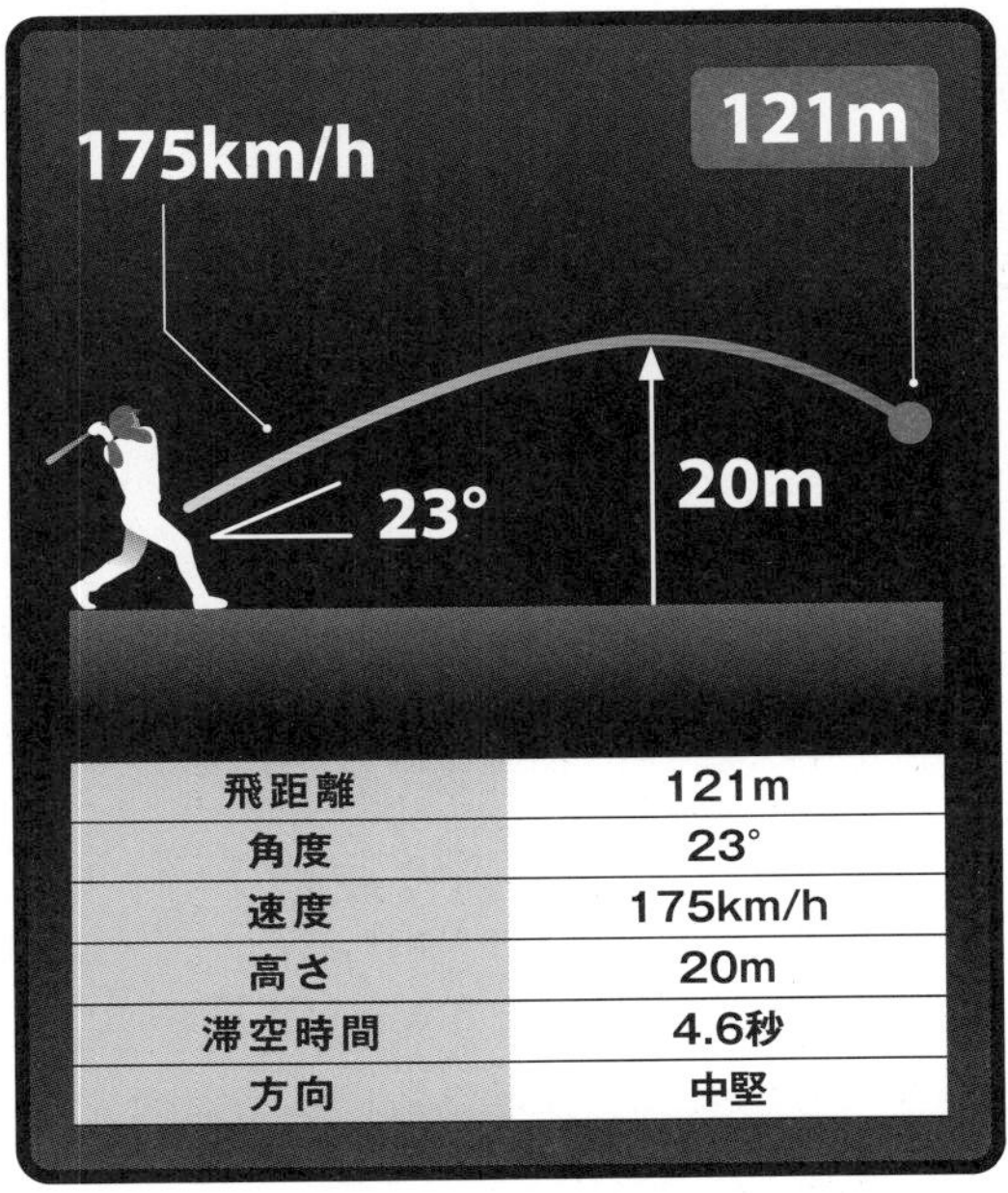

飛距離	121m
角度	23°
速度	175km/h
高さ	20m
滞空時間	4.6秒
方向	中堅

投手
菊池雄星(左)

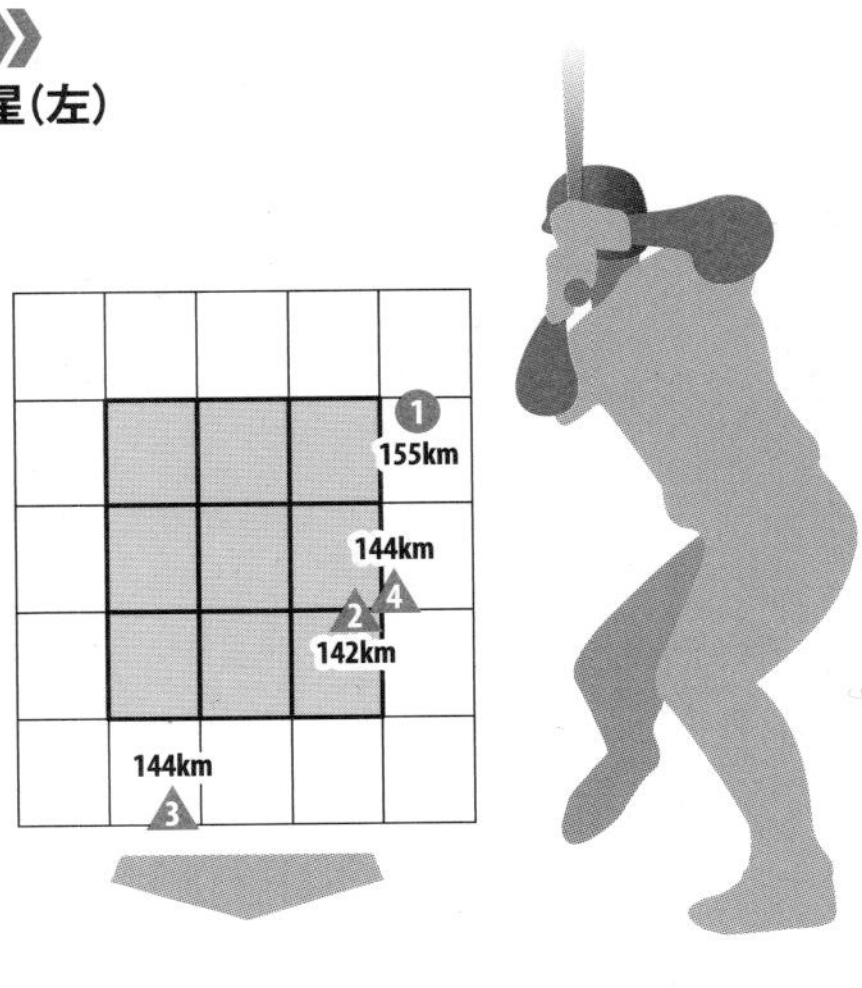

フォーシーム　ツーシーム　カットボール
スプリット　チェンジアップ　スライダー
カーブ

4号

2番・DH

SHOHEI OHTANI 4th HOME RUN

「ルースが建てた家」100周年〝祝砲〟

打球速度188キロ ビジター最速2番目

4月18日

4月18日は、「ルースが建てた家」と呼ばれる旧ヤンキー・スタジアム開場100周年記念日。2009年からは隣に現行のスタジアムが開場したが、100年前のこの日、ベーブ・ルースが旧スタジアム第1号を放っている。元祖二刀流ゆかりの日に、21世紀の二刀流・大谷が〝祝砲〟を放った。

初回無死二塁の場面で打席が回ると、2ボールからど真ん中のスライダーをフルスイング。今季最少タイとなる高さ16メートルの低空ライナーは、右中間スタンド前の相手ブルペンに着弾した。二刀流継承者のメモリアルアーチに、ヤンキースファンからも拍手が送られた。

7試合ぶりの本塁打は、打球速度188キロをマーク。同球場でビジター選手による本塁打では計測開始後、史上2番目の速さだった。

ヤンキー・スタジアム

4月18日　試合結果:エンゼルス 5−2 ヤンキース

スコアボード	1	2	3	4	5	6	7	8	9	R	H	E
エンゼルス	2	0	0	2	1	0	0	0	0	5	8	0
ヤンキース	0	0	0	2	0	0	0	0	0	2	4	0

1表
B
S
O

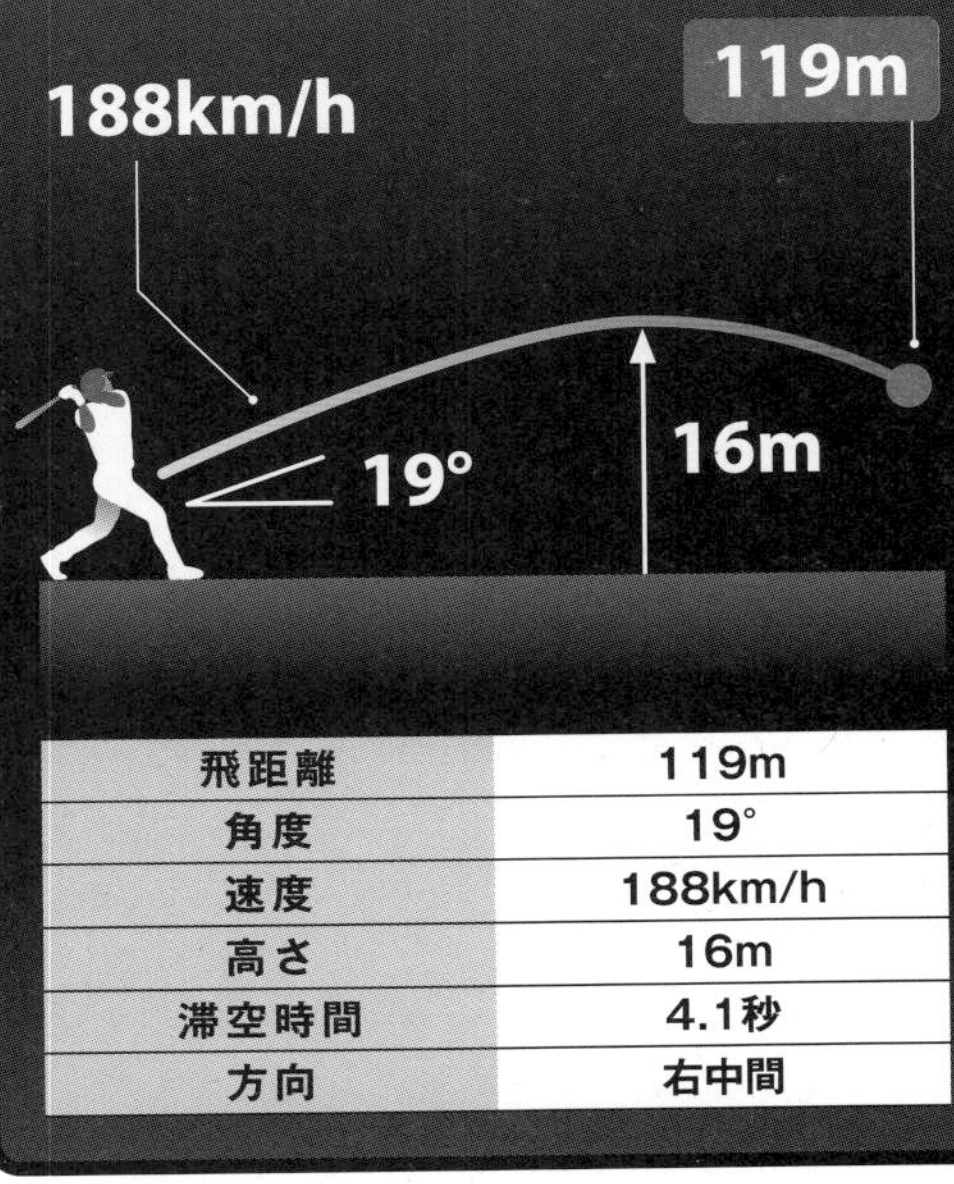

飛距離	119m
角度	19°
速度	188km/h
高さ	16m
滞空時間	4.1秒
方向	右中間

投手

C.シュミット(右)

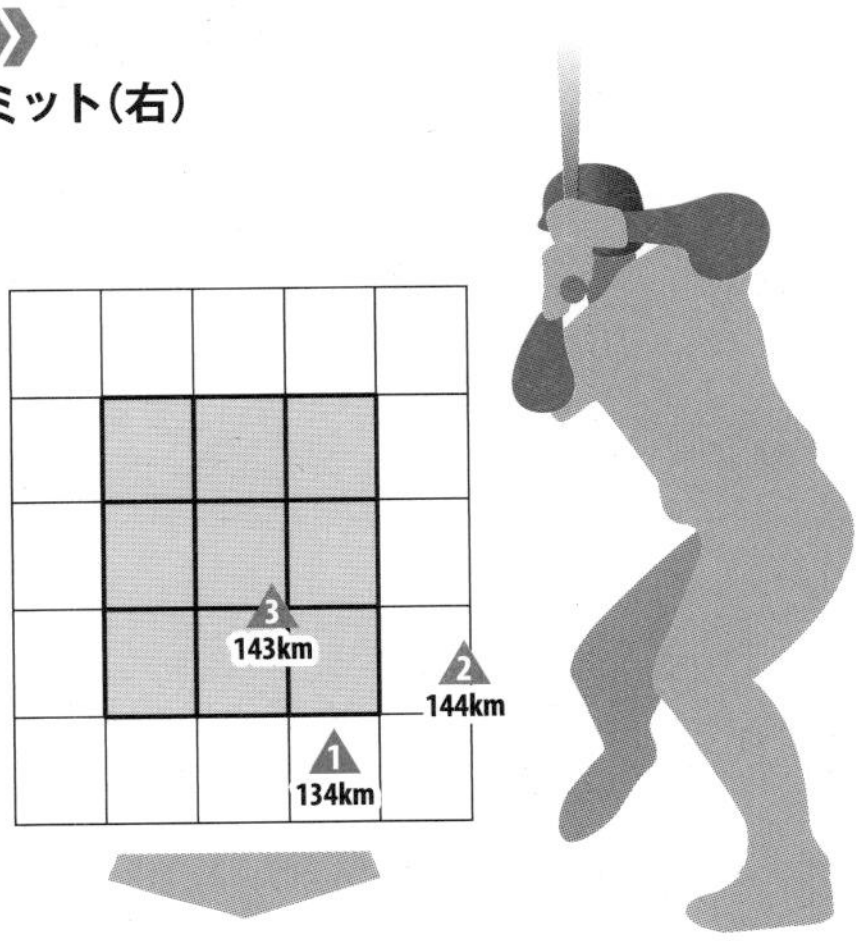

フォーシーム　ツーシーム　カットボール
スプリット　チェンジアップ　スライダー
カーブ

5号

3番・DH

SHOHEI OHTANI 5th HOME RUN

本拠地で圧巻「3者連続アーチ」の大トリ

こんな場面で大谷が打たないわけがない。4月23日の本拠地ロイヤルズ戦。1点を追う6回に“3連発の花火”が打ち上がった。1番ウォードの同点ソロ、2番トラウトが2者連続の逆転ソロ。3者連続本塁打への期待が高まるなか、大谷が千両役者ぶりを発揮した。相手右腕ライルズのカーブを中堅席へ。観客は総立ちとなり、自軍の本塁打で本物の花火も上がる球場のボルテージは最高潮に達した。

エンゼルスの3者連続弾は2019年マリナーズ戦以来4年ぶり。当時マリナーズの菊池雄星（現ブルージェイズ）から、ラステラ（今季途中でマリナーズからFA）、トラウト、大谷がマークした。

恒例の兜セレブレーションも3者連続で行われ、トラウトはかぶったばかりの兜を大谷に渡して祝福した。

エンゼル・スタジアム

4月23日　試合結果:エンゼルス 4−3 ロイヤルズ

スコアボード	1	2	3	4	5	6	7	8	9	R	H	E
ロイヤルズ	1	0	0	0	0	1	1	0	0	3	8	1
エンゼルス	1	0	0	0	0	3	0	0	X	4	7	0

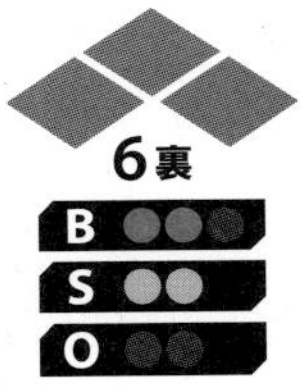

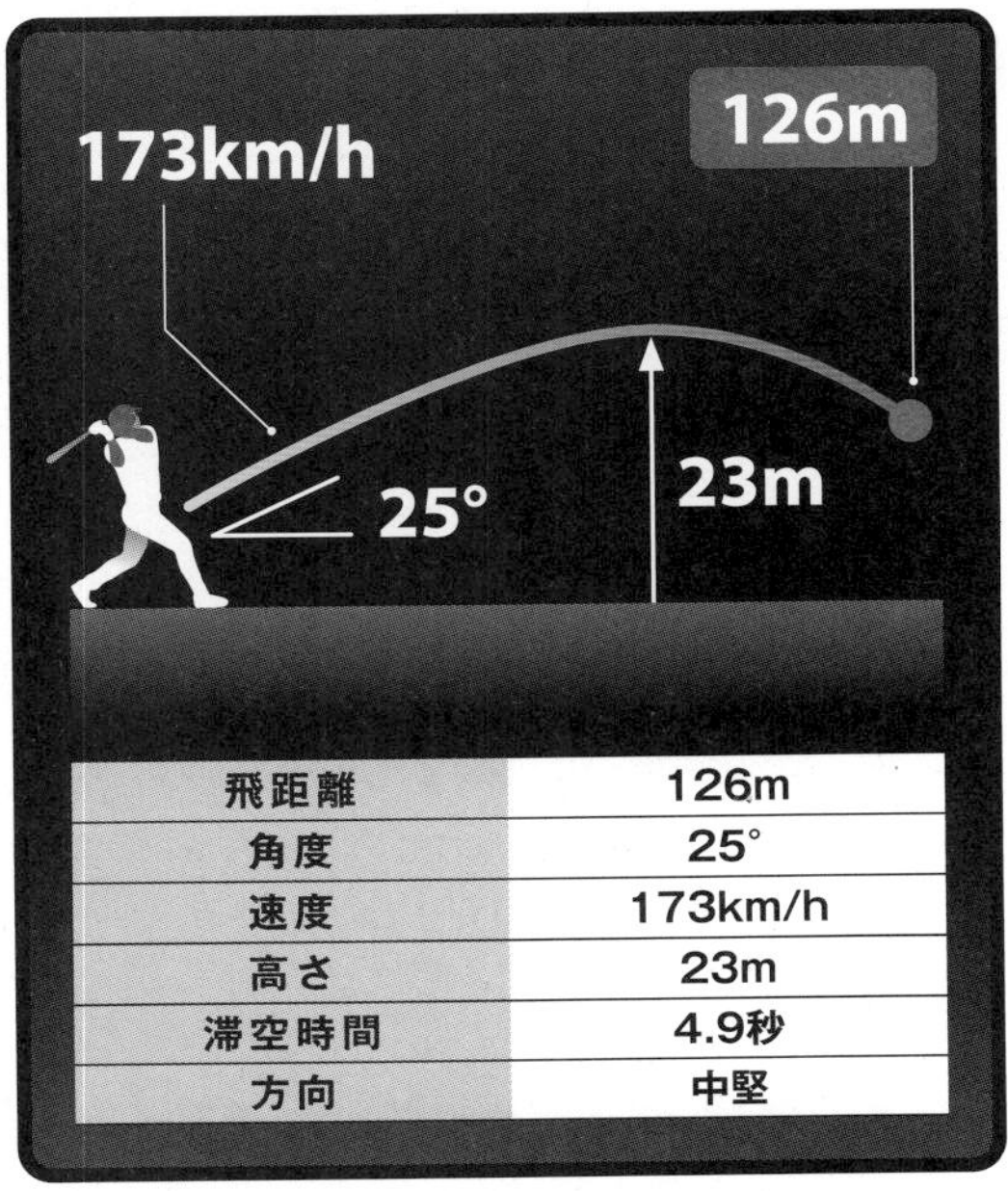

飛距離	126m
角度	25°
速度	173km/h
高さ	23m
滞空時間	4.9秒
方向	中堅

投手

J.ライルズ(右)

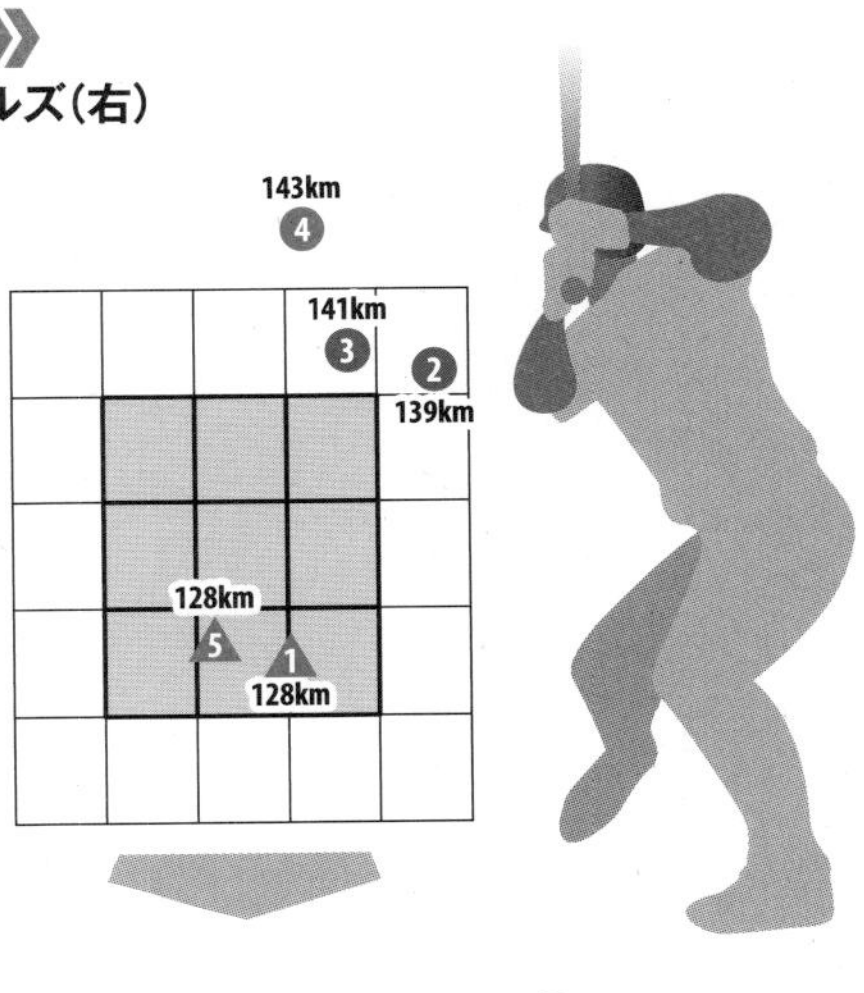

● フォーシーム　● ツーシーム　● カットボール

■ スプリット　■ チェンジアップ　▲ スライダー

▲ カーブ

滞空時間5・9秒 先輩貫禄弾

4月26日

6号

3番・DH

≫SHOHEI OHTANI 6th HOME RUN

〝ルーキー〟藤浪の前でムーンショットや！

３試合ぶりのアーチは、同い年の〝ルーキー〟の前で決めた。4月26日、アスレチックス戦の6回、ＭＬＢ１年目の藤浪晋太郎（現オリオールズ）と今季2度目の対戦。試合前にはグータッチを交わしていたが、対戦では左前へ弾き返し、４月１日のメジャー初対決に続いて安打をマーク。ＭＬＢ６年目の貫禄を示した。

そして、9-3と大量リードで迎えた8回。相手右腕スミスの１５２キロ、真ん中低めのツーシームをかち上げた。この時点で今季最高度34メートルの「ムーンショット」。大勝11得点の一翼を担った。

4月17日のレッドソックス戦では、やはりＭＬＢ１年目の吉田正尚とメジャー初対戦し、空振り三振に斬って取った。大谷の存在は海を渡る選手たちにとって高い「壁」となっている。

4月26日　試合結果:エンゼルス 11−3 アスレチックス

スコアボード	1	2	3	4	5	6	7	8	9	R	H	E
アスレチックス	1	0	1	0	1	0	0	0	0	3	6	3
エンゼルス	0	5	1	0	2	1	0	2	X	11	12	1

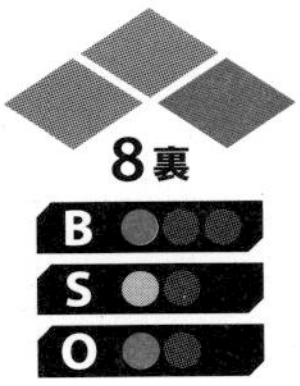

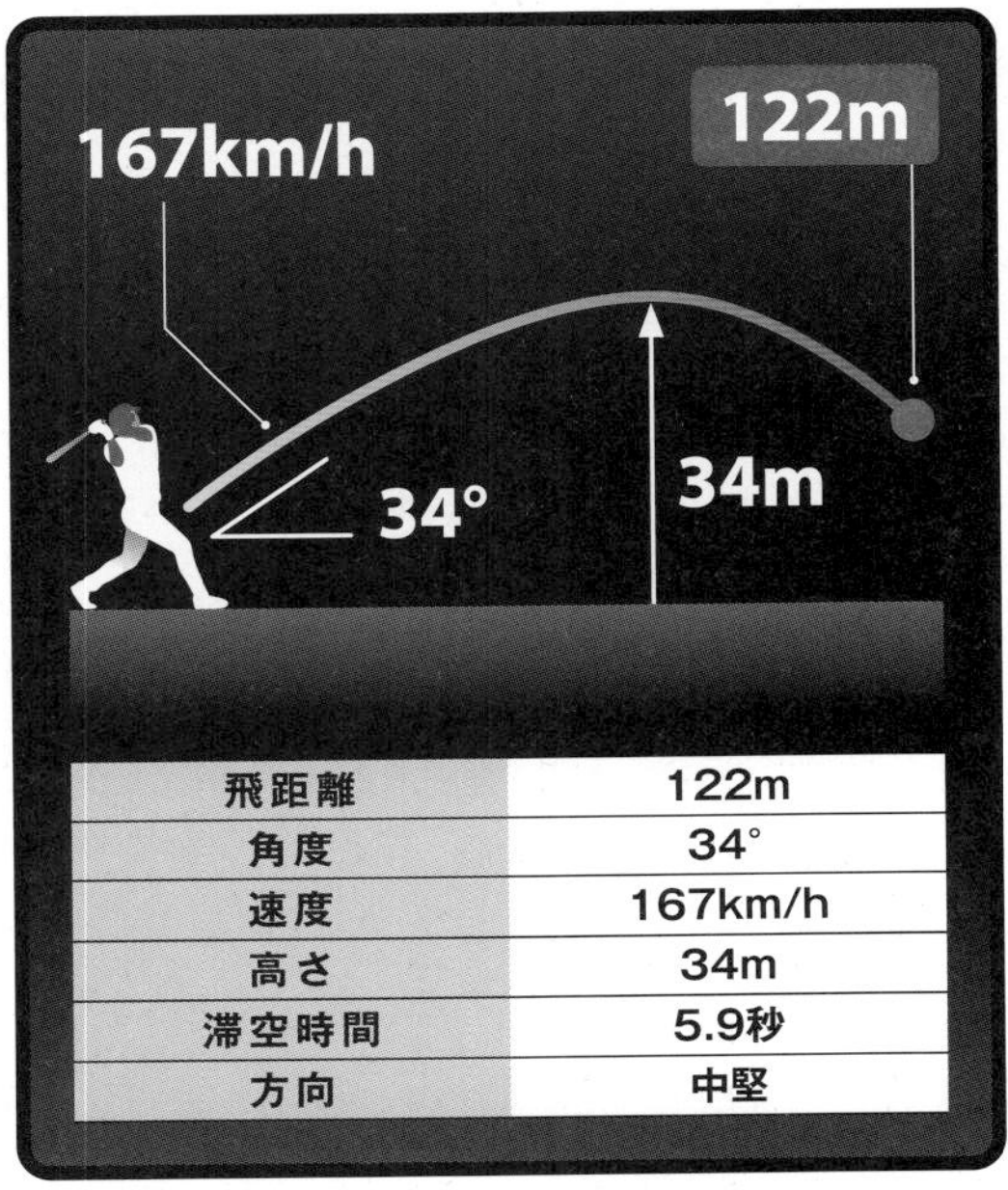

飛距離	122m
角度	34°
速度	167km/h
高さ	34m
滞空時間	5.9秒
方向	中堅

投手
C.スミス(右)

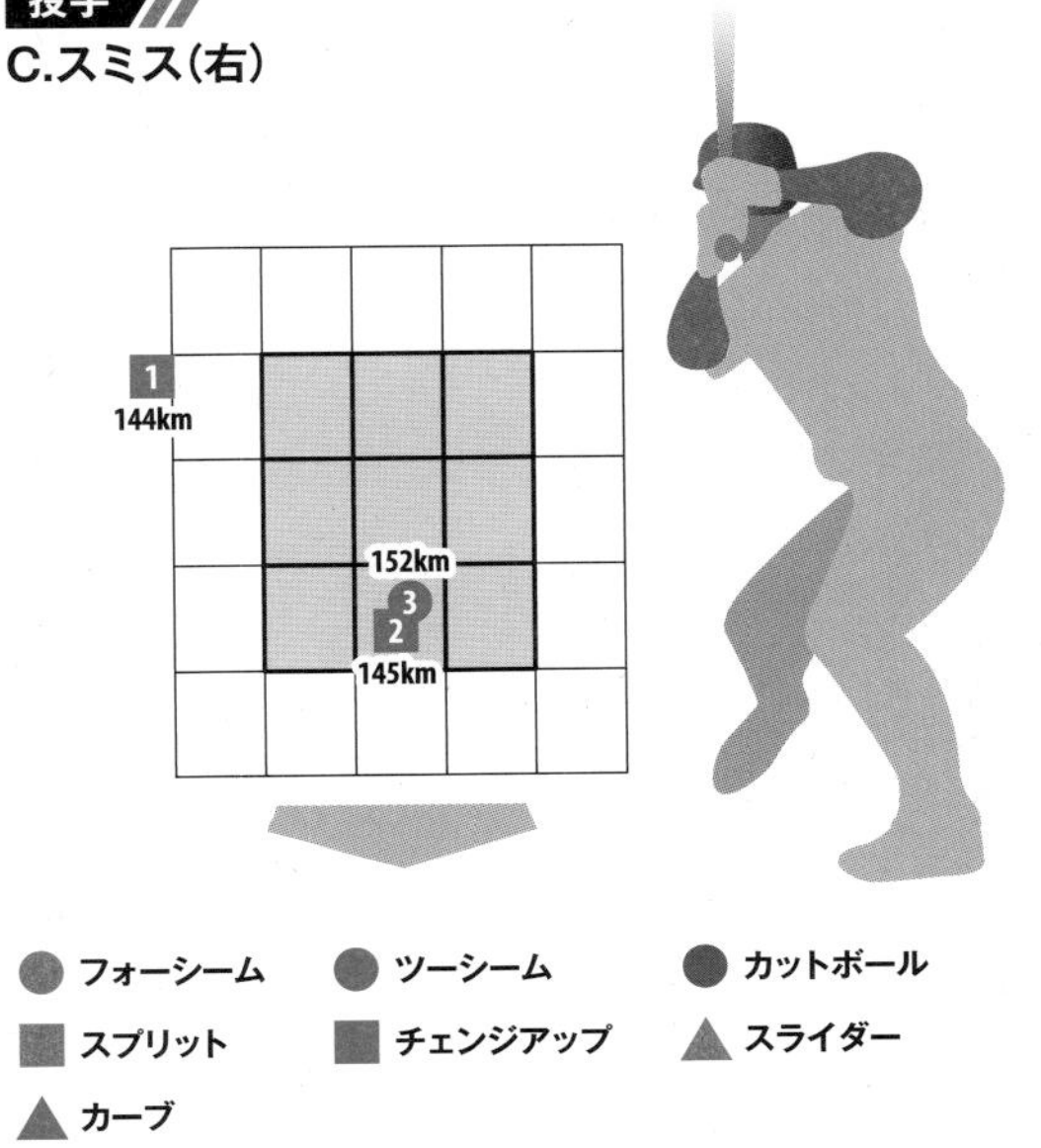

7号

3番・DH

≫ SHOHEI OHTANI 7th HOME RUN

計測史上「最高度」到達の49メートル弾

日本人3人目の20球団アーチ

4月30日

球場中が唖然呆然。計測が始まって以来〝最高度〟の「ムーンショット」が飛び出した。

4月30日のブルワーズ戦。1−0で迎えた3回2死、初球の甘く入ったカットボールをフルスイングした。その場にいた選手、観客全員が打球を目で追い、上空を見上げる。なかなか落ちてこない。7秒後、ようやく打球はバックスクリーンへ着弾した。

角度39度から放たれた打球は、最高到達点49メートル。高さはスタットキャスト計測史上最高で、滞空時間7秒は今季MLB最長だ。ネビン監督は「あんな本塁打は見たことがない」と驚愕し、被弾した相手右腕レイも脱帽の一発。

ブルワーズ戦初本塁打とし、日本人3人目の20球団アーチをマーク。過酷な17連戦を特大弾で締めくくった。

アメリカンファミリー・フィールド

4月30日　試合結果:エンゼルス 3−0 ブルワーズ

スコアボード	1	2	3	4	5	6	7	8	9	R	H	E
エンゼルス	0	1	1	0	0	0	1	0	0	3	5	0
ブルワーズ	0	0	0	0	0	0	0	0	0	0	3	0

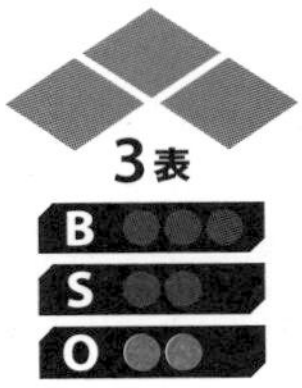

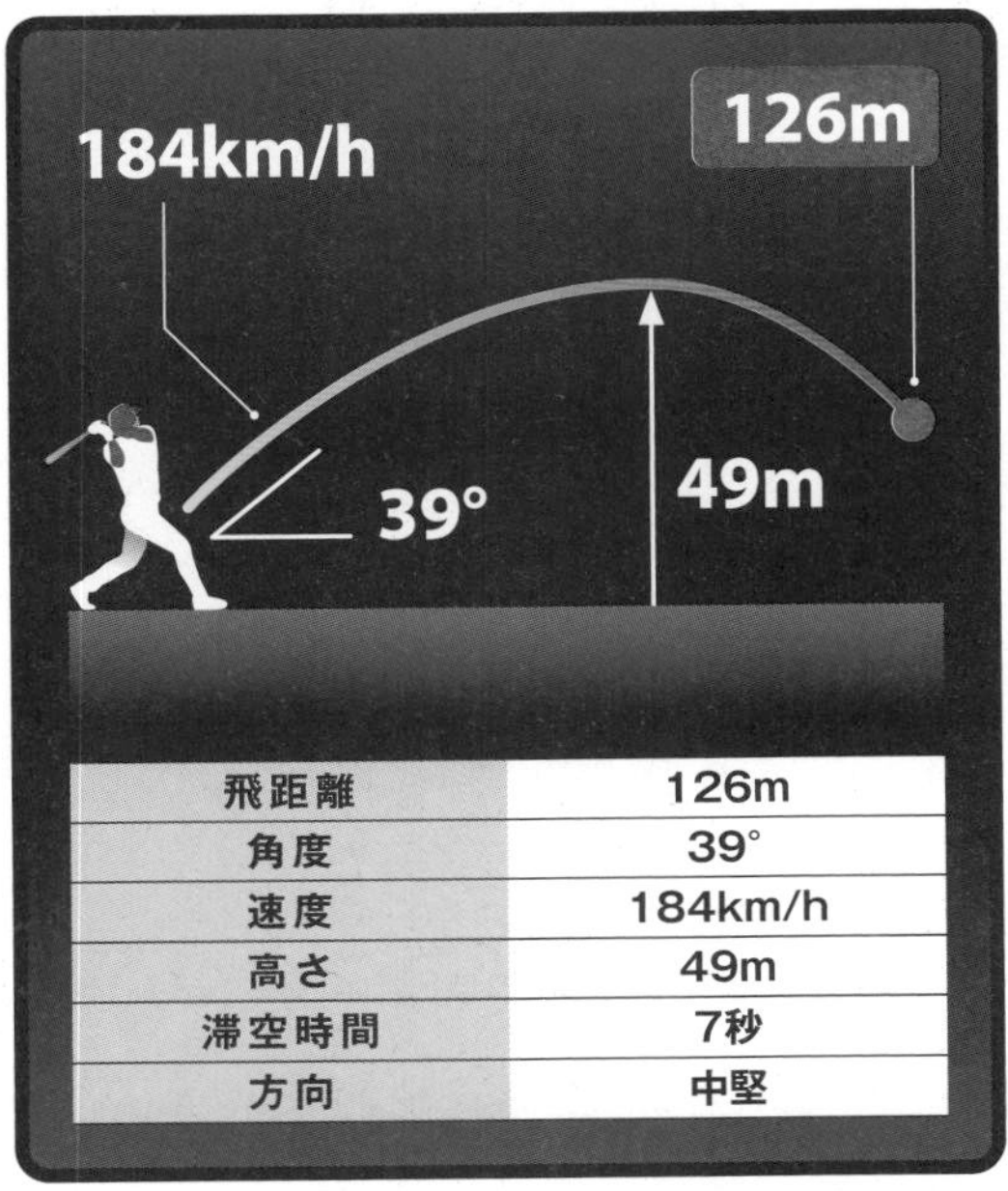

飛距離	126m
角度	39°
速度	184km/h
高さ	49m
滞空時間	7秒
方向	中堅

投手
C.レイ(右)

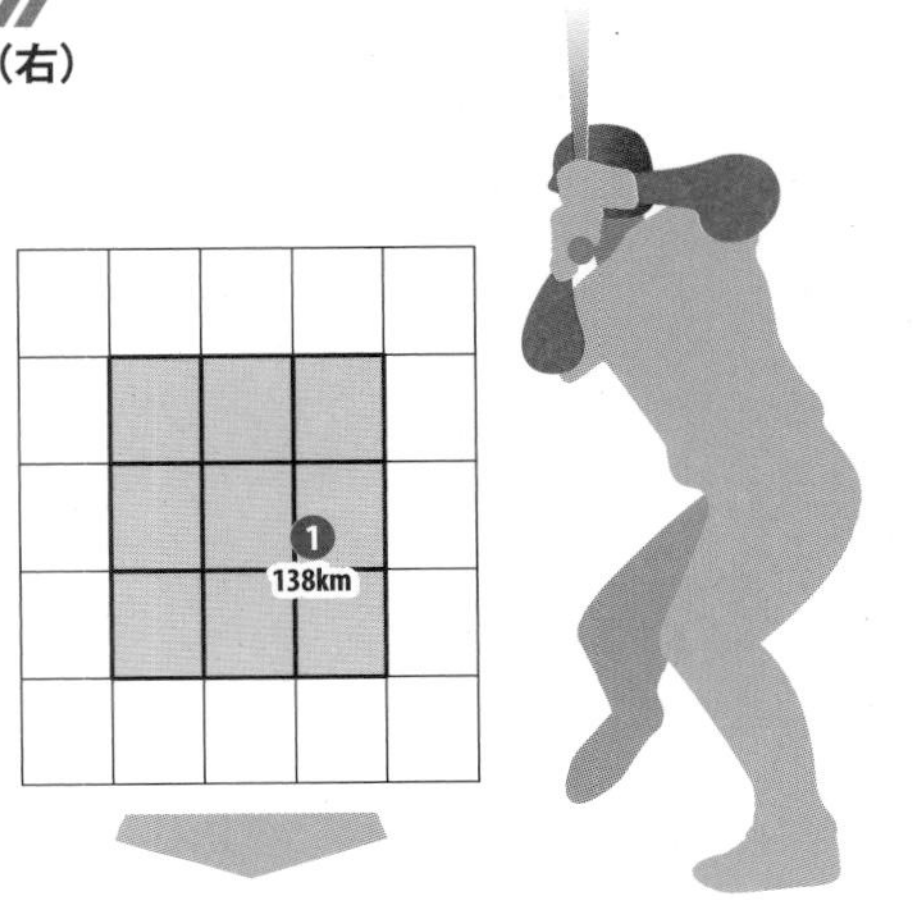

フォーシーム　ツーシーム　カットボール
スプリット　チェンジアップ　スライダー
カーブ

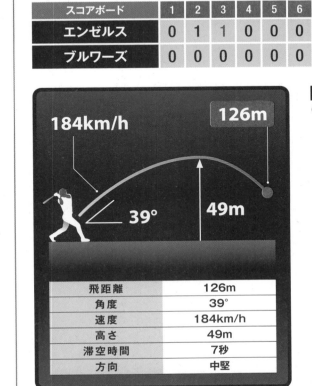

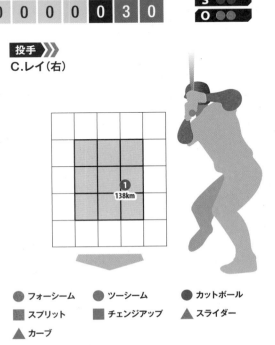

8号

3番・DH

SHOHEI OHTANI 8th HOME RUN

WBC強化試合の〝再現〟「膝つきそう」弾

前日カーブで空三振 その〝決め球〟を攻略

5月10日

ＷＢＣの熱狂を彷彿《ほうふつ》とさせる〝衝撃弾〟だ。

5月10日のアストロズ戦、３点を追う９回裏。無死一塁で対戦した相手は、昨季ワールドシリーズ胴上げ投手で、かつＷＢＣ米国代表の守護神プレスリー。この日までの対戦成績は通算10打数１安打。前日９日にはカーブで空振り三振に倒れたばかりだが、同じ轍は踏まなかった。

前日とほぼ同じ配球で攻めたバッテリーに対し、４球目の決め球カーブに食らいつく。体勢を崩されながらも、ボール球をすくい上げて右越え2ラン。天敵に初アーチでリベンジした。

ＷＢＣ強化試合の阪神戦（３月６日）で左膝を地面につけて本塁打を放ち、日本中をあっと言わせていたが、それを思わせる一発。これでチームは1点差まで詰め寄ったが、あと一歩及ばず4-5と惜敗した。

5月10日　試合結果:エンゼルス 4−5 アストロズ

スコアボード	1	2	3	4	5	6	7	8	9	R	H	E
アストロズ	1	0	0	4	0	0	0	0	0	5	8	0
エンゼルス	0	2	0	0	0	0	0	0	2	4	8	1

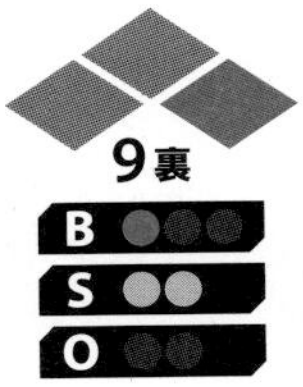

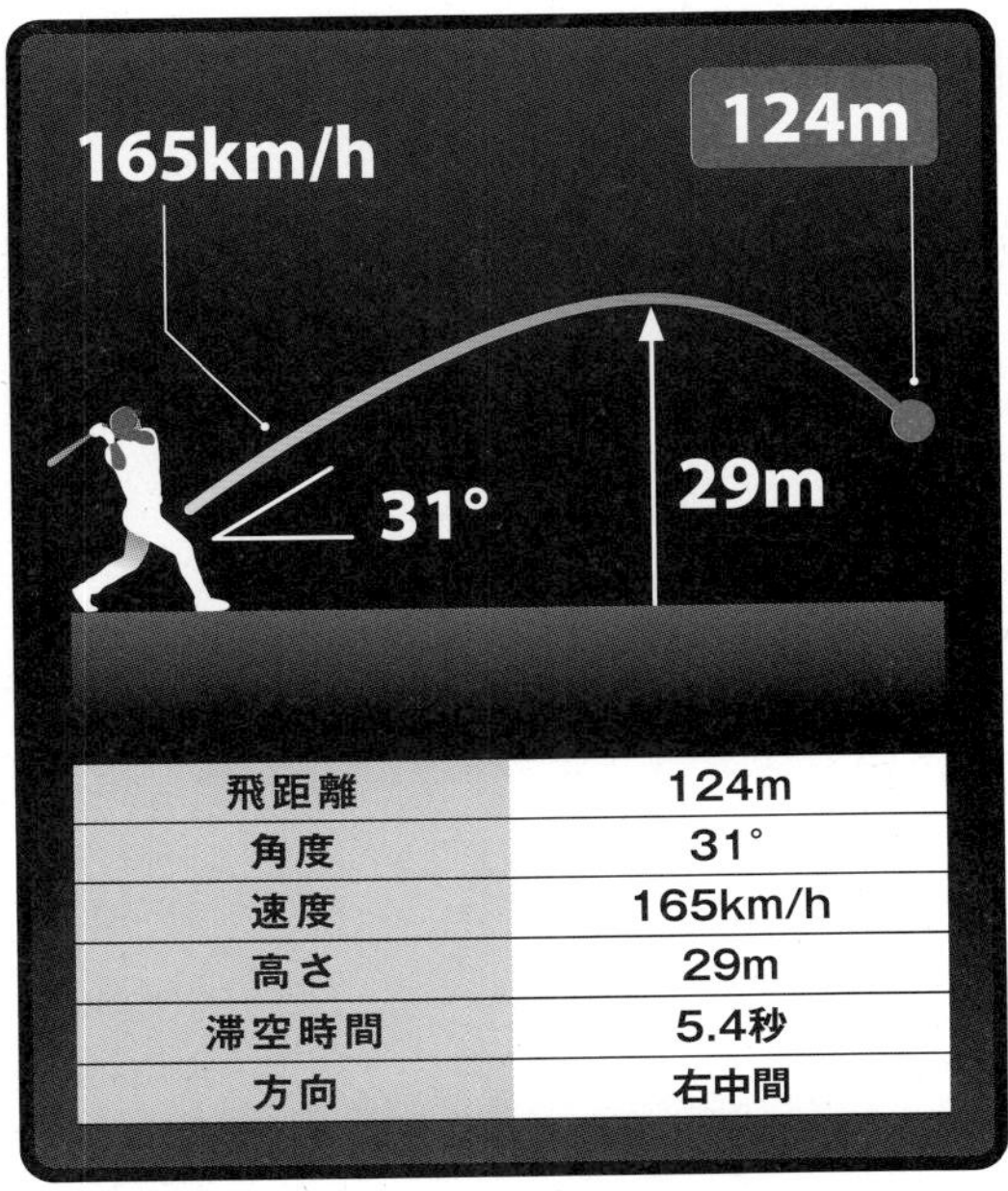

飛距離	124m
角度	31°
速度	165km/h
高さ	29m
滞空時間	5.4秒
方向	右中間

投手

R.プレスリー(右)

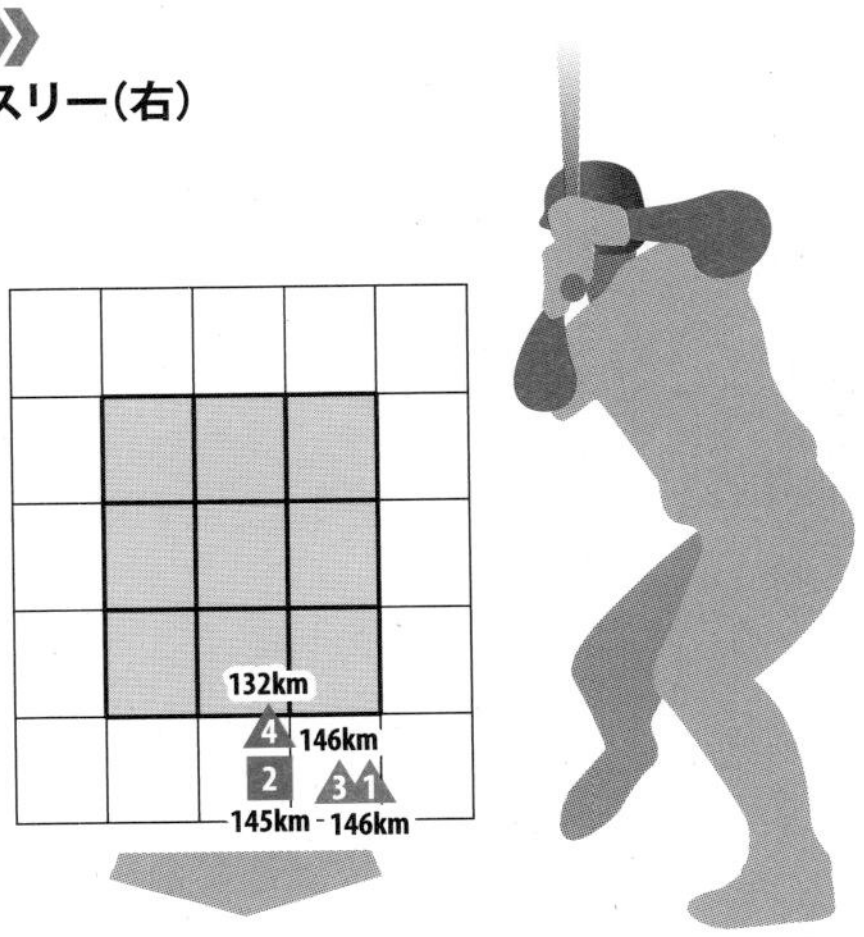

フォーシーム　ツーシーム　カットボール
スプリット　チェンジアップ　スライダー
カーブ

9号

3番・投手▶DH

SHOHEI OHTANI 9th HOME RUN

今季初「リアル二刀流弾」もサイクル未遂

59年ぶりの先発投手5出塁

5月15日

敵地でスタンディングオベーションが起こった。5月15日のオリオールズ戦に「3番・投手兼ＤＨ」で出場。投手としては序盤から2発を浴びたが、打者では同点で迎えた4回に魅せた。ここまで今季最長となる139メートルの特大勝ち越し3ランを右中間へ叩き込む。今季初のリアル二刀流弾を放った。

今季2度目の「サイクル未遂」でもあった。1打席目は四球、2打席目は右前打、3打席目で本塁打。4打席目では右越え三塁打を放ち、サイクルヒット達成まで二塁打を残すのみとなった。その後は二ゴロ、左前打で史上初の先発登板投手によるサイクルヒット達成はならなかったが、先発投手の5出塁は59年ぶりの快挙。投手としては今季5勝目を挙げ、ベーブ・ルース生誕の地・ボルティモアで二刀流の真骨頂を発揮した。

オリオール・パーク

5月15日　試合結果:エンゼルス 9-5 オリオールズ

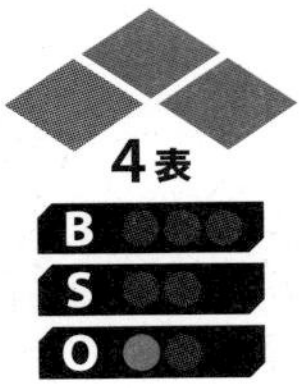

スコアボード	1	2	3	4	5	6	7	8	9	R	H	E
エンゼルス	0	1	2	5	1	0	0	0	0	9	17	0
オリオールズ	0	2	2	0	1	0	0	0	0	5	6	0

飛距離	139m
角度	27°
速度	184km/h
高さ	27m
滞空時間	5.2秒
方向	右中間

投手

G.ロドリゲス(右)

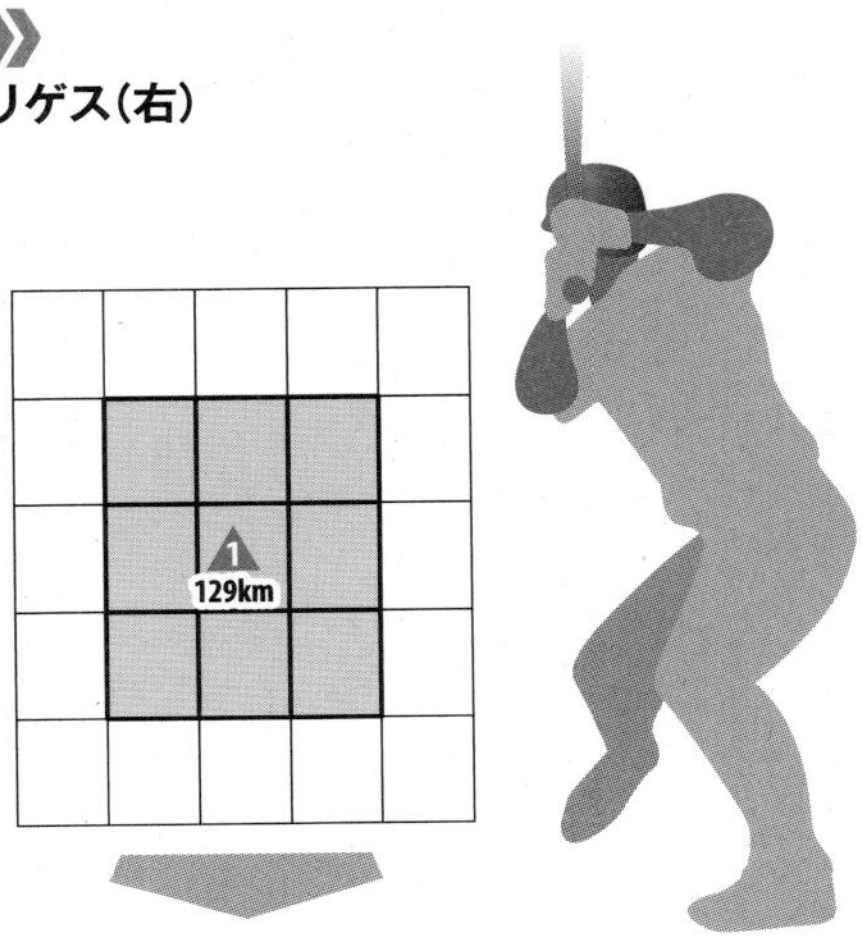

● フォーシーム　● ツーシーム　● カットボール
■ スプリット　■ チェンジアップ　▲ スライダー
▲ カーブ

10号

3番・DH

日本人3人目の 3年連続2桁アーチ

5月18日

今季無敗の3度目「トラウタニ弾」炸裂

SHOHEI OHTANI 10th HOME RUN

大技から小技まで、大谷ならではの見どころが詰まった一戦だった。5月18日、オリオールズ戦の1回2死。外角高めのチェンジアップを引っ張り、右中間フェンスをギリギリで越える先制ソロ。日本選手では松井秀喜（当時ヤンキース）、福留孝介（当時カブス）に続く3年連続、自身では5度目の2桁本塁打に到達した。

すると3回にトラウトも2ランを放ち、通算25度目の「トラウタニ弾」を達成。さらに、同点で迎えた8回には、2死満塁で打席に入った大谷が一塁へのゴロも全力疾走。敵将も感心するほどの俊足で一塁まで駆け抜け、内野適時安打で決勝点を叩き出した。

「トラウタニ弾」は今季3度目だが、チームは無傷の3連勝。大谷が大技小技でチームの連敗を2で止めた。

5月18日　試合結果:エンゼルス 6−5 オリオールズ

スコアボード	1	2	3	4	5	6	7	8	9	R	H	E
エンゼルス	1	0	2	0	1	0	0	2	0	6	13	0
オリオールズ	0	0	0	0	3	0	2	0	0	5	10	0

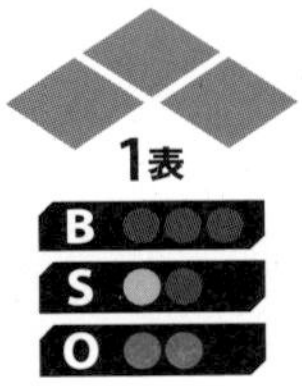

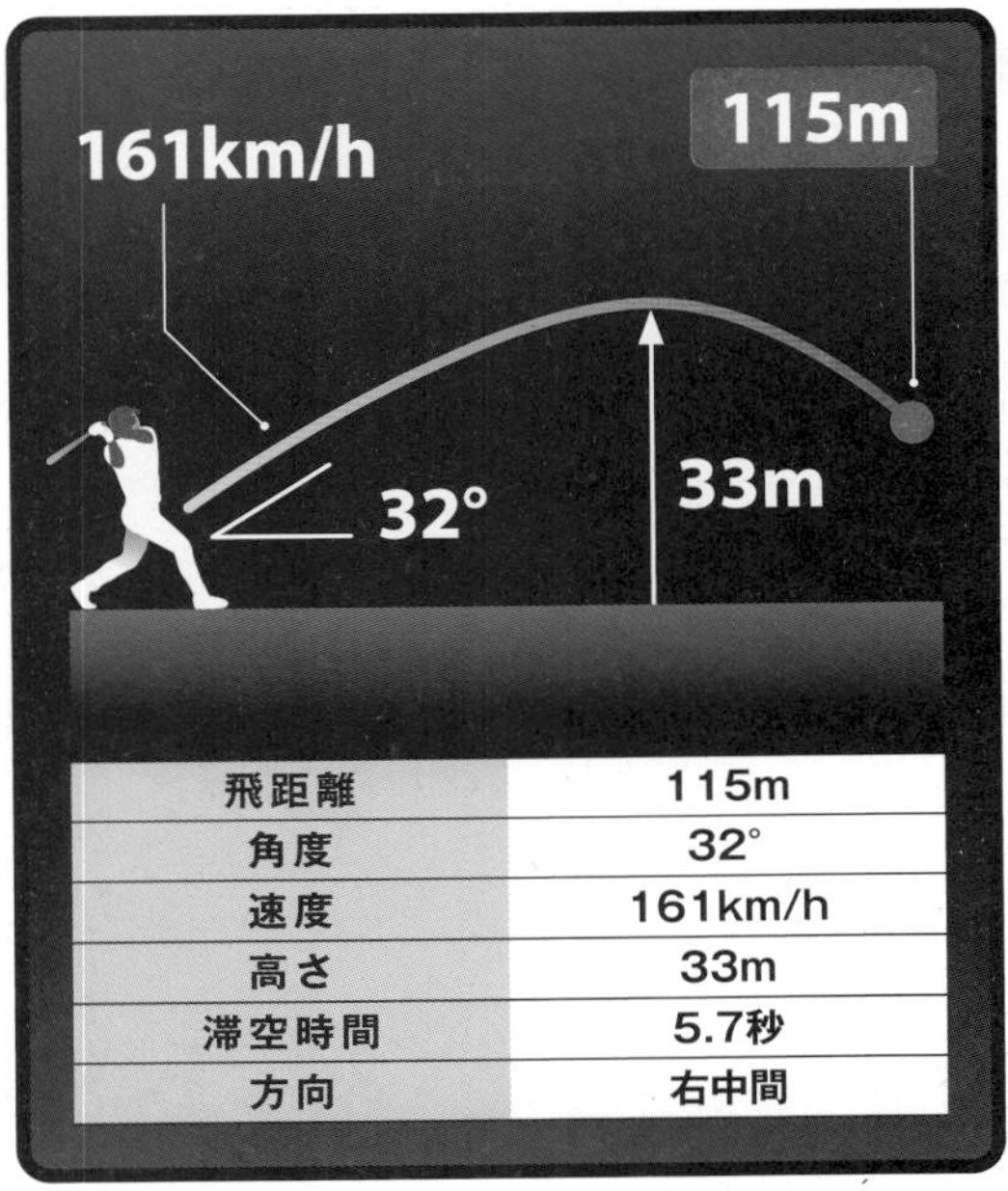

飛距離	115m
角度	32°
速度	161km/h
高さ	33m
滞空時間	5.7秒
方向	右中間

投手

T.ウェルズ(右)

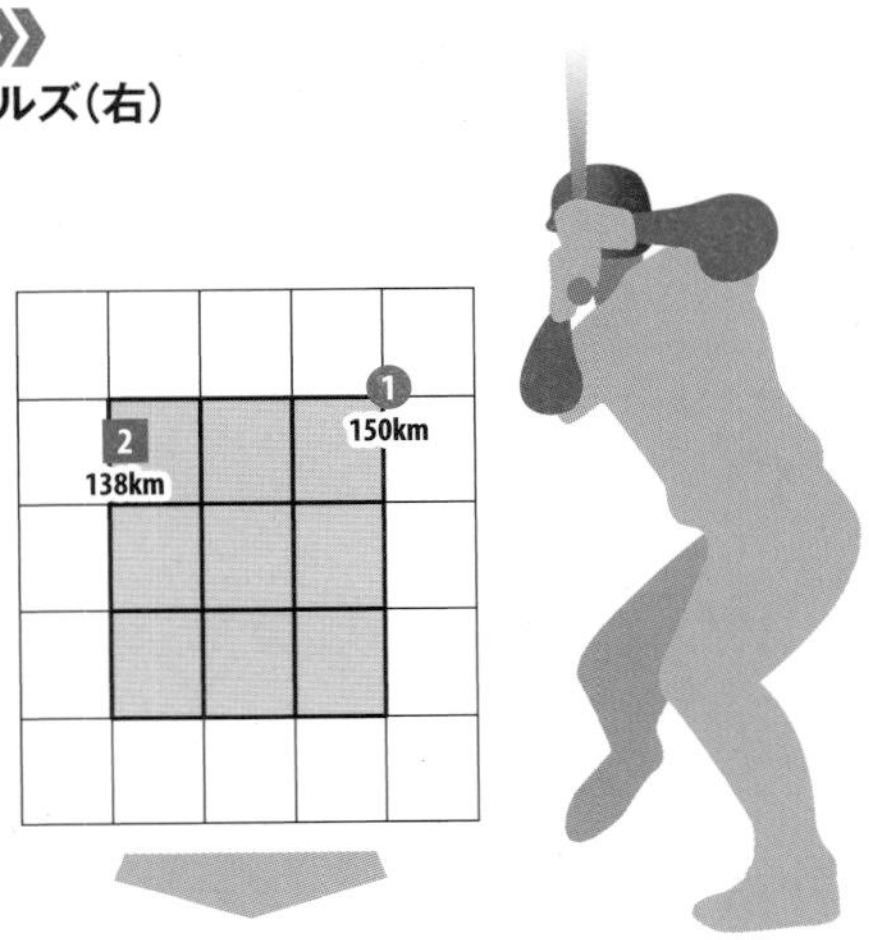

フォーシーム　ツーシーム　カットボール
スプリット　チェンジアップ　スライダー
カーブ

11号

3番・DH

SHOHEI OHTANI 11th HOME RUN

バットボーイが兜をかぶせた「BB弾」

大得意の「真ん中高め」を完璧打!!

5月20日

兜のプレゼンターはチームメートではない〝初見〟の人物だった。

5月20日、ツインズ戦の6回無死、最速100マイル（約161キロ）右腕ヴァーランドの高め直球に反応した。2球目までは内角を攻められていたが、4球目の真ん中高めを〝待ってました〟と言わんばかりに振り抜いた。

最高到達点35メートルの打球の行方を見届け、ダイヤモンドを一周してベンチに戻ると、背中に「BB」と記されたユニホームが近づいていく。これまでホームランセレブレーションで主に兜のかぶせ役を担っていたフィリップスがメジャー40人枠から外れたため、この日代役を務めたのは何とバットボーイだった。

5月に入ってようやく4本目。4月の7本からペースダウンしていたが、直近6試合で3発と調子が上向きになってきた。

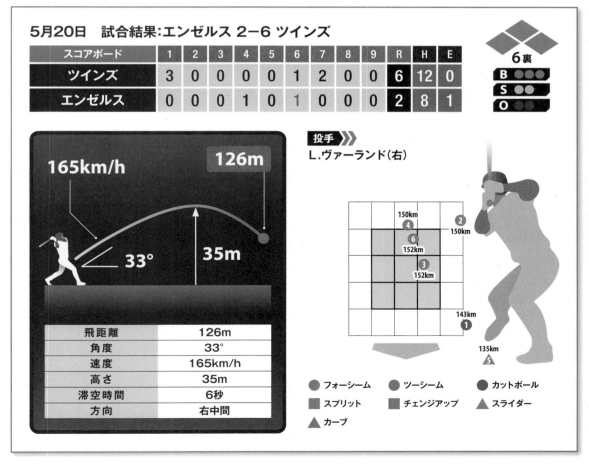

5月20日　試合結果:エンゼルス 2−6 ツインズ

スコアボード	1	2	3	4	5	6	7	8	9	R	H	E
ツインズ	3	0	0	0	0	1	2	0	0	6	12	0
エンゼルス	0	0	0	1	0	1	0	0	0	2	8	1

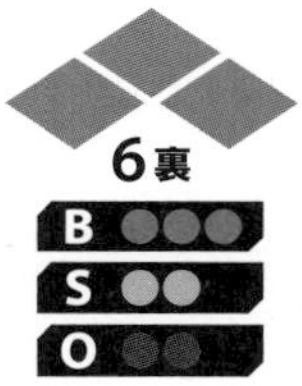

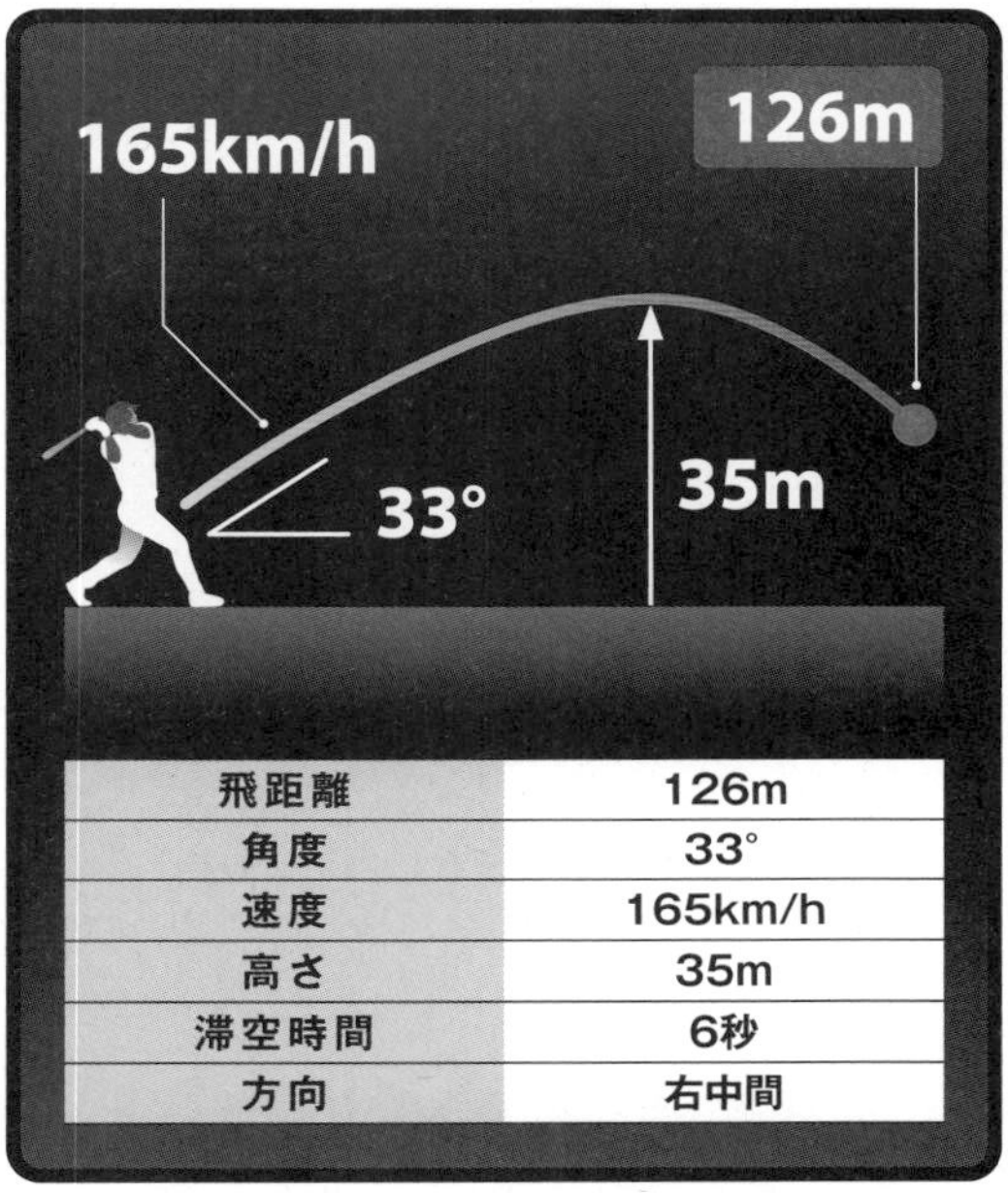

飛距離	126m
角度	33°
速度	165km/h
高さ	35m
滞空時間	6秒
方向	右中間

投手

L.ヴァーランド(右)

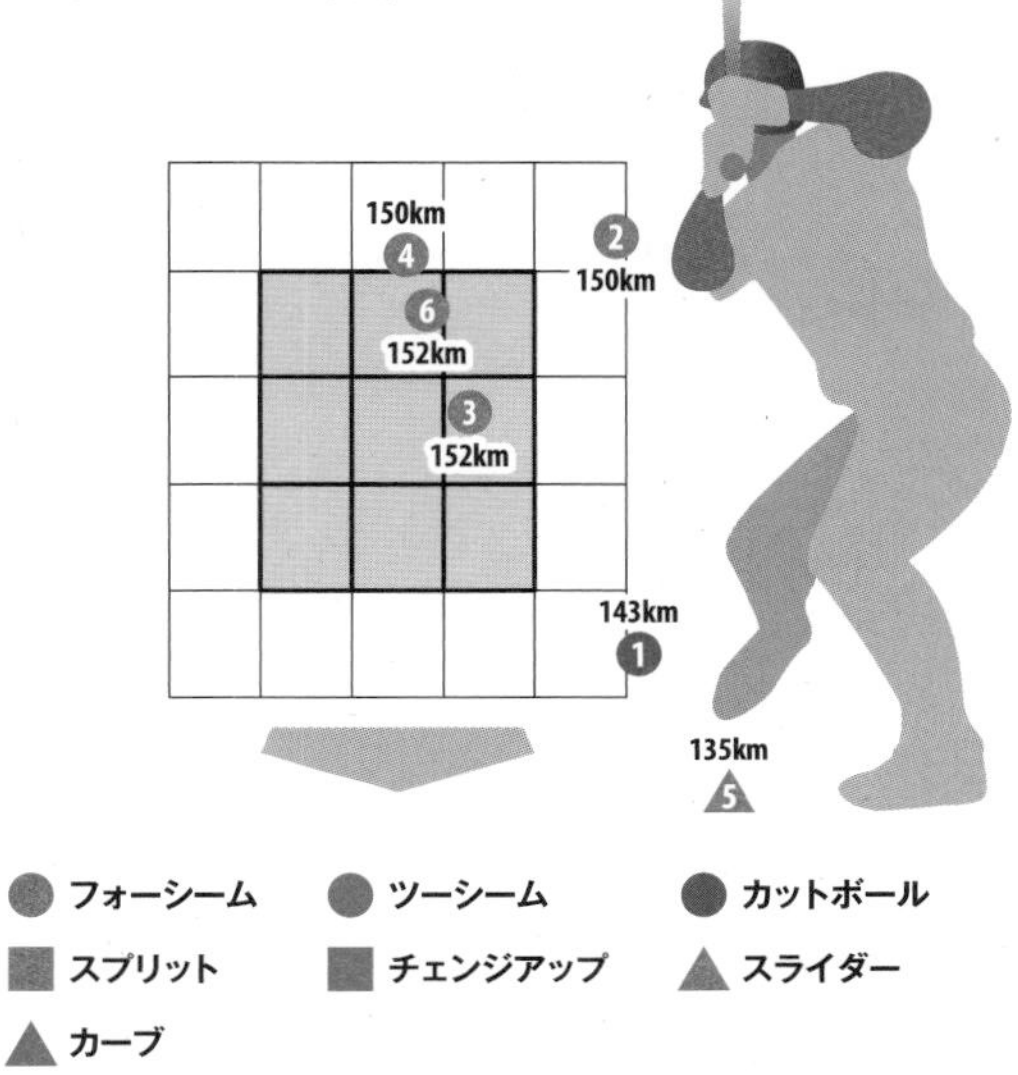

カメラマン
パフォーマンス！
5月24日

12号

3番・DH

SHOHEI OHTANI 12th HOME RUN

悪球打ちで今季4連勝の「トラウタニ弾」

つり球でも失投でも、大谷に高めは禁物。なぜなら今季は〝攻略済み〟だからだ。5月24日、レッドソックス戦の3回1死、左腕パクストンの2球目がすっぽ抜け、捕手の構えから大きく外れた。大谷はボールゾーンでも高めにはアジャスト可能。角度30度の大飛球は、力なく追いかける外野手の頭上を通過し、左中間スタンドへ到達した。

レッドソックスには侍ジャパンでともに戦った吉田正尚が所属し、この試合でともに「3番・DH」で先発出場。その目の前で、悪球打ちによる「トラウタニ弾」を決めてみせた。

トラウトとのアベック弾が出た試合は、チーム今季4連勝。大谷は本塁を踏んだ後、ベンチでチームメートに兜を渡し、カメラマンのような仕草で〝フォトサービス〟。お茶目な一面も見せてくれた。

5月24日　試合結果:エンゼルス 7−3 レッドソックス

スコアボード	1	2	3	4	5	6	7	8	9	R	H	E
レッドソックス	0	0	0	1	0	0	1	0	1	3	8	0
エンゼルス	0	4	1	2	0	0	0	0	X	7	7	0

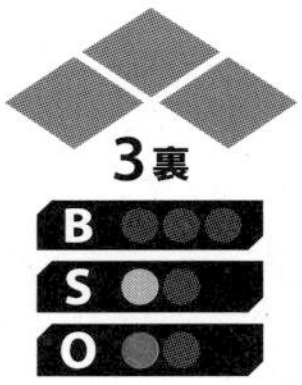

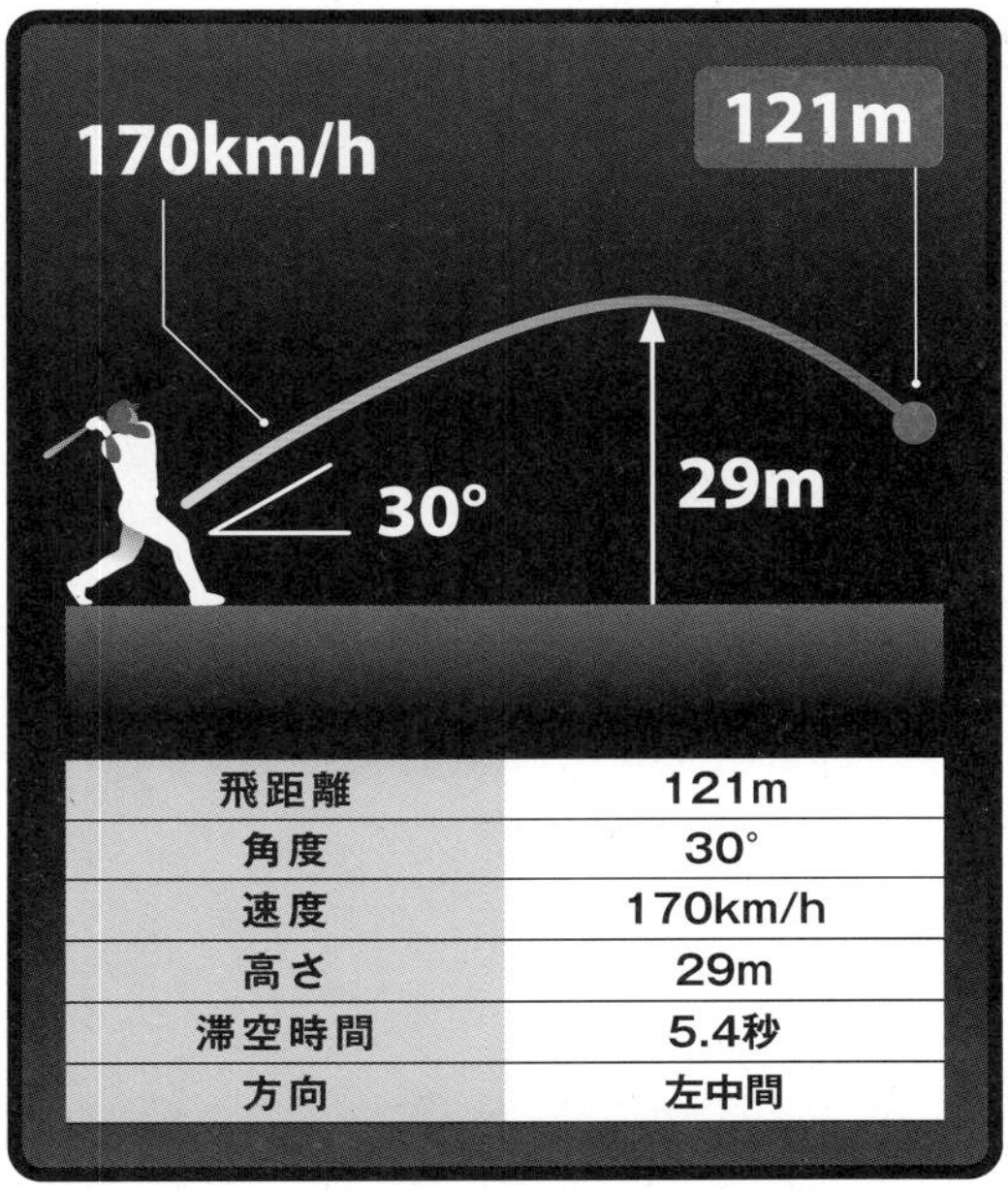

飛距離	121m
角度	30°
速度	170km/h
高さ	29m
滞空時間	5.4秒
方向	左中間

投手

J.パクストン(左)

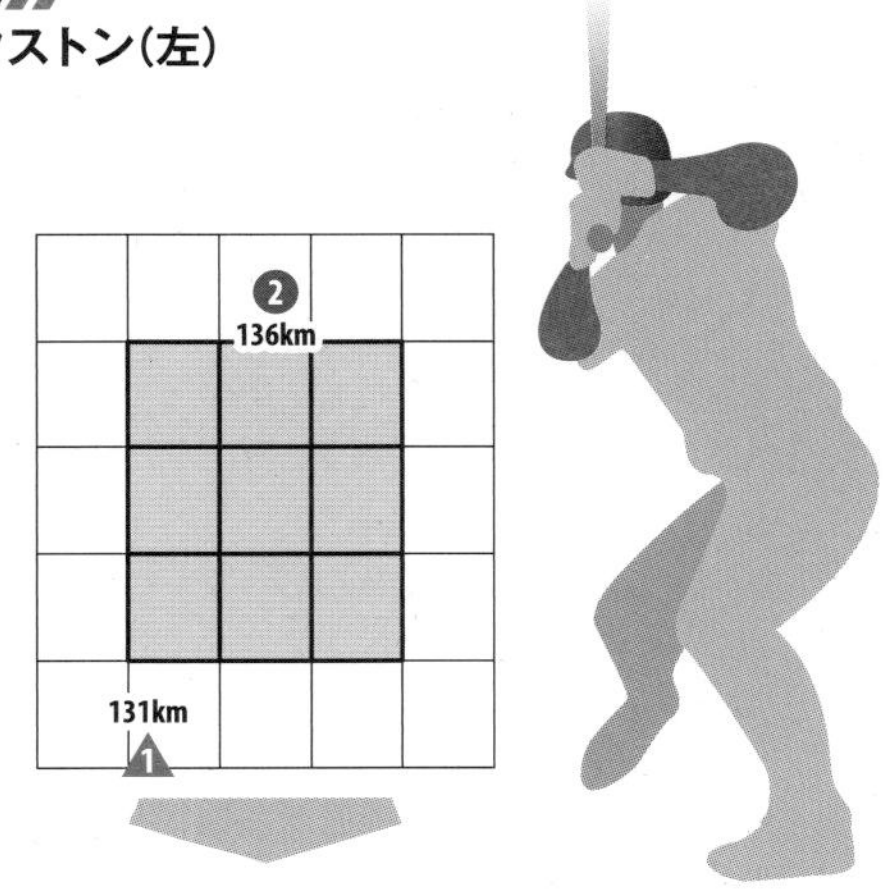

- フォーシーム
- ツーシーム
- カットボール
- スプリット
- チェンジアップ
- スライダー
- カーブ

13号

3番・DH

SHOHEI OHTANI 13th HOME RUN

ＭＬＢ通算１４０号はムーンショット弾

前打席で中飛の真ん中高めを粉砕

5月30日

また飛び出したムーンショット!! ＭＬＢで2桁勝利4度を誇る相手先発ジオリト(現・ガーディアンズ)も、大谷にとってはお得意様だ。

5月30日のホワイトソックス戦は、２０２０年にノーヒットノーランを達成した右腕と対戦した。１回は真ん中高めを強振して中飛。同点で迎えた４回は初球から２球連続でスイングし、３球目の真ん中高めを今度はバックスクリーンへ運んだ。最高到達点36メートル、飛距離１３３メートルの大飛球は、ＭＬＢ通算１４０号となる勝ち越しソロ。ジオリトからの本塁打は３本目となった。

敵地での兜パフォーマンスでは、兜が斜めにズレたままベンチ内を歩き続け、仲間の笑いも誘った。直近10試合で打率１割台と湿り気味だったバットに、復調の兆しが見え始めた。

ギャランティード・レート・フィールド

5月30日　試合結果:エンゼルス 3−7 ホワイトソックス

スコアボード	1	2	3	4	5	6	7	8	9	R	H	E
エンゼルス	1	0	0	2	0	0	0	0	0	3	5	1
ホワイトソックス	1	0	0	5	0	1	0	0	X	7	11	0

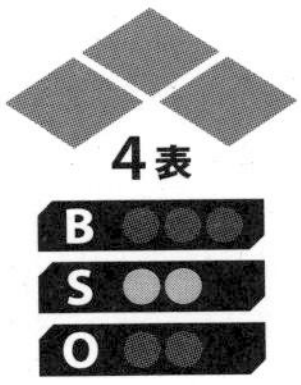

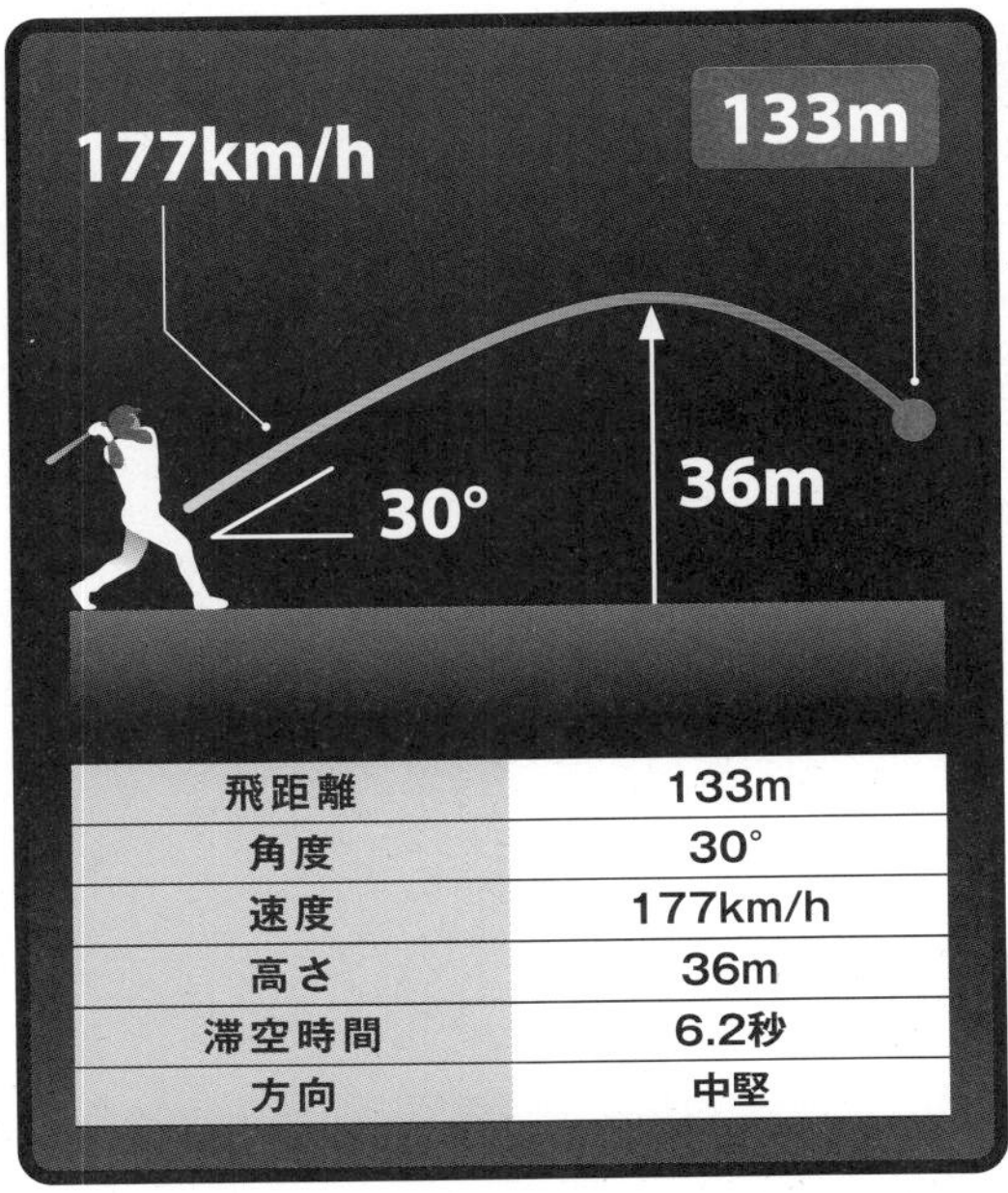

飛距離	133m
角度	30°
速度	177km/h
高さ	36m
滞空時間	6.2秒
方向	中堅

投手

L.ジオリト(右)

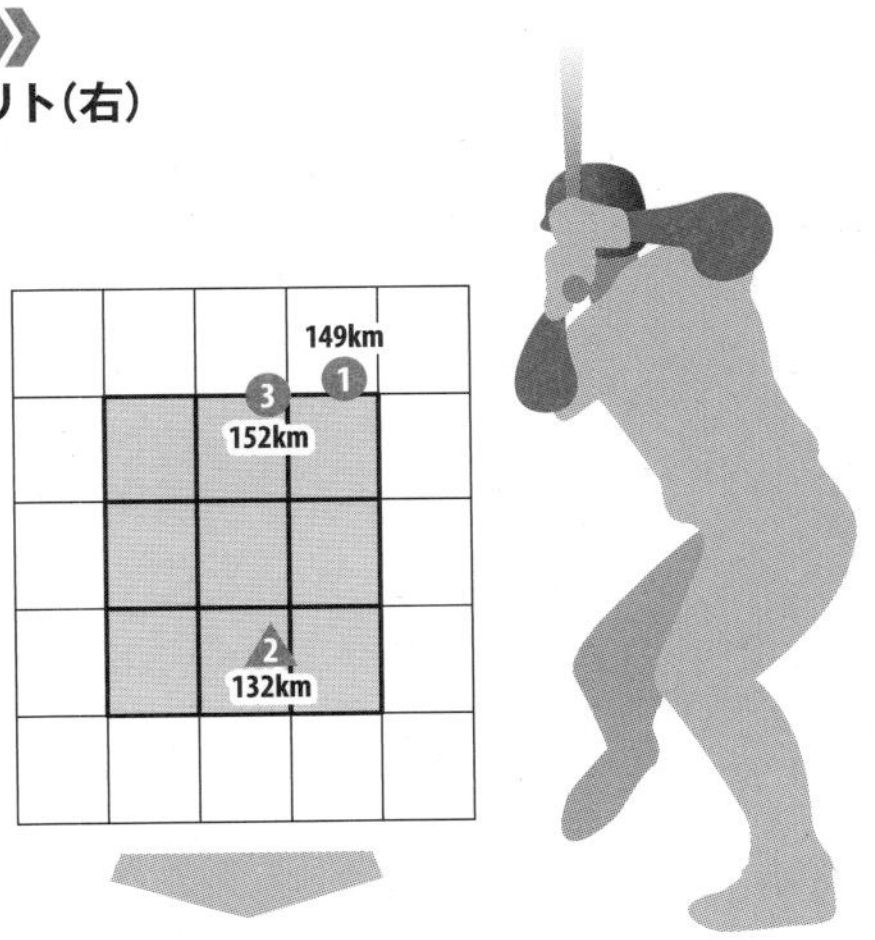

フォーシーム　ツーシーム　カットボール
スプリット　チェンジアップ　スライダー
カーブ

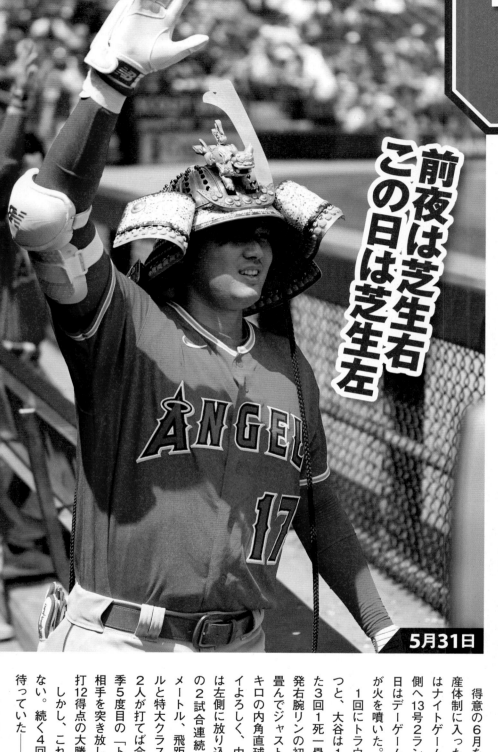

14号

3番・DH

SHOHEI OHTANI 14th HOME RUN

またもアベック！ またも2試合連続弾

前夜は芝生右 この日は芝生左

5月31日

得意の6月を前に、本塁打量産体制に入った。前日5月30日はナイトゲームで中堅の芝生右側へ13号2ラン。そして、翌31日はデーゲームで大谷のバットが火を噴いた。

1回にトラウトが2ランを放つと、大谷は1点リードで迎えた3回1死一塁の場面、相手先発右腕リンの初球に対し、肘を畳んでジャストミート。151キロの内角直球を前夜のリプレイよろしく、中堅の芝生、今度は左側に放り込む。今季2度目の2試合連続アーチは高さ33メートル、飛距離130メートルと特大クラスの一発だった。2人が打てば今季負けなし。今季5度目の「トラウタニ弾」で相手を突き放し、チームは13安打12得点の大勝を収めた。

しかし、これだけでは終わらない。続く4回にも、ドラマが待っていた――。

ギャランティード・レート・フィールド

5月31日　試合結果:エンゼルス 12−5 ホワイトソックス

スコアボード	1	2	3	4	5	6	7	8	9	R	H	E
エンゼルス	2	0	4	2	0	0	2	0	2	12	13	0
ホワイトソックス	0	1	0	0	0	0	1	0	3	5	12	0

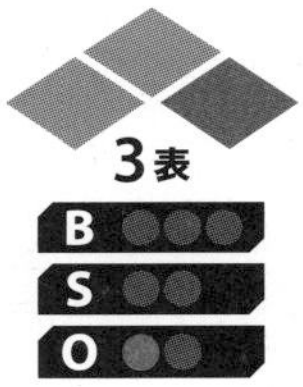

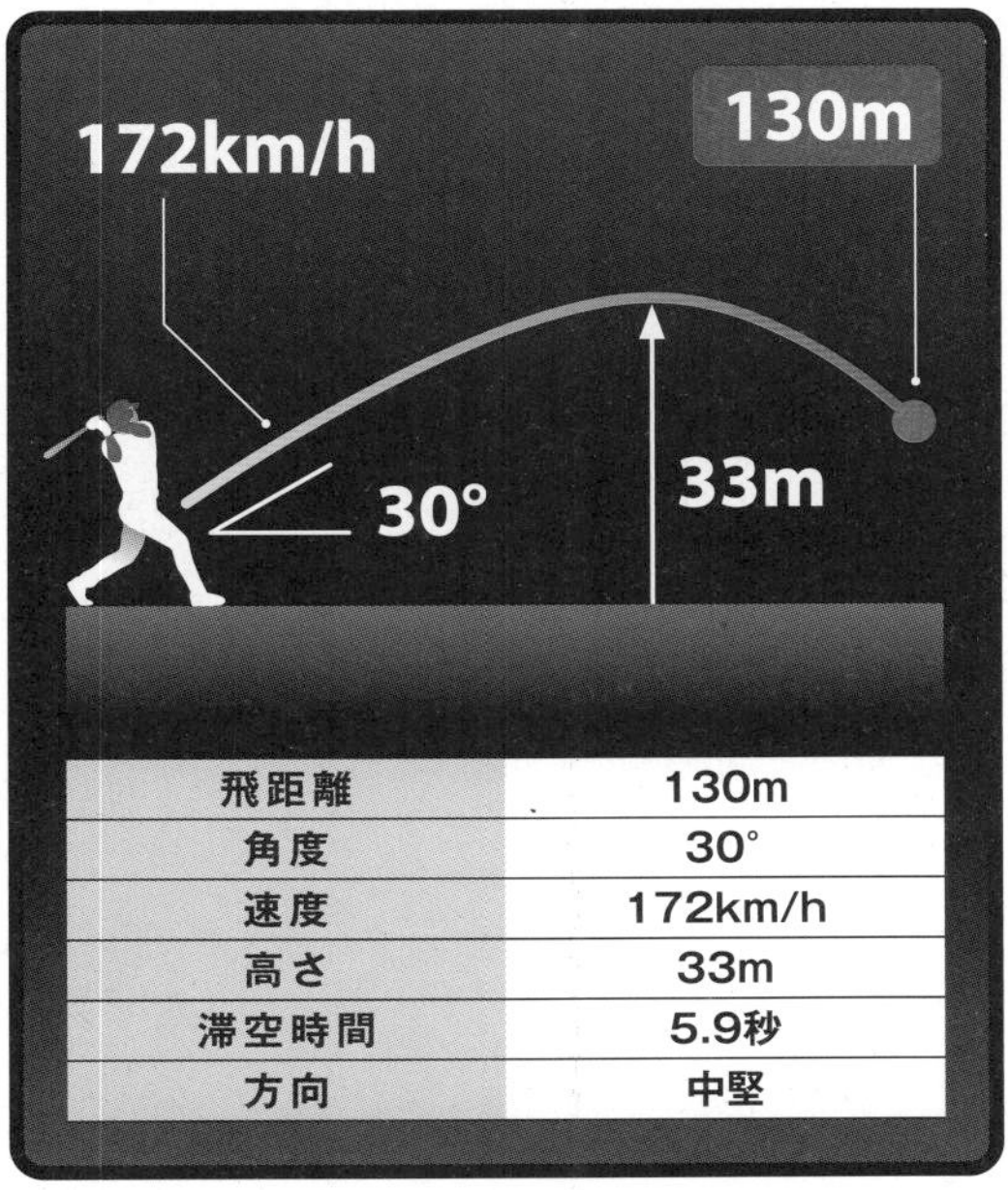

飛距離	130m
角度	30°
速度	172km/h
高さ	33m
滞空時間	5.9秒
方向	中堅

投手

L.リン(右)

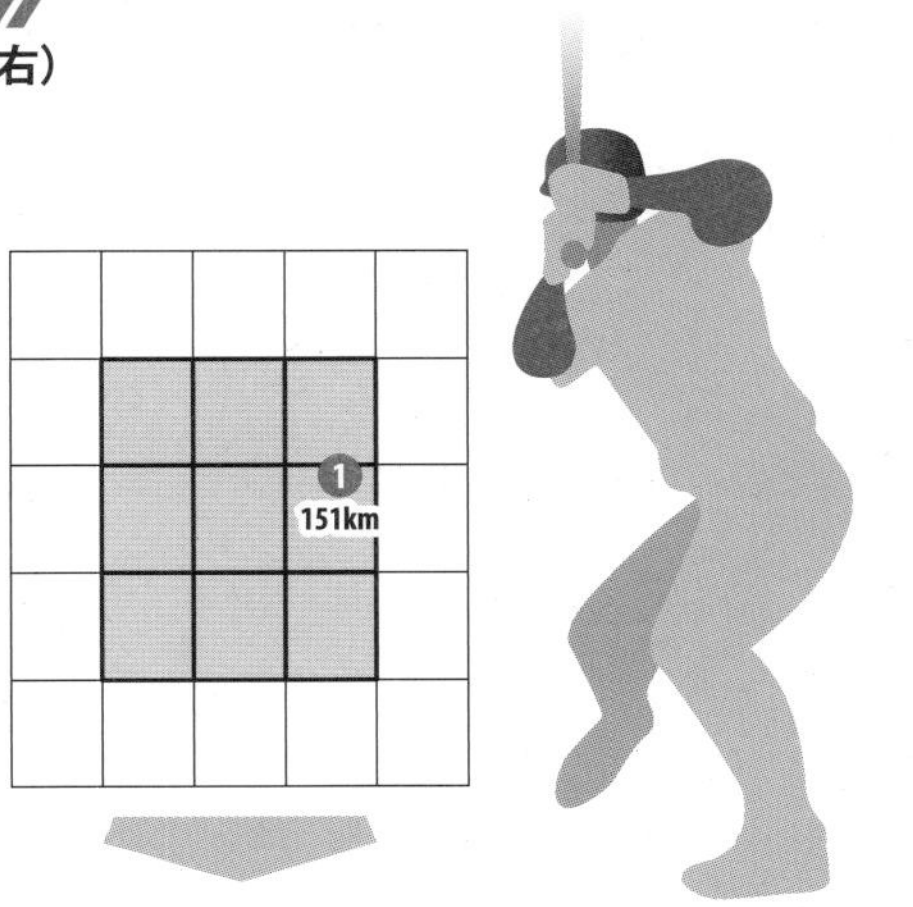

● フォーシーム　● ツーシーム　● カットボール

■ スプリット　■ チェンジアップ　▲ スライダー

▲ カーブ

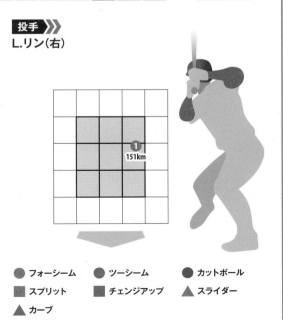

15号

3番・DH

»SHOHEI OHTANI 15th HOME RUN

今季初の2打席連続&今季最長アーチ

MLB自己通算5番目の飛距離

5月31日

特大の後は超特大――。大谷が今季初の2打席連続弾をマークした。31日のホワイトソックス戦は、3回に14号の１３０メートル弾を放ち、4回の打席ではフルカウントからのファーストストライク、内角高め直球を右中間上段まで運んだ。

高さ34メートル、飛距離はここまで今季自己最長１４０メートル。ＭＬＢ自己通算でも５番目の飛距離で、打球速度１８０キロのビッグな弾丸アーチ。５月の本塁打数を8本とし、本塁打王争いはア・リーグトップを走る18本塁打のジャッジ（ヤンキース）に3本差に迫る単独２位に浮上した。

兜をかぶった大谷はハイタッチ後、ブルペンに向かって手を上から振り下ろした。すると、投手たちも同様の「スレッジハンマーポーズ」で応える。今季の新名物パフォーマンスだ。

5月31日　試合結果:エンゼルス 12−5 ホワイトソックス

スコアボード	1	2	3	4	5	6	7	8	9	R	H	E
エンゼルス	2	0	4	2	0	0	2	0	2	12	13	0
ホワイトソックス	0	1	0	0	0	0	1	0	3	5	12	0

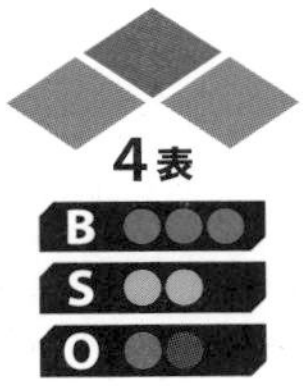

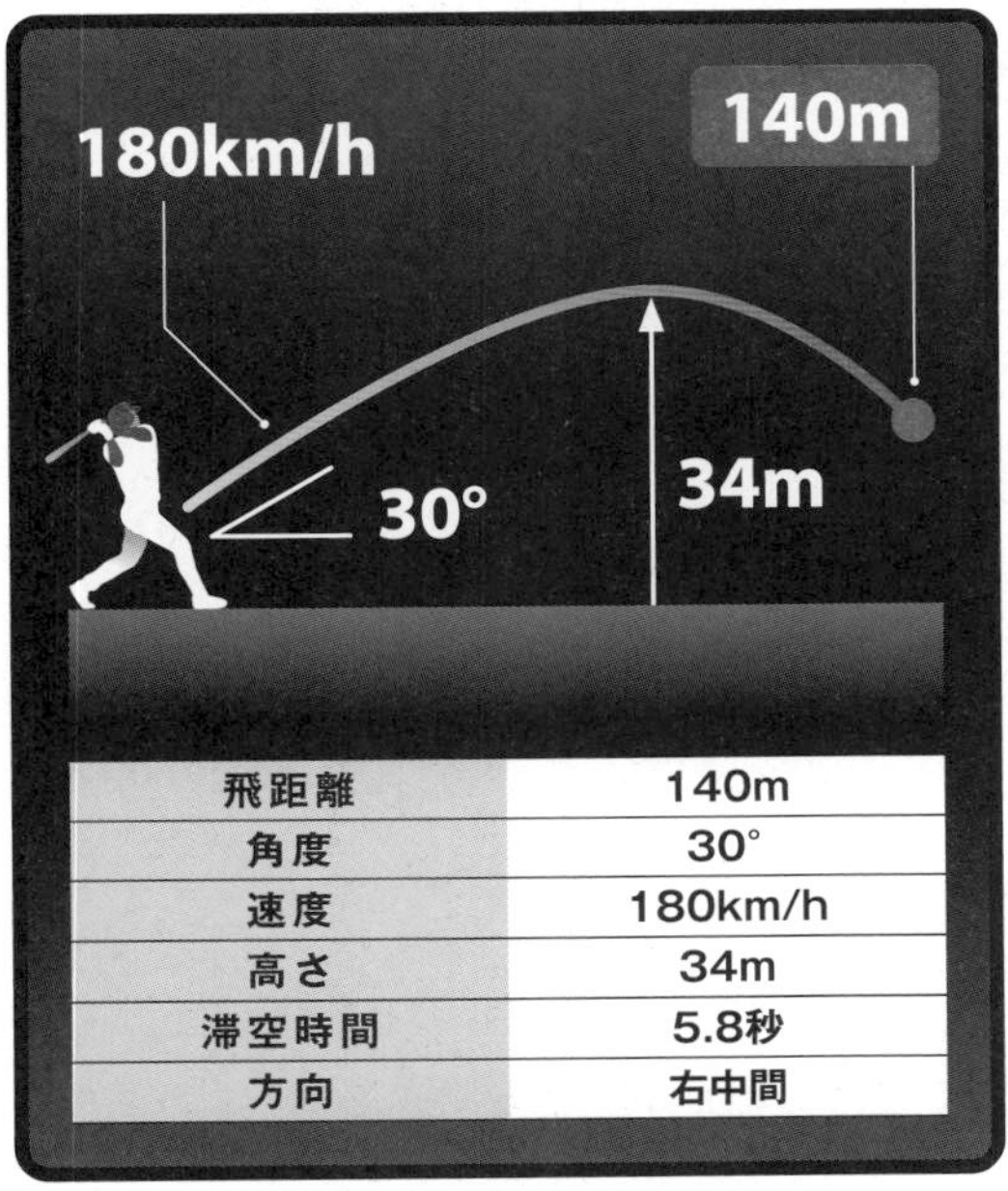

飛距離	140m
角度	30°
速度	180km/h
高さ	34m
滞空時間	5.8秒
方向	右中間

投手
L.リン(右)

138km 1
2 136km
6 150km
146km 3
4 145km
5 138km

フォーシーム　ツーシーム　カットボール
スプリット　チェンジアップ　スライダー
カーブ

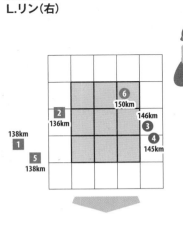

16号

2番・DH

SHOHEI OHTANI 16th HOME RUN

鈴木誠也の頭上を通過「超低空アーチ」

初対決で あいさつ代わりの一発!!

6月6日

同い年の鈴木誠也とメジャー初対決。超低空弾が右翼・鈴木の頭上を襲った。6月6日のカブス戦で4点を追う4回、6球目の内角高めカットボールを引っ張った。最高到達点19メートル、滞空時間ここまで今季最短4・3秒の打球が、鈴木のジャンプも及ばずフェンス上部を直撃し、グラウンドに跳ね返る。激走する大谷は鈴木のボール処理を見て三塁で止まった。

フェンス直撃の三塁打か、それとも本塁打か。審判団が協議するなか、三塁上の大谷が人さし指でアピールすると、鈴木は「どうかな?」と両手を広げてニヤリ。ビデオ判定の結果、本塁打となって大谷はさっそうとホームベースを踏んだ。

ベンチでは味方のハイタッチをスカして右腕で波の動きを見せる〝一発ギャグ〟。一気に波に乗っていきそうだ。

6月6日　試合結果:エンゼルス 7ー4 カブス

スコアボード	1	2	3	4	5	6	7	8	9	R	H	E
カブス	0	4	0	0	0	0	0	0	0	4	8	1
エンゼルス	0	0	0	1	5	0	1	0	X	7	5	0

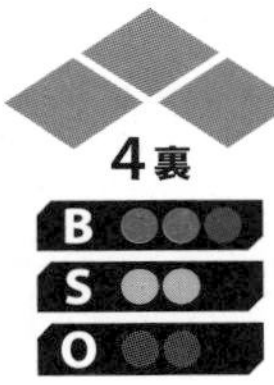

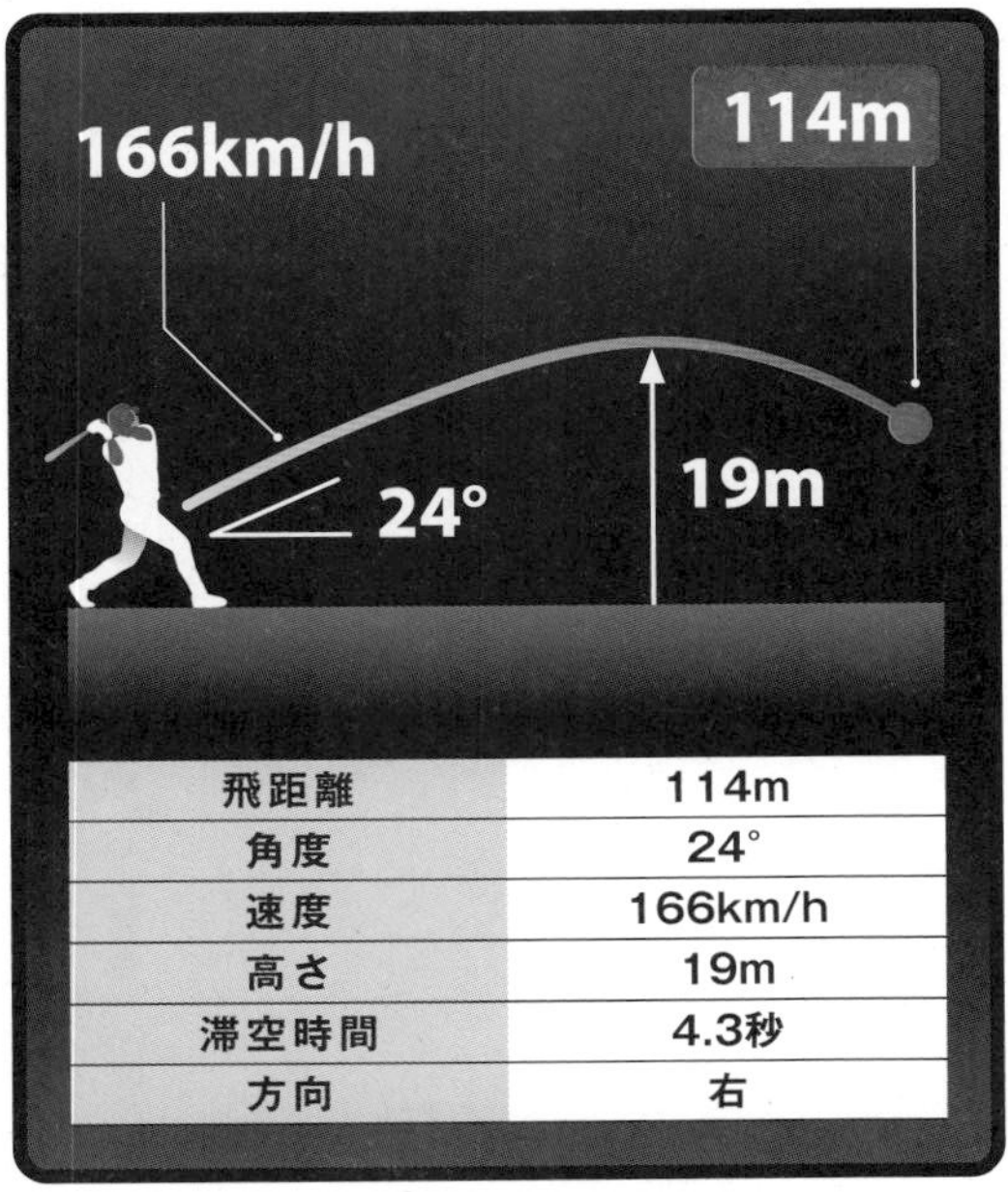

飛距離	114m
角度	24°
速度	166km/h
高さ	19m
滞空時間	4.3秒
方向	右

投手

H.ウェズネスキー(右)

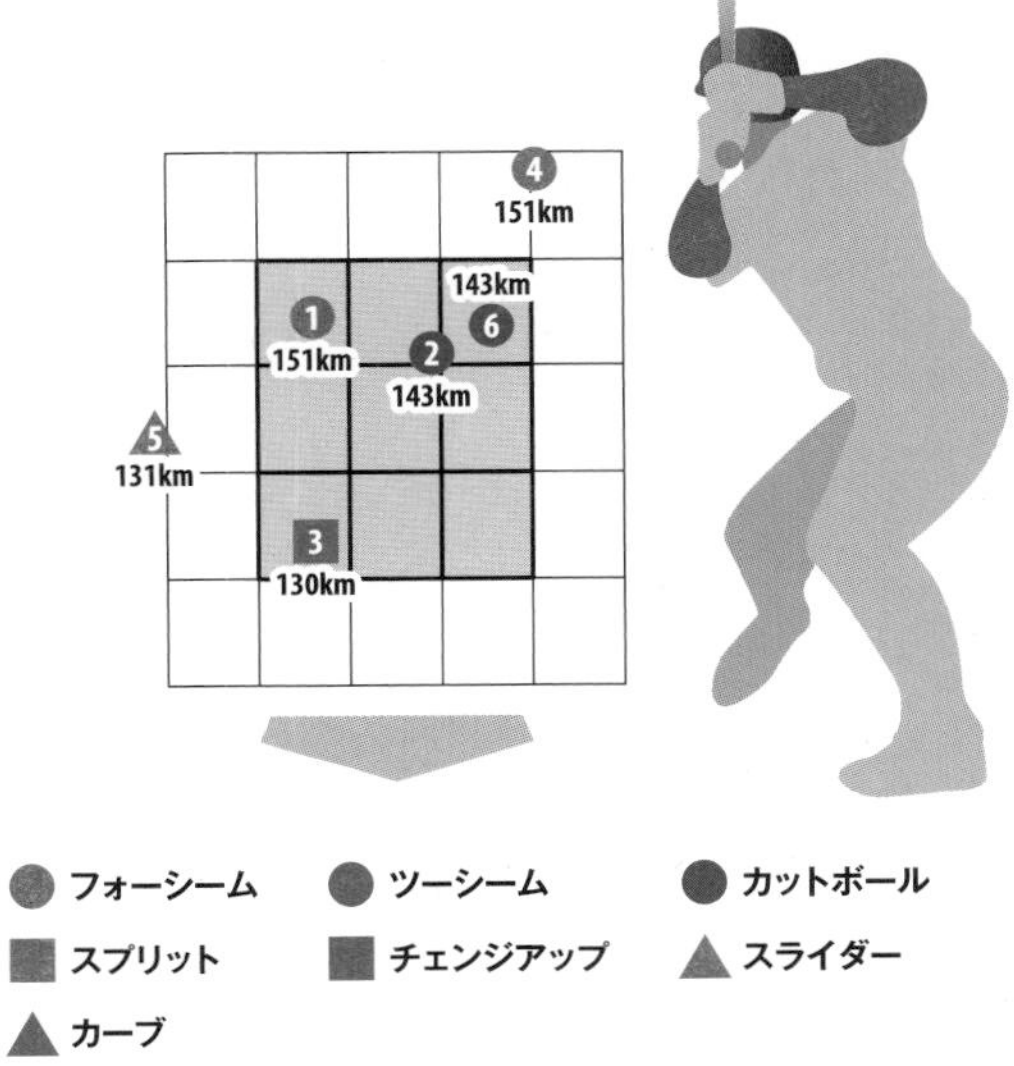

17号

2番・投手▶DH

》SHOHEI OHTANI 17th HOME RUN

今季2度目となるリアル二刀流アーチ

「登板&3安打」がシーズン4度はリーグ85年ぶり

6月9日

やられたらやり返す——。6月9日、マリナーズ戦の1回、投手として先制2ランを被弾した。0-2で迎えた3回の打席では、甘く入った初球のチェンジアップを一閃。打球速度１８２キロ、最高到達点34メートル、そして飛距離１３４メートルの超高速大飛球が、あっという間に中堅やや右翼寄りへと消える。相手投手も打たれた瞬間に脱力する、両者確信の17号2ランとなった。

投手としては今季１００奪三振を達成したものの、６四死球と荒れて5回3安打3失点。勝敗はつかなかったが、自身が今季ワーストと位置づける内容だった。しかし、打者では単打、本塁打、二塁打と3安打2打点で今季4度目のサイクル未遂。投手が登板試合で1シーズン4度の3安打はア・リーグでは85年ぶりの快挙となった。

6月9日　試合結果:エンゼルス 5−4 マリナーズ

スコアボード	1	2	3	4	5	6	7	8	9	R	H	E
マリナーズ	2	0	0	0	1	0	0	0	1	4	4	1
エンゼルス	0	0	2	1	0	2	0	0	X	5	6	0

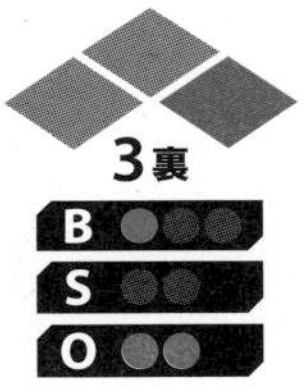

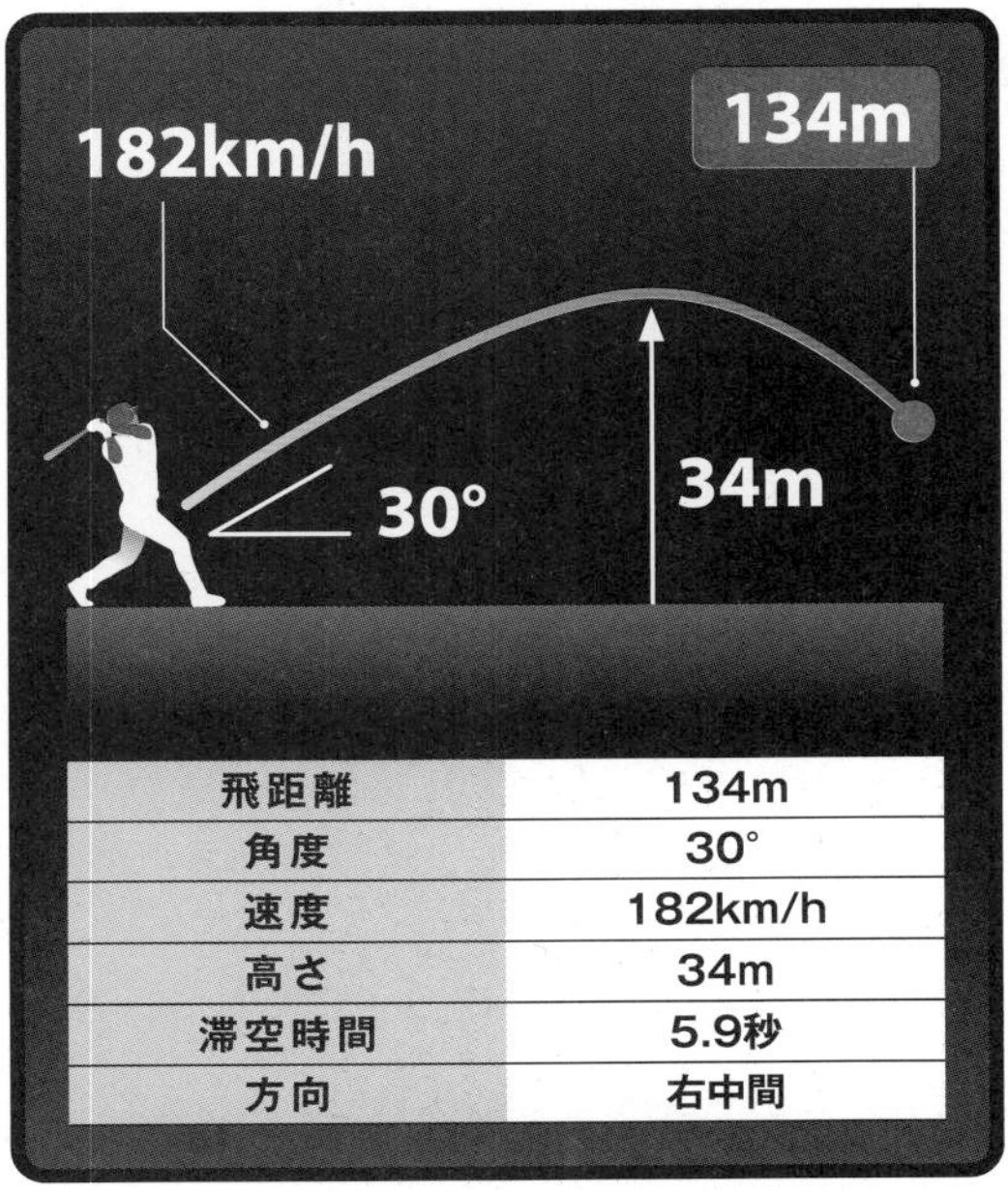

飛距離	134m
角度	30°
速度	182km/h
高さ	34m
滞空時間	5.9秒
方向	右中間

投手

L.カスティーヨ(右)

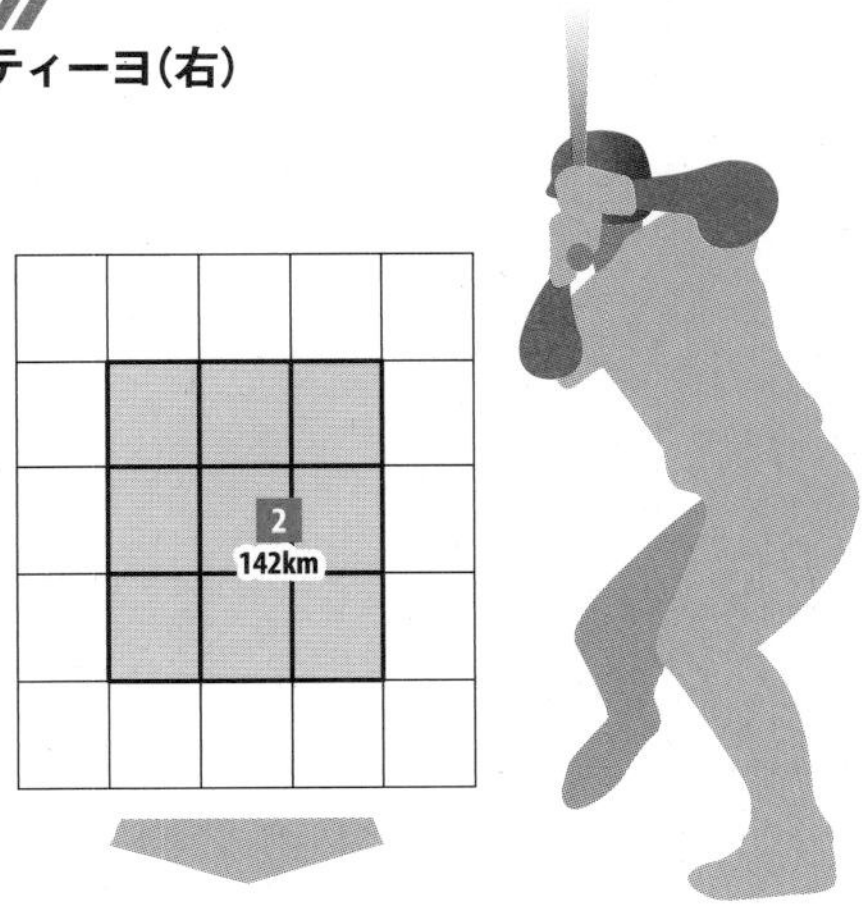

フォーシーム　ツーシーム　カットボール

スプリット　チェンジアップ　スライダー

カーブ

※1球目はピッチクロック違反でボール

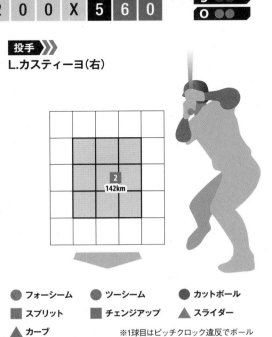

18号

2番・DH

SHOHEI OHTANI 18th HOME RUN

得意の内角ボールゾーンで2試合連続弾

1位ジャッジに1本差と肉薄！

6月10日

同じ手は食わない。6月10日のマリナーズ戦、3点を先制された直後の3回。見逃せばボール球となる初球の内角低めスライダーを空振りした。続く2球目、同じようなコースに来た同球種をドカン。滞空時間わずか4・8秒の122メートル弾は右翼スタンドで弾んだ。前日9日のリアル二刀流弾に続き、2試合連続アーチを決めた。

今季も〝6月男〟の本領を発揮し始めた。昨年6月には月間長打率が一時7割超え。今季も直近5戦3発と量産態勢に入り、この時点でア・リーグの本塁打ランキング1位のジャッジ(ヤンキース)に1本差まで迫った。

投手にしてみれば、ストライクゾーンは打たれ、さらにボールゾーンも打たれてはなす術なし。今季自身最長の7試合連続安打とし、ギアが上がってきた。

エンゼル・スタジアム

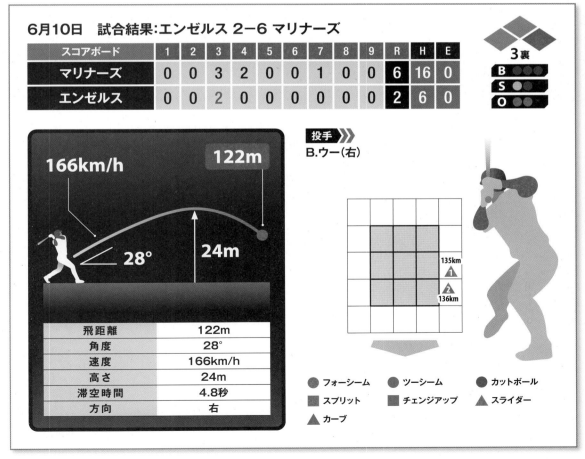

6月10日　試合結果:エンゼルス 2−6 マリナーズ

スコアボード	1	2	3	4	5	6	7	8	9	R	H	E
マリナーズ	0	0	3	2	0	0	1	0	0	6	16	0
エンゼルス	0	0	2	0	0	0	0	0	0	2	6	0

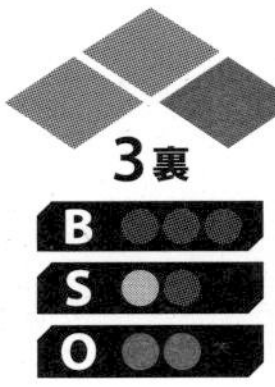

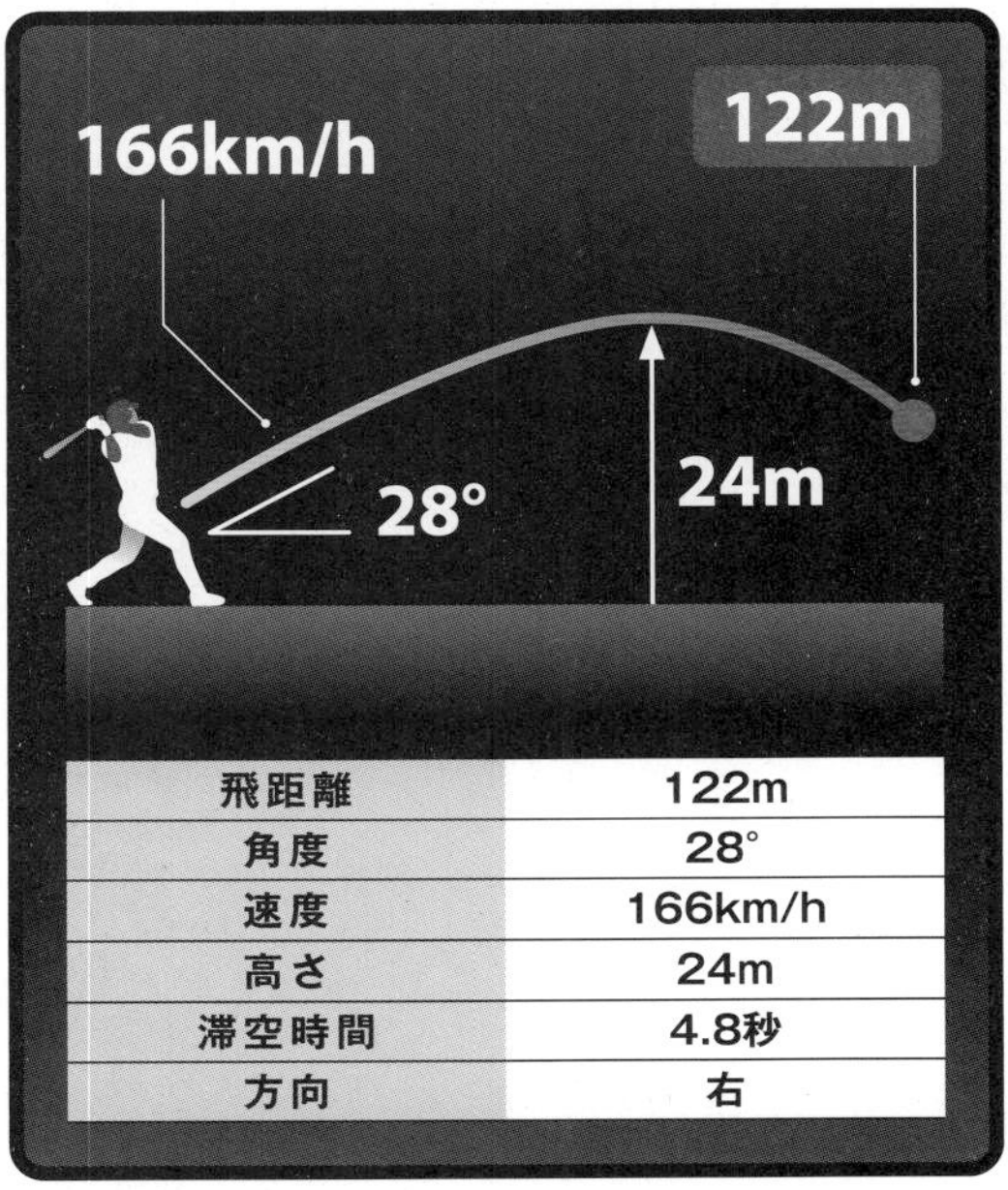

飛距離	122m
角度	28°
速度	166km/h
高さ	24m
滞空時間	4.8秒
方向	右

投手
B.ウー（右）

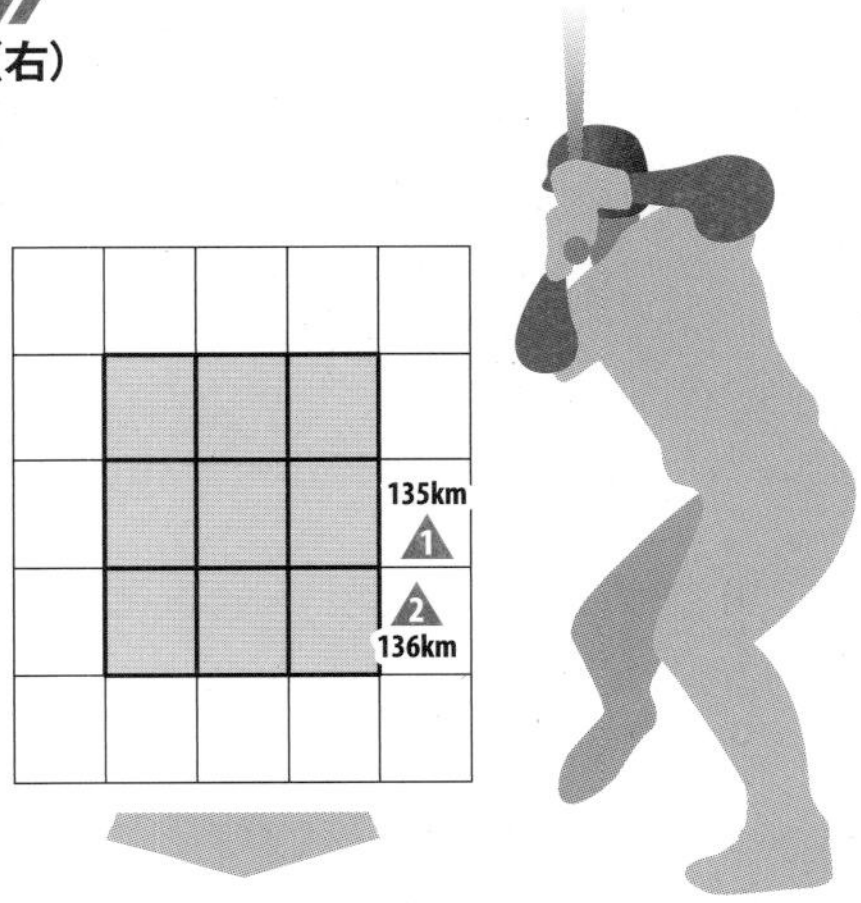

フォーシーム　ツーシーム　カットボール
スプリット　チェンジアップ　スライダー
カーブ

19号

2番・DH

》SHOHEI OHTANI 19th HOME RUN

本塁打王争いトップに並ぶ〝確信〟アーチ

ここまで今季最長140メートル弾

6月12日

納得がいかなければ、力業で粉砕する。

6月12日、レンジャース戦で1点を追う7回1死。初球の内角低め、ボールゾーンにも見えるチェンジアップをストライクと判定され、大谷は一瞬首を傾げた。直後にタイムを要求し、間を取ってから2球目を待つ。今度も内角低め、ただし軌道はストライクゾーンだ。このツーシームを振り抜き、打球の行方を見つめながら華麗なバットフリップで〝確信歩き〟。打球は中堅スタンド2階席へ飛び込んだ。

同点の19号ソロは、ここまで今季飛距離最長タイの140メートル。ア・リーグ本塁打ランキング1位のジャッジ（ヤンキース）に追いつき、2021年9月21日以来となるリーグ本塁打トップに。試合はタイブレークに突入。チーム必勝を期す大谷が延長戦でも魅せる。

グローブライフ・フィールド

6月12日　試合結果:エンゼルス 9−6 レンジャーズ

スコアボード	1	2	3	4	5	6	7	8	9	10	11	12	R	H	E
エンゼルス	0	0	1	0	3	0	1	0	0	0	0	4	9	10	1
レンジャーズ	0	3	2	0	0	0	0	0	0	0	0	1	6	12	2

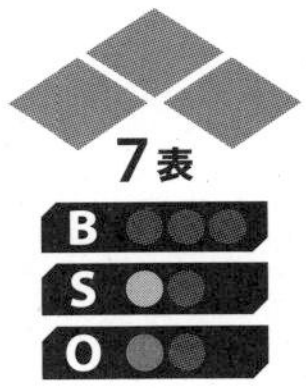

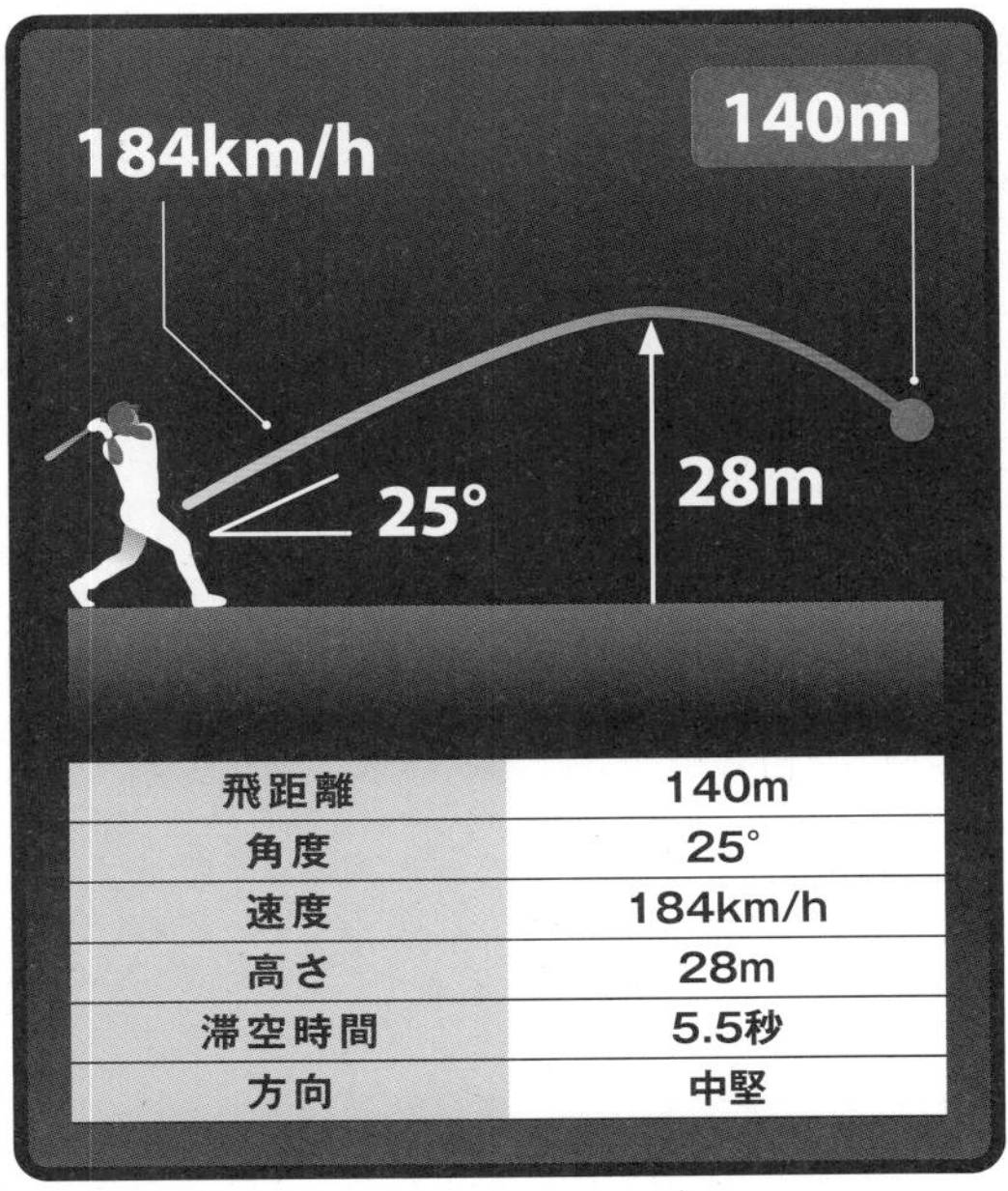

飛距離	140m
角度	25°
速度	184km/h
高さ	28m
滞空時間	5.5秒
方向	中堅

投手
G.アンダーソン(右)

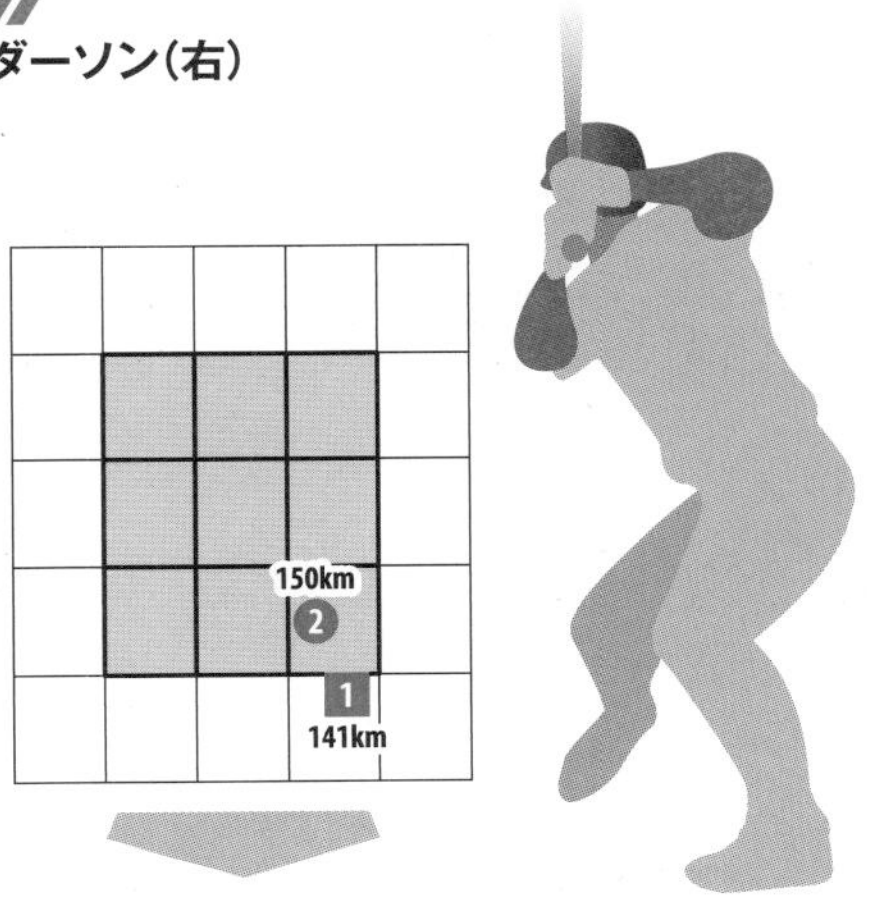

● フォーシーム　● ツーシーム　● カットボール
■ スプリット　■ チェンジアップ　▲ スライダー
▲ カーブ

20号

2番・DH

SHOHEI OHTANI 20th HOME RUN

本塁打争い「単独首位」&初の延長決勝弾

3年連続20号でゴジラ超え

6月12日

勝利も本塁打キングの座も、あっという間に手にした。6月12日のレンジャーズ戦は、7回の19号同点ソロで5-5に追いつくと、タイブレークに突入。その3イニング目の延長12回無死二塁、初球でカタをつけた。

高めに浮いたカットボールを振り抜くと、フライのようにも思われた打球は左翼スタンド最前列へ吸い込まれ、自身初の延長戦決勝弾となる20号2ラン。飛距離118メートルの行方を見届けると二塁手前で両腕を広げ、雄叫びを上げた。

今季2度目の1試合2発で、本塁打ランキングで並んでいたジャッジ（ヤンキース）を抜いて単独トップに躍り出た。20号のリーグ一番乗りは日本人初。3年連続20号も、2年連続20号を2度マークした松井秀喜（当時ヤンキース）を上回り、日本人初の快挙となった。

グローブライフ・フィールド

6月12日　試合結果:エンゼルス 9−6 レンジャーズ

スコアボード	1	2	3	4	5	6	7	8	9	10	11	12	R	H	E
エンゼルス	0	0	1	0	3	0	1	0	0	0	0	4	9	10	1
レンジャーズ	0	3	2	0	0	0	0	0	0	0	0	1	6	12	2

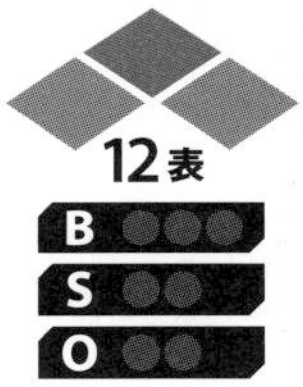

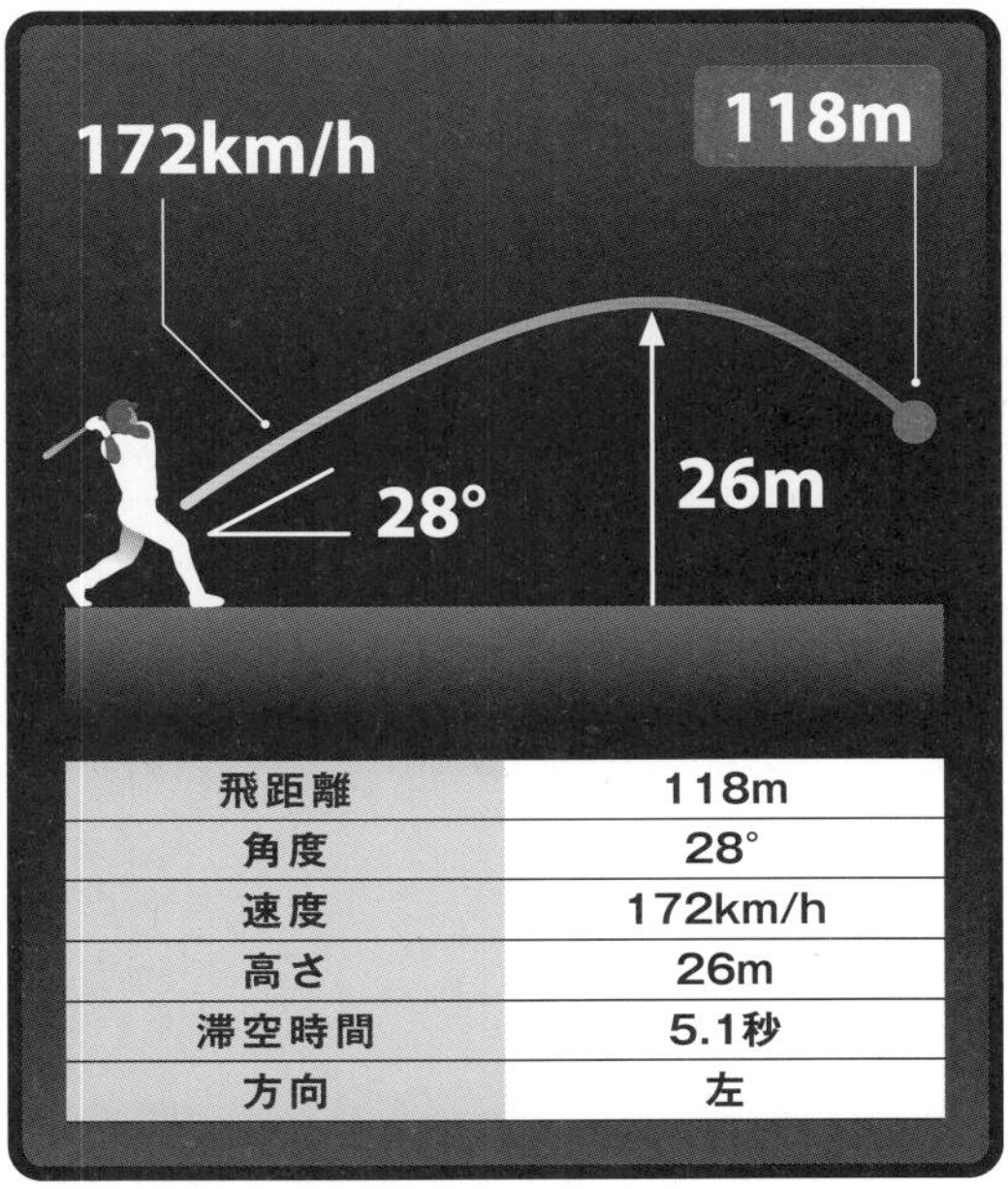

飛距離	118m
角度	28°
速度	172km/h
高さ	26m
滞空時間	5.1秒
方向	左

投手

C.レイガンズ(左)

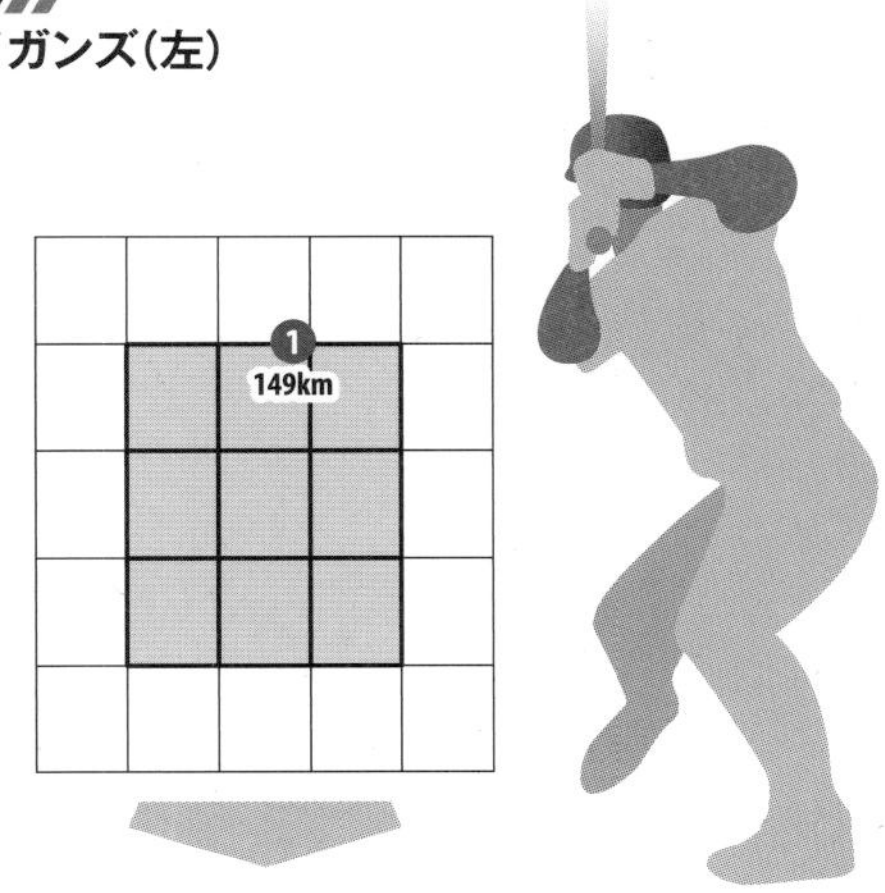

フォーシーム　ツーシーム　カットボール
スプリット　チェンジアップ　スライダー
カーブ

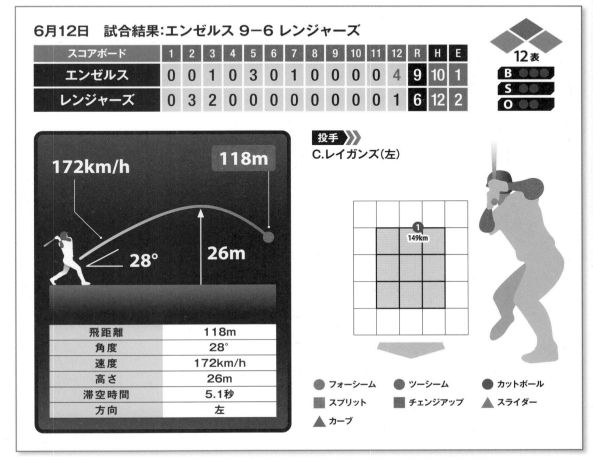

21号

2番・DH

》SHOHEI OHTANI 21st HOME RUN

左打者逆方向の「史上最速」187キロ弾

本塁打王争いでジャッジ突き放す

6月14日

打った、上がった、入った。弾丸のような打球が左中間へと飛んでいく。相手外野手も見上げるだけ。2階席へ突き刺さる特大の138メートルアーチ。打球速度187キロは、スタットキャストが計測を開始した2015年以降、左打者が逆方向へ放った本塁打史上最速の一発だった。

6月14日のレンジャーズ戦、9回1死二塁の場面だった。相手投手は、12日に一発同点の好機で空振り三振を喫したクローザーのスミス。甘く入った151キロ直球を見逃さなかった。

これで6月11日から自己最多の4試合連続マルチ安打をマーク。さらに、11試合連続安打とし、打率も2割9分9厘まで上昇した。チームは3-6で敗れたが、本塁打王争いのライバル・ジャッジ（ヤンキース）に2本差をつけた。

6月14日　試合結果:エンゼルス 3−6 レンジャーズ

本塁打時のスコアボード	1	2	3	4	5	6	7	8	9	R	H	E
エンゼルス	0	0	1	0	0	0	0	0	2	3	7	1
レンジャーズ	0	0	1	0	0	0	3	2	X	6	9	0

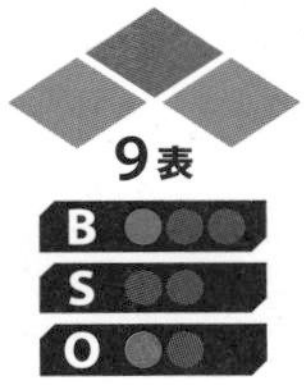

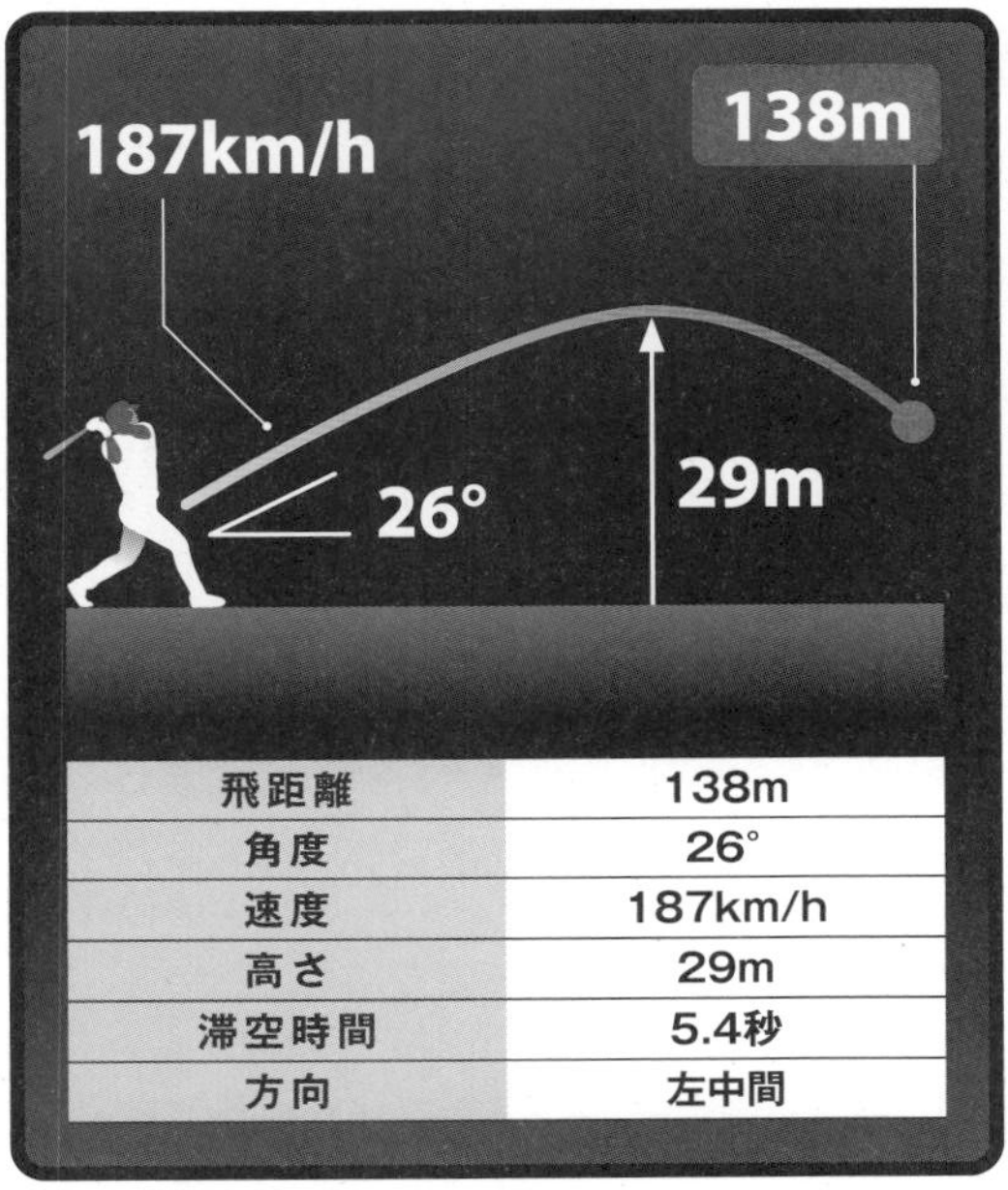

飛距離	138m
角度	26°
速度	187km/h
高さ	29m
滞空時間	5.4秒
方向	左中間

投手

W.スミス(左)

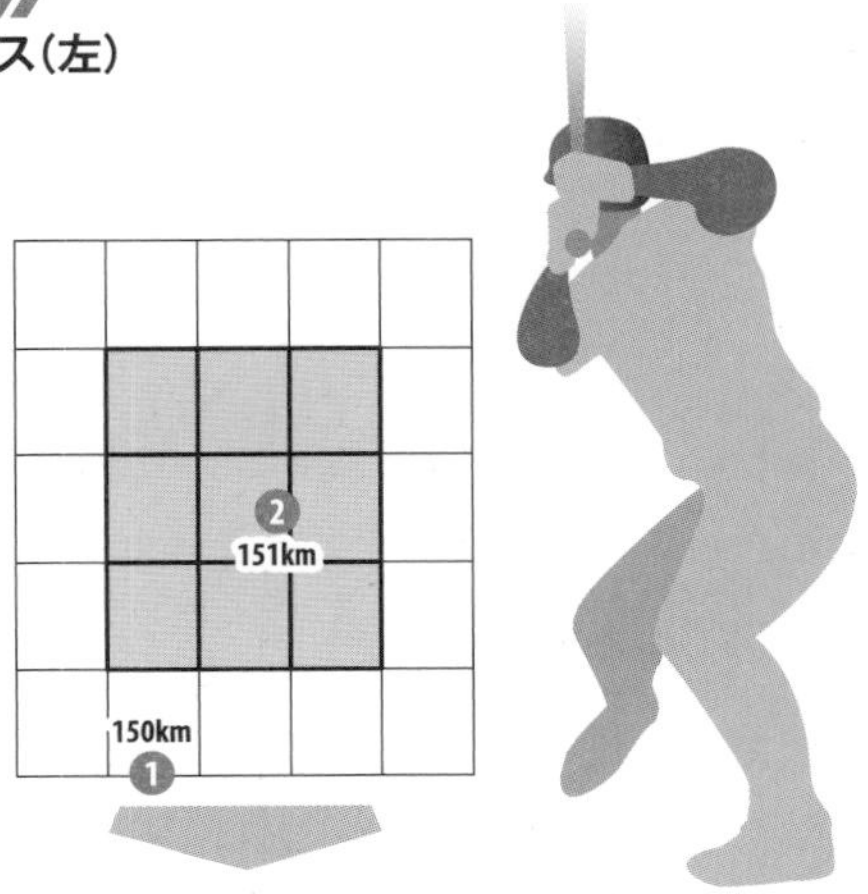

フォーシーム　ツーシーム　カットボール
スプリット　チェンジアップ　スライダー
カーブ

22号

2番・投手▶DH

SHOHEI OHTANI 22nd HOME RUN

135メートル弾で月間打撃部門「三冠」

2戦連発で打率も3割台!

6月15日

先発マウンドを降りた後の打席だった。6月15日のレンジャーズ戦で、今季3度目のリアル二刀流弾をマークした。

投手としては同点の場面、6回99球2失点でマウンドを降り、7回に味方が勝ち越して勝利投手の権利を得た。そして迎えた8回無死一塁の場面。初球の高めスライダーを中堅スタンド2階席へ運び、2試合連発のダメ押し2ラン。飛距離135メートルの特大弾で、1カ月ぶりとなる今季6勝目をたぐり寄せた。

4戦4発。これで連続安打試合を12に伸ばし、打率はついに3割台に乗った。さらに、ここまで6月の月間打撃成績で打率、打点、本塁打の3部門でいずれもリーグトップに立った。本塁打王、打点王だけでなく、メジャー三冠王の可能性まで浮上。想像を超える夢を見せてくれるヒーロー、それが大谷だ。

6月15日　試合結果:エンゼルス 5−3 レンジャーズ

スコアボード	1	2	3	4	5	6	7	8	9	R	H	E
エンゼルス	0	1	0	1	0	0	1	2	0	5	8	0
レンジャーズ	0	0	2	0	0	0	0	0	1	3	6	0

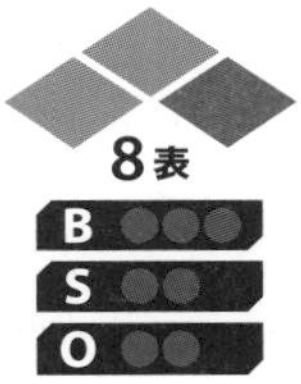

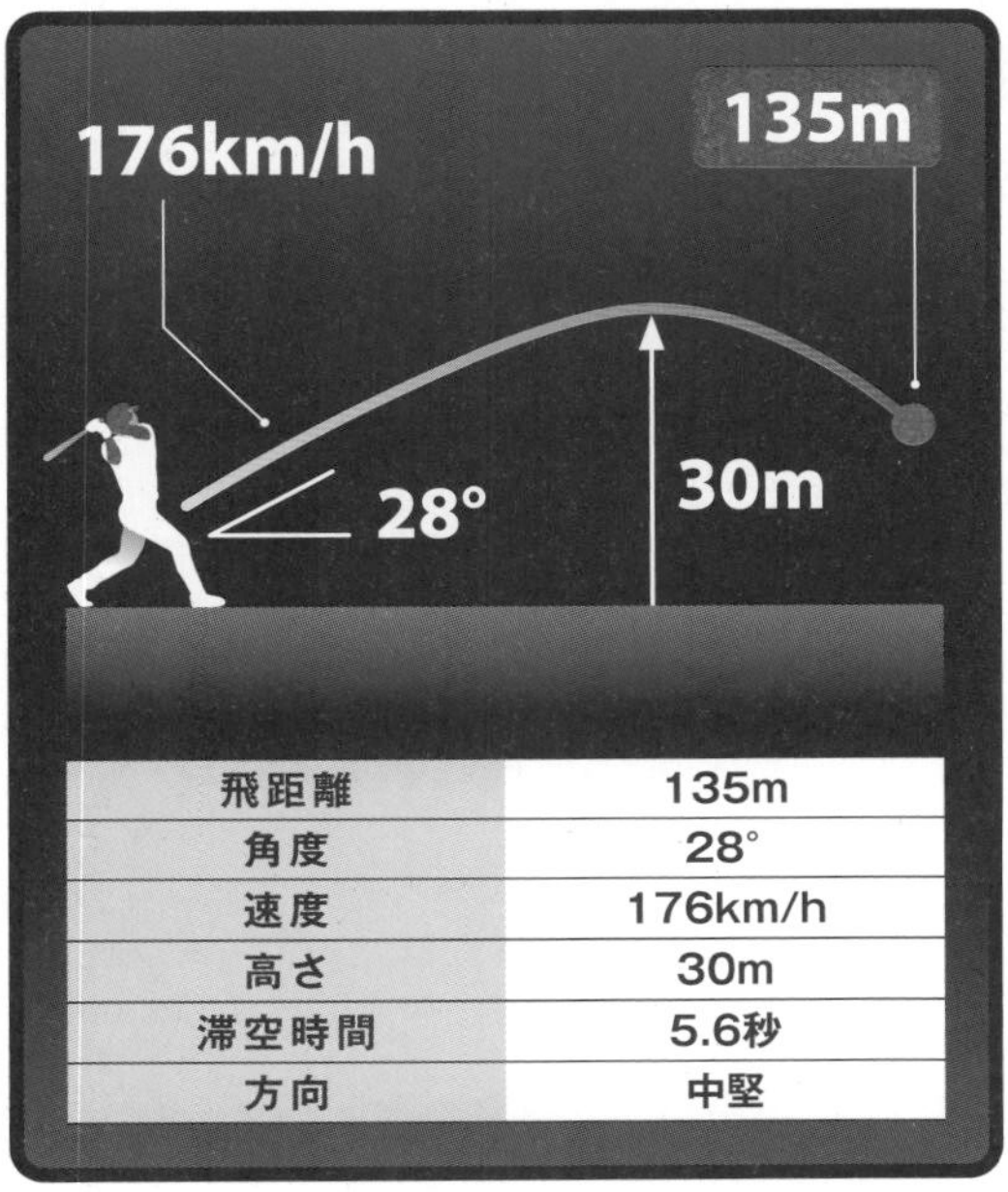

飛距離	135m
角度	28°
速度	176km/h
高さ	30m
滞空時間	5.6秒
方向	中堅

投手
B.バーク(左)

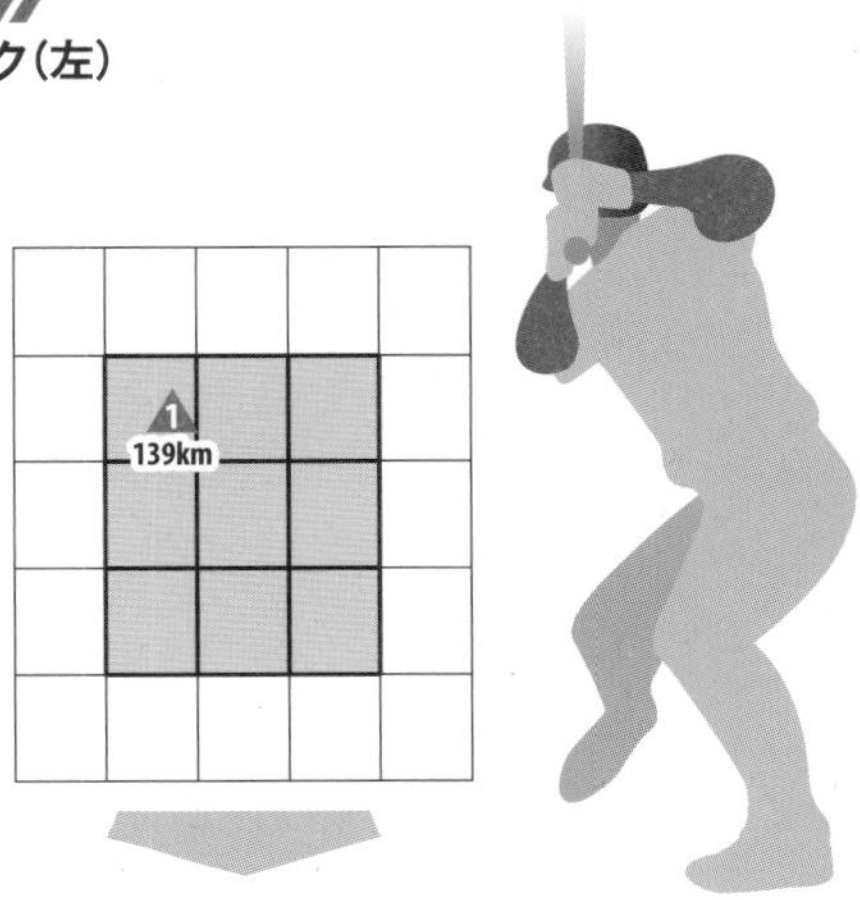

フォーシーム　ツーシーム　カットボール
スプリット　チェンジアップ　スライダー
カーブ

23号

2番・DH

SHOHEI OHTANI 23rd HOME RUN

ゴジラ超えの日本人最速「MLB150号」

A・ロッド超え！史上3番目の速さ

6月17日

日本人史上最速で大台に乗せた。6月17日、ロイヤルズ戦の7回1死。初球の高めチェンジアップを捉え、乾いた打球音が球場に響き渡った。バックスクリーンへの１３３メートル特大弾だが、大谷の平均飛距離を考えれば〝通常運転〟。この23号ソロが日本人最速の１５０号となるメモリアルアーチとなった。

サイレントトリートメントを受けた２０１８年のメジャー１号から6年。日本人選手の１５０号は過去に、ＭＬＢ通算１７５本の松井秀喜がエンゼルス在籍当時に９８８試合目で達成した。大谷は打者として６３７試合目で到達しており、日本人史上最速、そしてＭＬＢ史上３番目の速さでの達成となった。

この試合で本塁打、打点ともにリーグトップに立ったが、チームは最大６点差を守りきれずにサヨナラ負けを喫した。

カウフマン・スタジアム

6月17日　試合結果:エンゼルス 9−10 ロイヤルズ

スコアボード	1	2	3	4	5	6	7	8	9	R	H	E
エンゼルス	0	2	0	0	2	3	1	0	1	9	12	1
ロイヤルズ	0	0	0	2	0	0	3	3	2	10	11	0

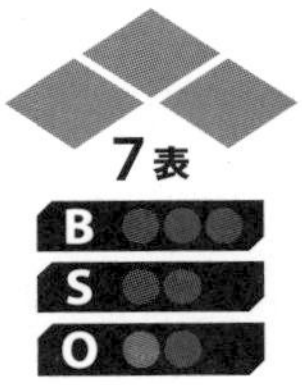

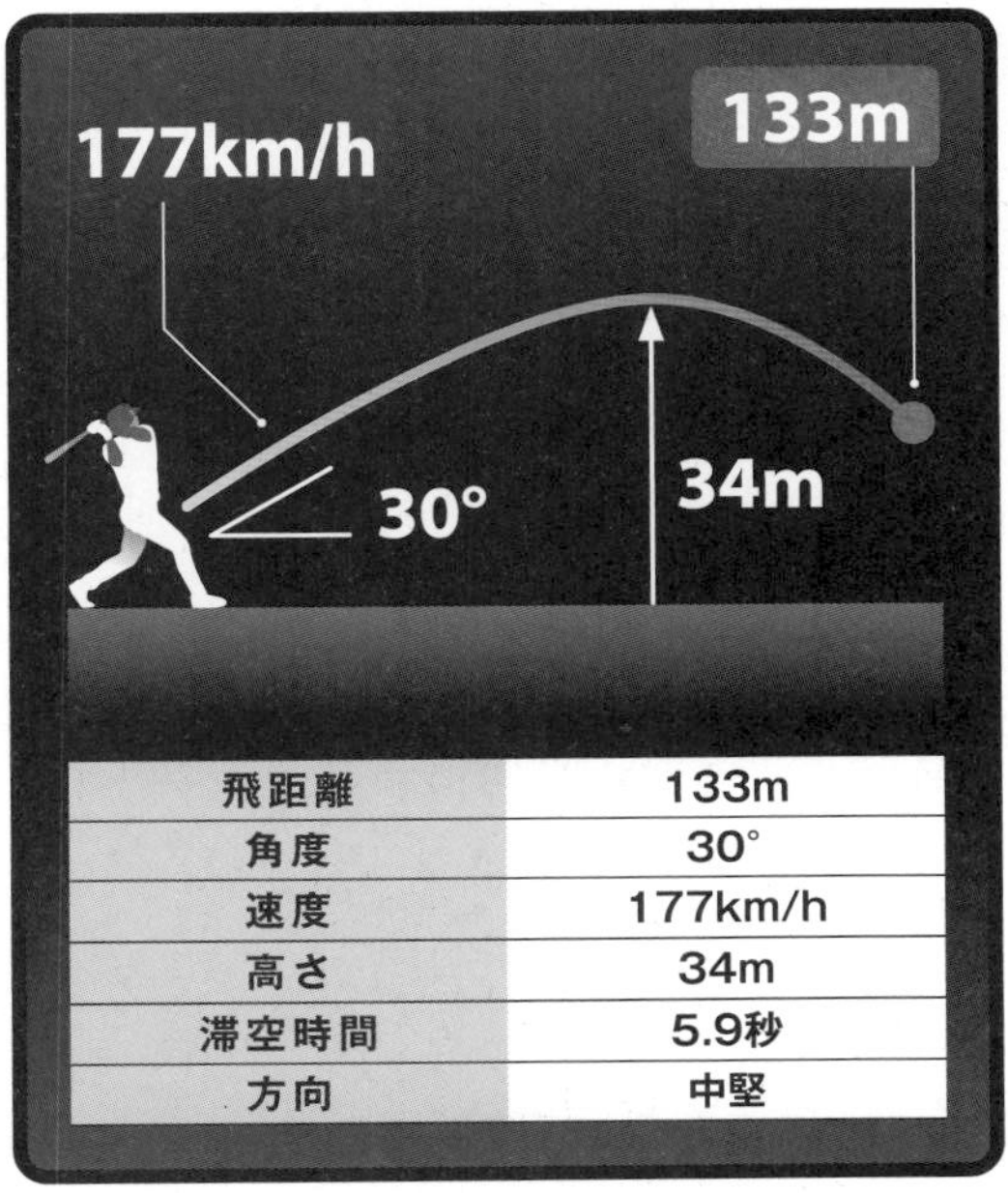

飛距離	133m
角度	30°
速度	177km/h
高さ	34m
滞空時間	5.9秒
方向	中堅

投手

T.クラーク(右)

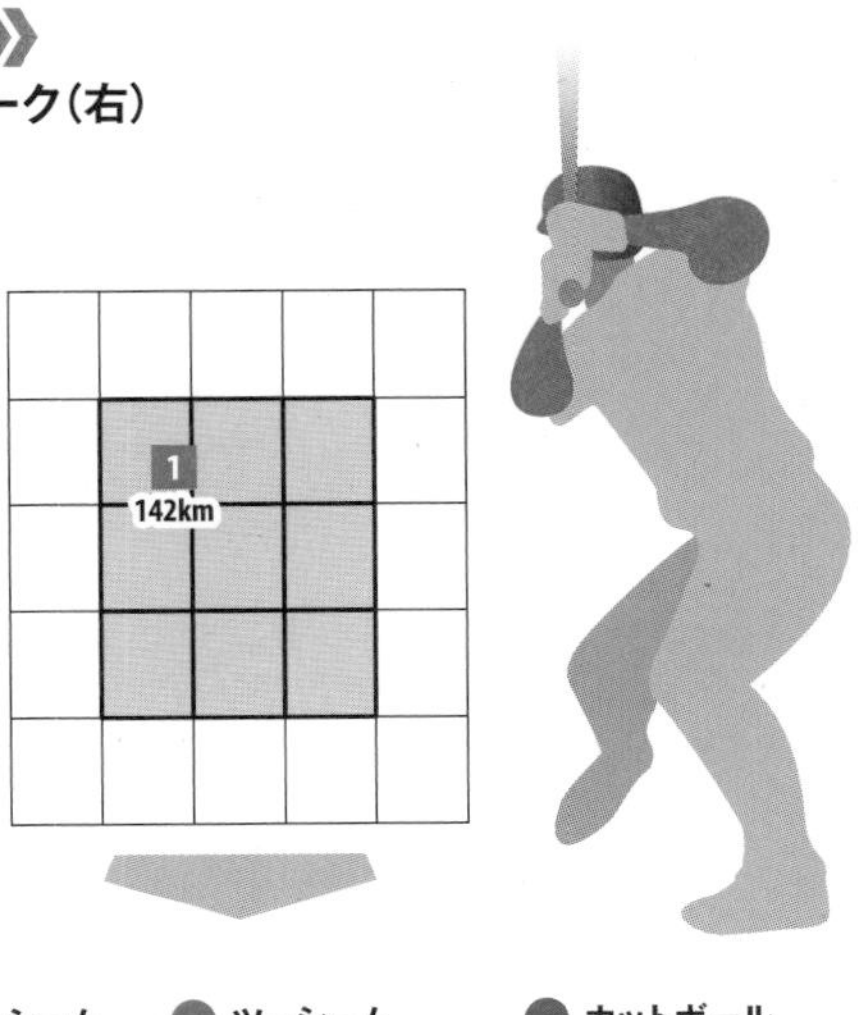

● フォーシーム　● ツーシーム　● カットボール
■ スプリット　■ チェンジアップ　▲ スライダー
▲ カーブ

24号

2番・DH

6月18日

ジャッジを6本差に突き放す

» SHOHEI OHTANI 24th HOME RUN

112キロの最遅カーブを188キロ弾

最遅を最速で打ち返した。6月18日のロイヤルズ戦、1-2で迎えた5回無死二塁の場面。現役メジャー通算勝利数2位の224勝右腕、相手先発グリンキーに対してフルカウントまで粘る。6球目のスローカーブを捉えた瞬間、悲鳴にも近い歓声が巻き起こった。

3回に空振り三振を喫した球種を狙いすまして24号逆転2ラン。MLB通算151本のうち、最も遅い112キロのカーブを、本塁打では今季最速タイの打球速度188キロで右中間スタンドへ叩き込んだ。

ベンチで兜の祝福も束の間、続くトラウトも本塁打で続き、父の日に今季6度目で無傷の「トラウタニ弾」。ベンチに戻った盟友に直接兜を授けた。15試合連続安打とし、7戦6発と驚異の量産態勢で本塁打ランキングはリーグトップを独走。

6月18日　試合結果:エンゼルス 5−2 ロイヤルズ

スコアボード	1	2	3	4	5	6	7	8	9	R	H	E
エンゼルス	0	0	0	1	3	0	0	0	1	5	9	0
ロイヤルズ	0	1	0	1	0	0	0	0	0	2	8	0

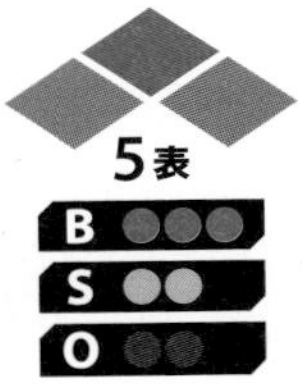

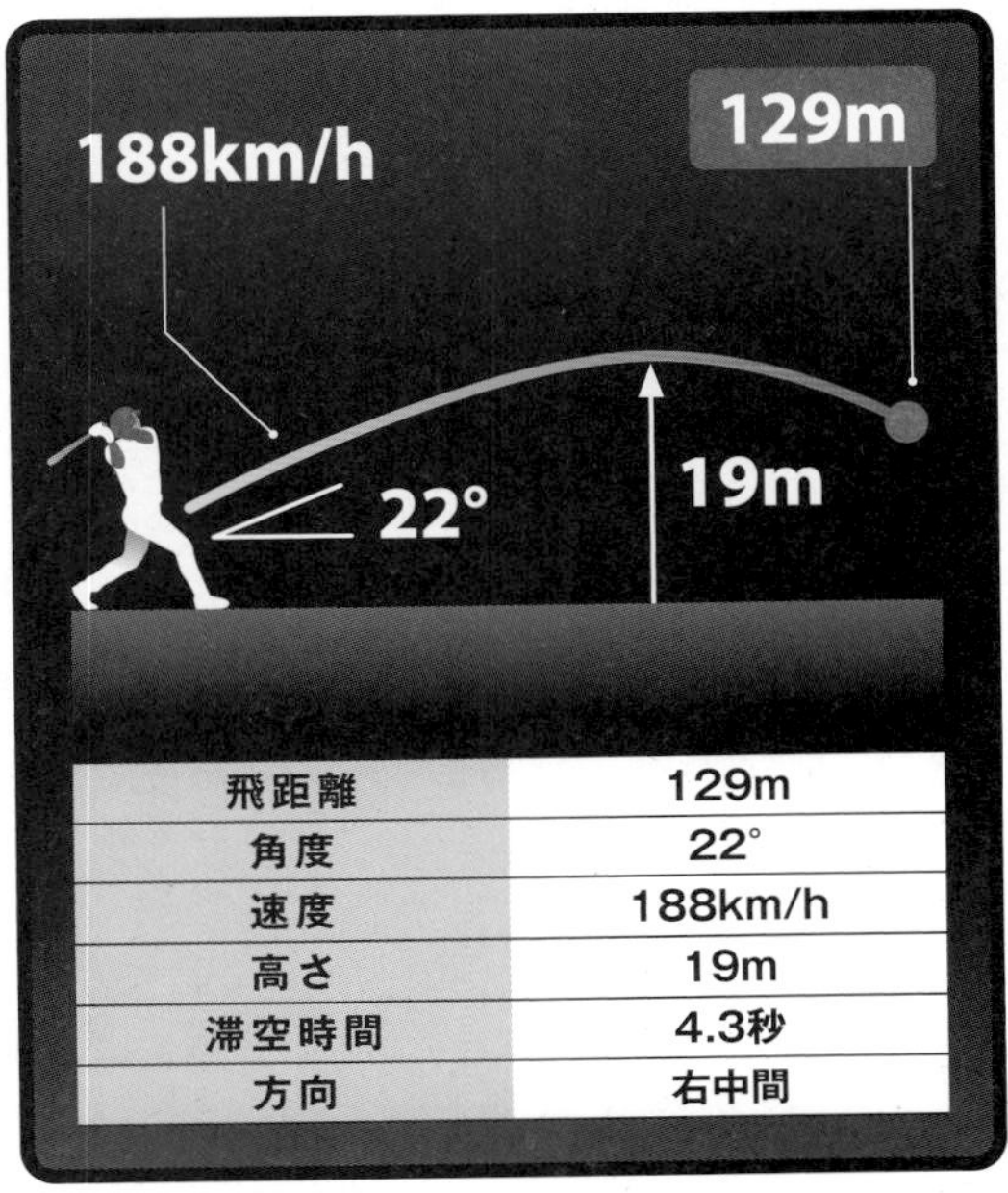

飛距離	129m
角度	22°
速度	188km/h
高さ	19m
滞空時間	4.3秒
方向	右中間

投手
Z.グリンキー(右)

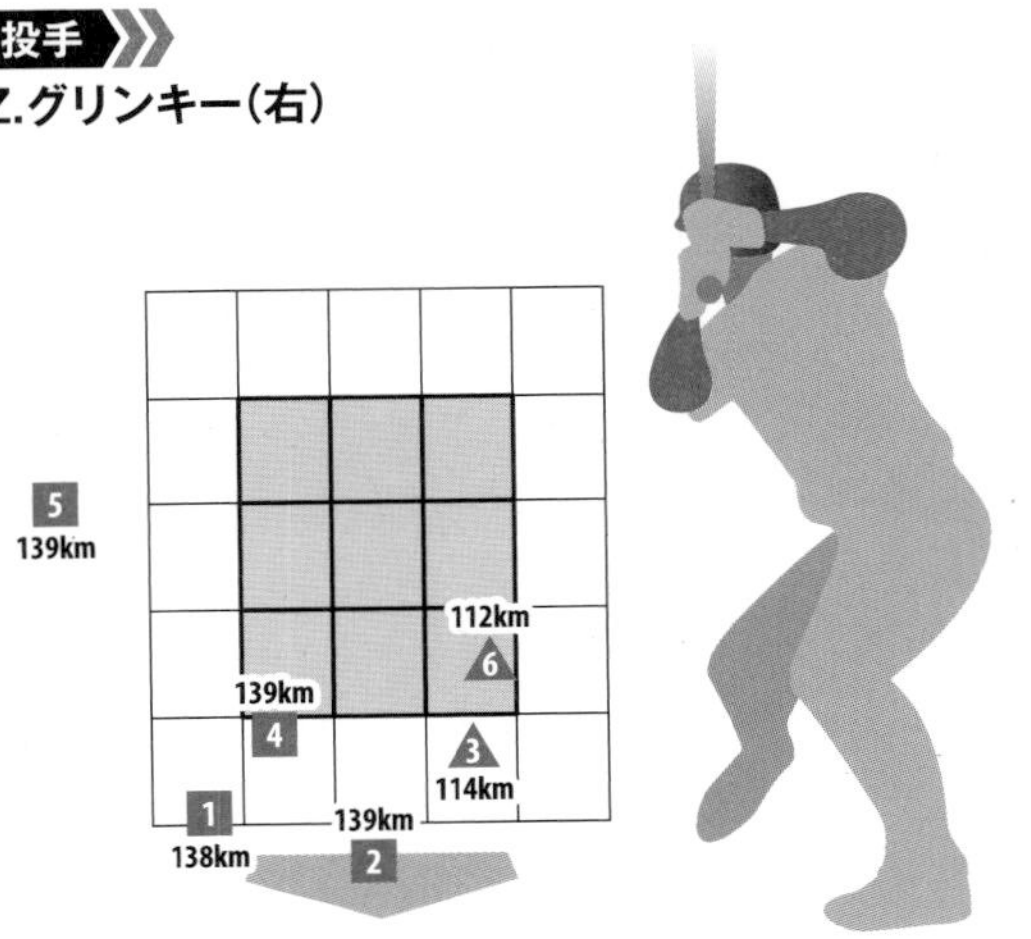

フォーシーム　ツーシーム　カットボール
スプリット　チェンジアップ　スライダー
カーブ

25号

2番・DH

SHOHEI OHTANI 25th HOME RUN

MLB21球場目弾で日米通算200号

今季5度目のサイクル未遂！
ANGELS
17

6月23日

標高１６００メートルに位置し、打者有利といわれるクアーズ・フィールド。地の利を追い風に６月10本目、大谷がまたもメモリアル弾を放った。

６月23日のロッキーズ戦で、いきなり１回に中越え二塁打。同点の５回には内角のボール球を力業で引っ張り、右中間席までもっていった。これには相手先発フリーランドも口をあんぐり。ＭＬＢ21球場目となる25号ソロで日米通算２００号の大台に乗せた。

トラウタニ弾は今季７度目の共演で初黒星も、大谷は６回にも右前打を放ち、終わってみれば今季５度目の「サイクル未遂」の活躍。日本ハム入団初年の２０１３年に初本塁打を放ったＮＰＢでは、５年間で48本。６年目を迎えたＭＬＢではこれで１５２本。大谷の進化は加速度を増している。

6月23日　試合結果:エンゼルス 4−7 ロッキーズ

スコアボード	1	2	3	4	5	6	7	8	9	R	H	E
エンゼルス	0	2	0	0	2	0	0	0	0	4	11	1
ロッキーズ	1	1	0	0	0	1	0	4	X	7	15	3

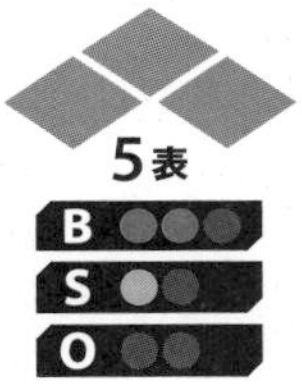

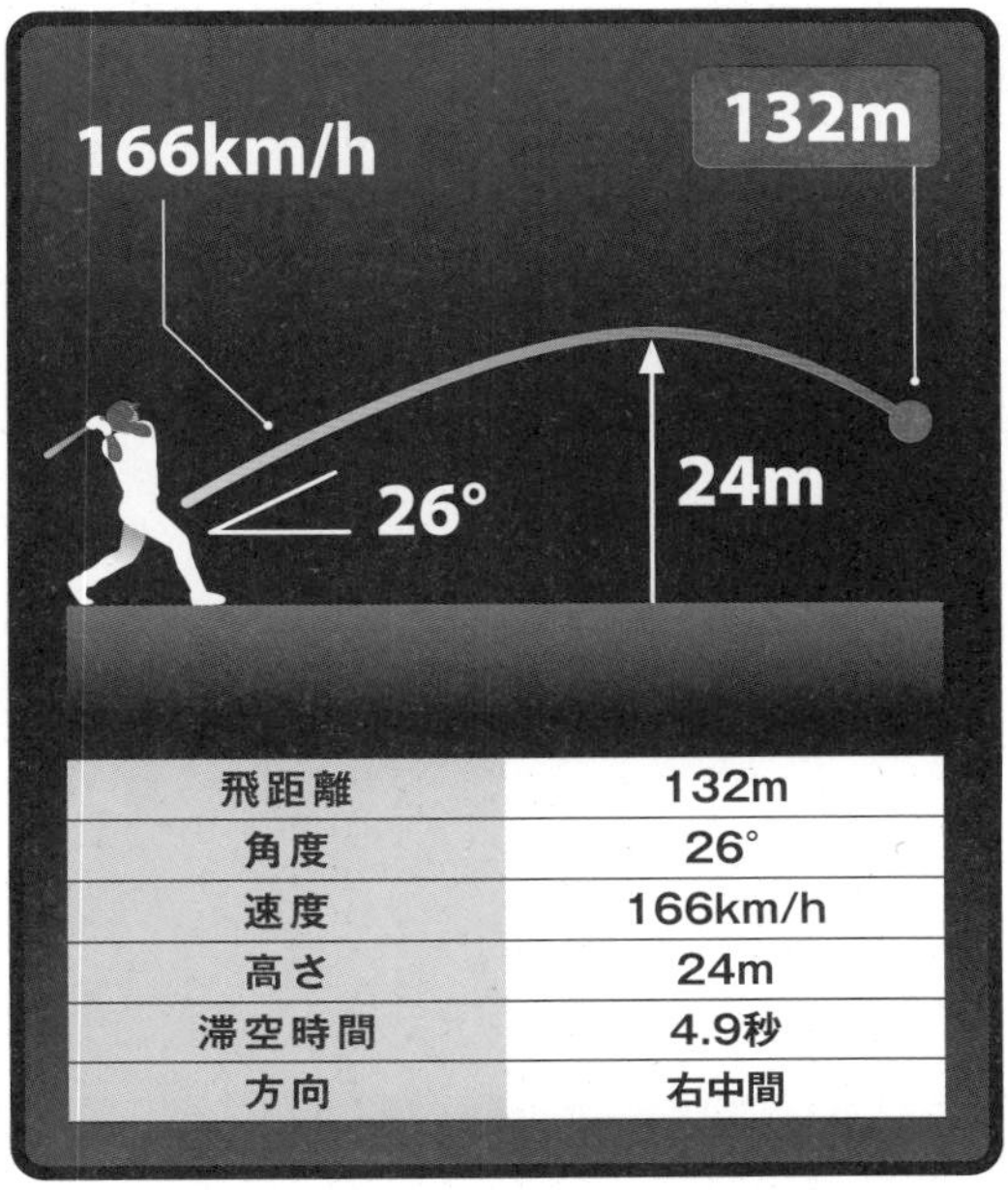

飛距離	132m
角度	26°
速度	166km/h
高さ	24m
滞空時間	4.9秒
方向	右中間

投手

K.フリーランド(左)

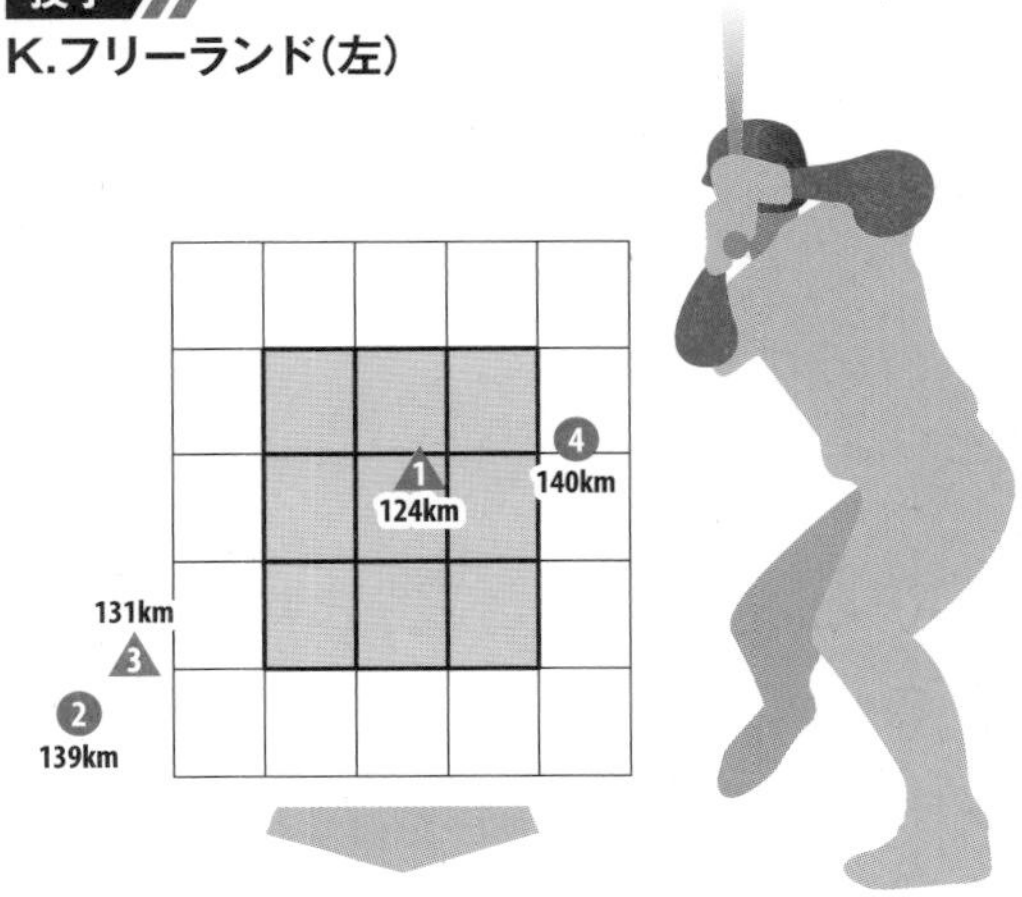

フォーシーム　ツーシーム　カットボール
スプリット　チェンジアップ　スライダー
カーブ

26号

3番・DH

SHOHEI OHTANI 26th HOME RUN

ライバルを突き放す136メートル弾

「トラウタニ」でダブルスチールも

6月26日

眼前の〝敵〟を振り払って視界良好。今季2番目となる高さ45メートル、そして136メートルの巨大な放物線を描いてみせた。

6月26日のホワイトソックス戦で、同月1日以来の「3番」でスタメン。チームは1回、本塁打王争い2位のホ軍・ロバートJr.に22号先制ソロを被弾。ライバルの一発に奮起した大谷は4回、目の前を飛び交う虫に何度か打席を外したが、集中力を保ち、失投を捉えた。3ボール1ストライクから内角スライダーを強振。26号同点ソロでロバートJr.を4本差に突き放した。

同点のまま迎えた9回には、先頭のトラウトが四球で出塁すると、大谷も続けて四球。さらに2人で重盗成功という「トラウタニ・オンパレード」で相手のワイルドピッチを呼び、サヨナラ勝ちを演出した。

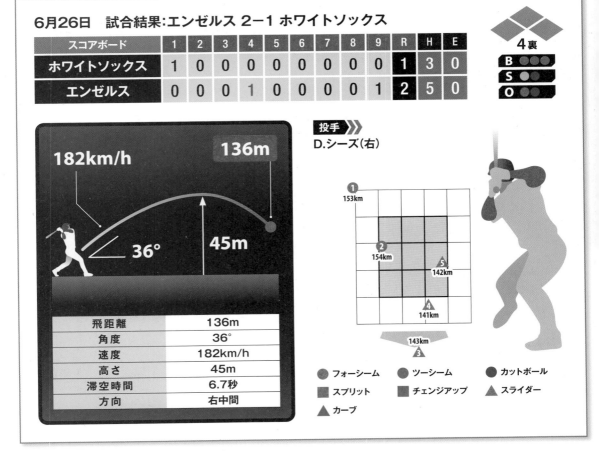

6月26日　試合結果:エンゼルス 2−1 ホワイトソックス

スコアボード	1	2	3	4	5	6	7	8	9	R	H	E
ホワイトソックス	1	0	0	0	0	0	0	0	0	1	3	0
エンゼルス	0	0	0	1	0	0	0	0	1	2	5	0

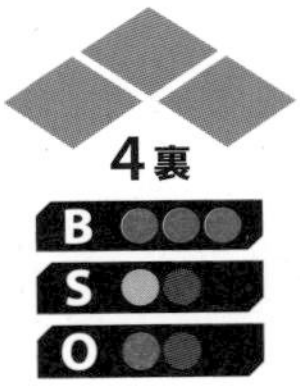

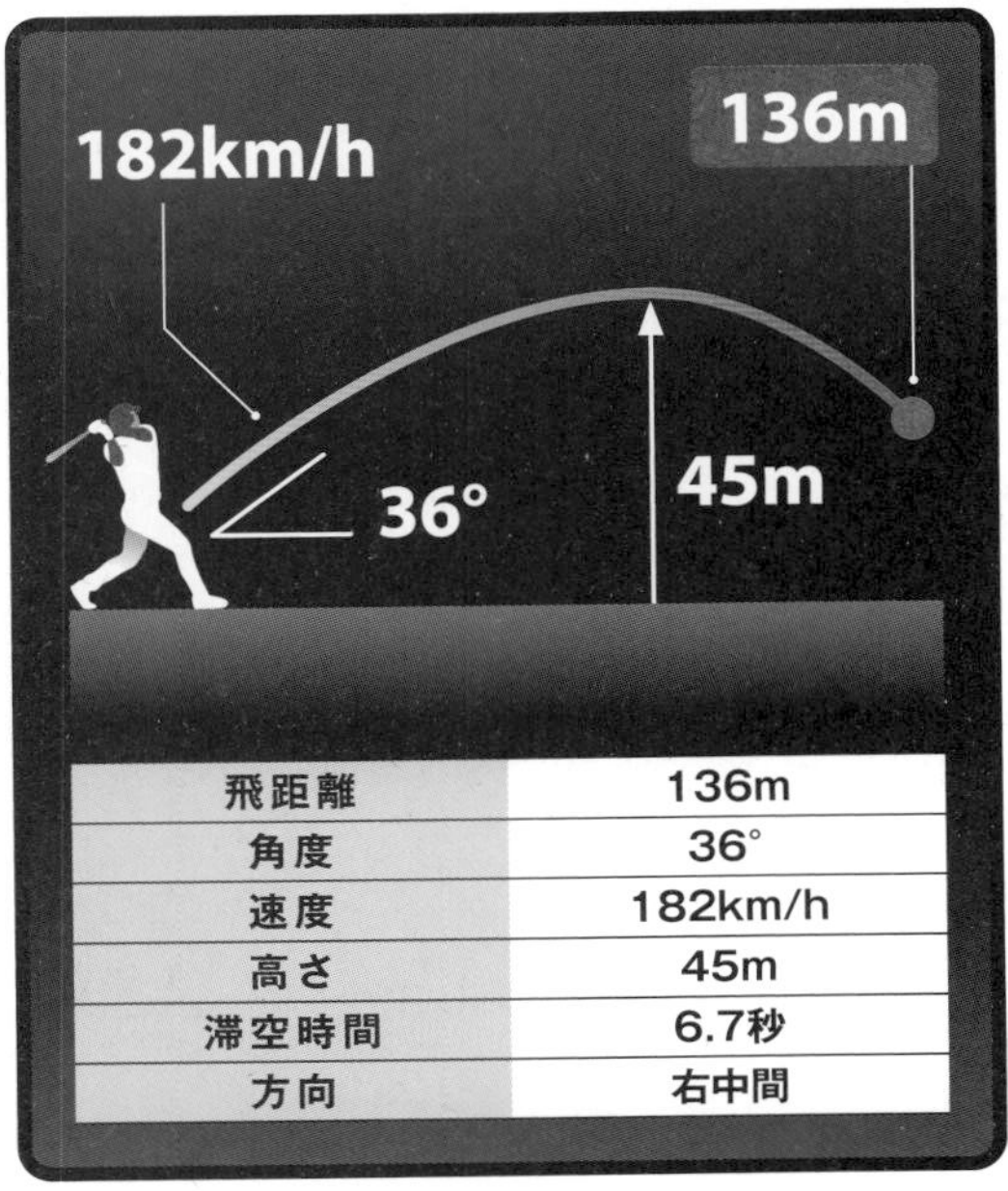

飛距離	136m
角度	36°
速度	182km/h
高さ	45m
滞空時間	6.7秒
方向	右中間

投手

D.シーズ(右)

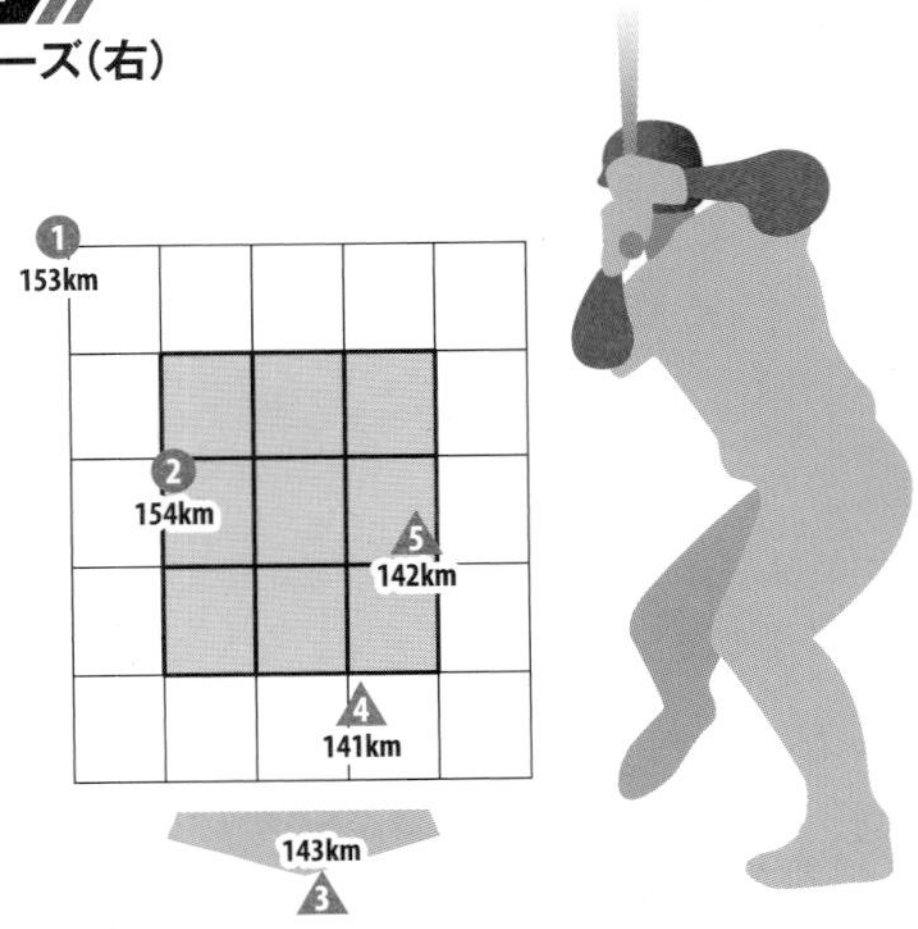

フォーシーム　ツーシーム　カットボール

スプリット　チェンジアップ　スライダー

カーブ

27号

2番・投手▶DH

SHOHEI OHTANI 27th HOME RUN

ライバルを三振斬り直後に〝自己援護〟弾

今季4度目！リアル二刀流弾

6月27日

エンゼル・スタジアムはのっけから、大谷の独壇場と化した。

6月27日のホワイトソックス戦で今季16度目のリアル二刀流。1回表は投手として、2者連続三振で上々の滑り出しをみせた。本塁打王争いのライバル、ホ軍・ロバートJr.には落差約94センチのスプリットで空振り三振を奪うと、その裏の1打席目、1死から相手先発右腕コペックの甘い直球をフルスイング。西日が残る右翼席への27号先制ソロは、「投手・大谷」への援護弾となった。

2試合連発は今季6度目。前夜26日は26号、翌27日に27号。まるでカレンダーのように本塁打数を積み重ねる。

今季4度目のリアル二刀流アーチ。祝福の兜は投球準備のため、水原一平通訳が代理で装着。この日の「大谷劇場」には、まだまだ続きがあった。

6月27日　試合結果:エンゼルス 4−2 ホワイトソックス

スコアボード	1	2	3	4	5	6	7	8	9	R	H	E
ホワイトソックス	0	0	0	0	0	0	1	0	1	2	9	1
エンゼルス	1	0	0	1	0	0	2	0	X	4	6	0

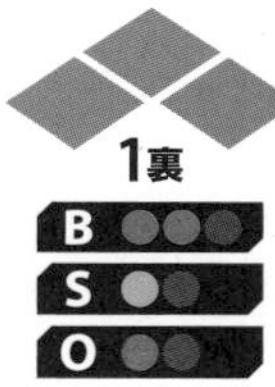

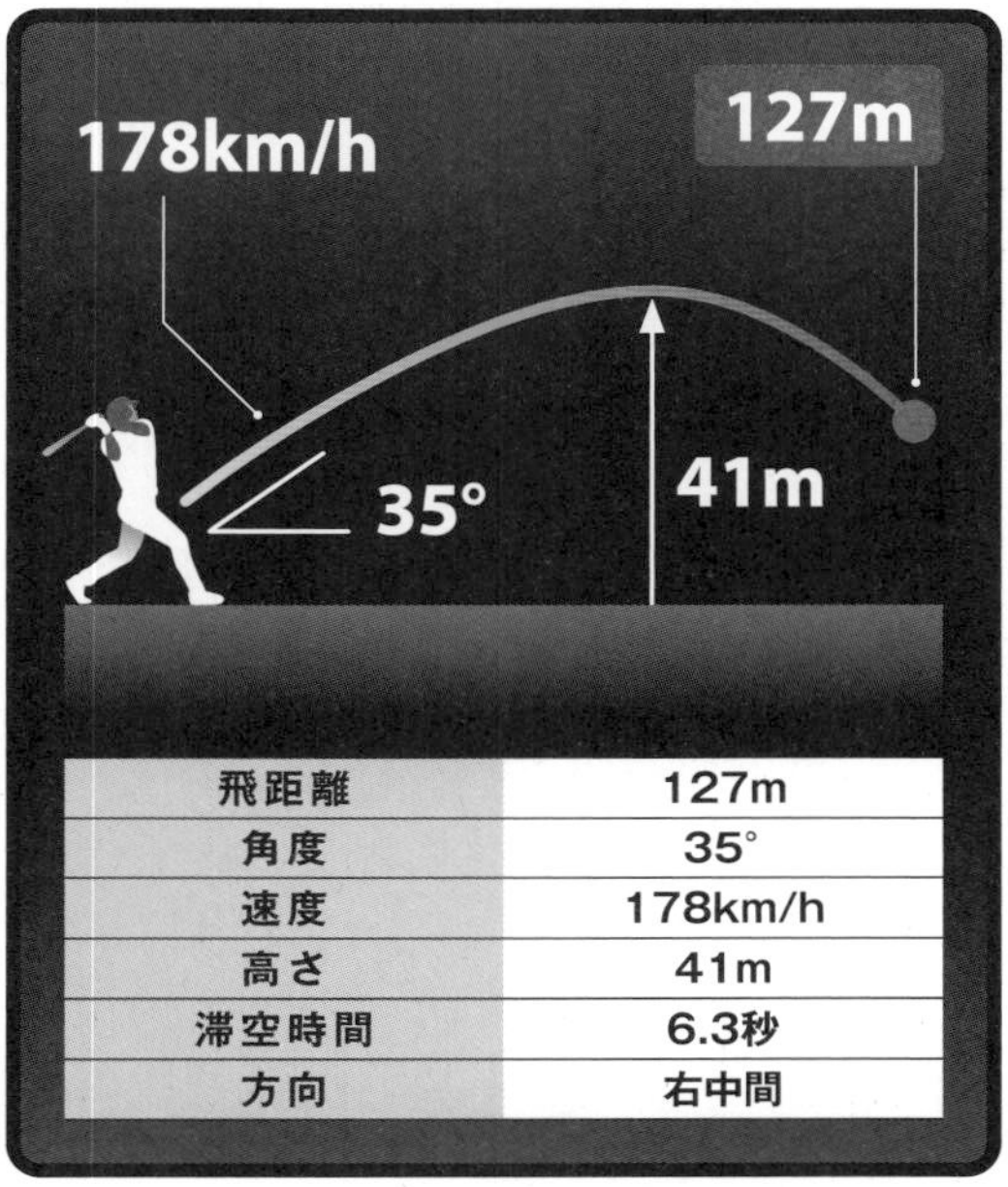

飛距離	127m
角度	35°
速度	178km/h
高さ	41m
滞空時間	6.3秒
方向	右中間

投手

M.コペック(右)

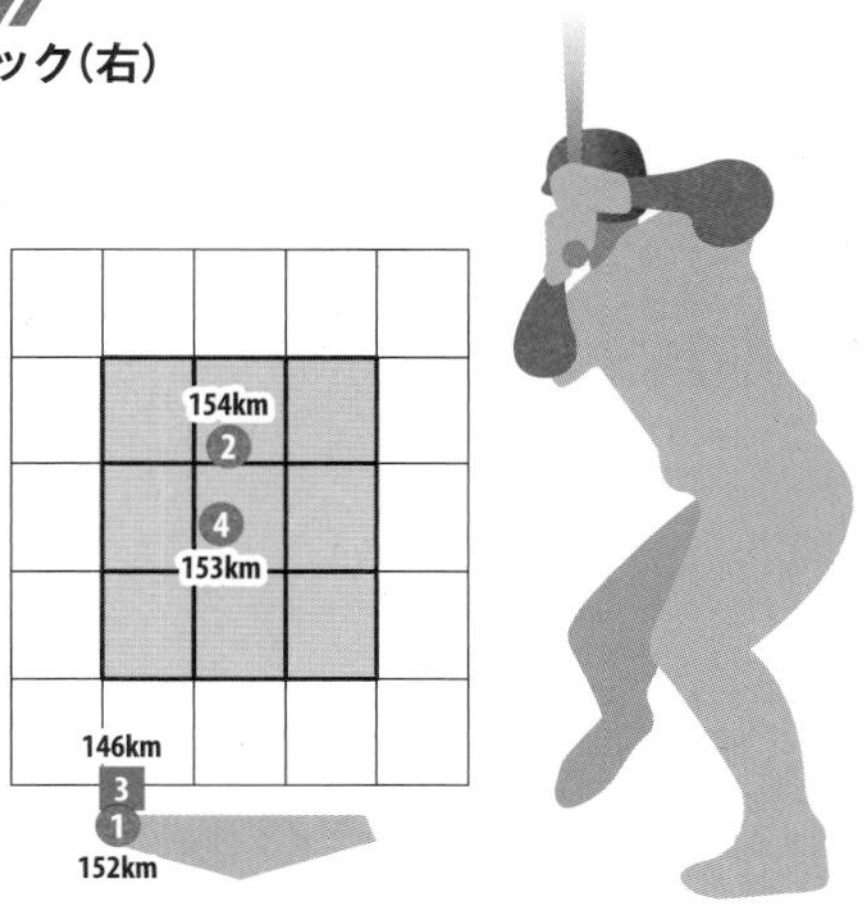

フォーシーム　ツーシーム　カットボール
スプリット　チェンジアップ　スライダー
カーブ

28号

2番・投手▶DH

自己最多となる月間13本目

6月27日

≫ SHOHEI OHTANI 28th HOME RUN

リアル二刀流初の1試合マルチ本塁打

前代未聞――。今季7勝目をマルチ本塁打でつかみ取った。

6月27日のホワイトソックス戦では、1回に27号先制ソロ。投手としては爪が割れた影響で7回途中降板も、10奪三振1失点。勝利投手の権利を持ったまま、その裏に打者として4打席目を迎えると、相手右腕トゥーサンの外角低めスプリットに合わせ、最後は右手一本でフォロースルー。それでも、高さ23メートル、滞空時間4・9秒のライナーは左中間方向へまっしぐら。自己最多となる月間13本塁打目は、外野に配置されたトヨタ車手前の芝生で弾んだ。

1試合2本塁打は登板日では自身初。さらに、「4出塁&2本塁打&10奪三振」は1890年ジャック・スティベッツ（ブラウンズ）以来133年ぶり2人目。「6月男」は本塁打、打点の二部門でトップを快走する。

エンゼル・スタジアム

6月27日　試合結果:エンゼルス 4－2 ホワイトソックス

スコアボード	1	2	3	4	5	6	7	8	9	R	H	E
ホワイトソックス	0	0	0	0	0	0	1	0	1	2	9	1
エンゼルス	1	0	0	1	0	0	2	0	X	4	6	0

7裏
B
S
O

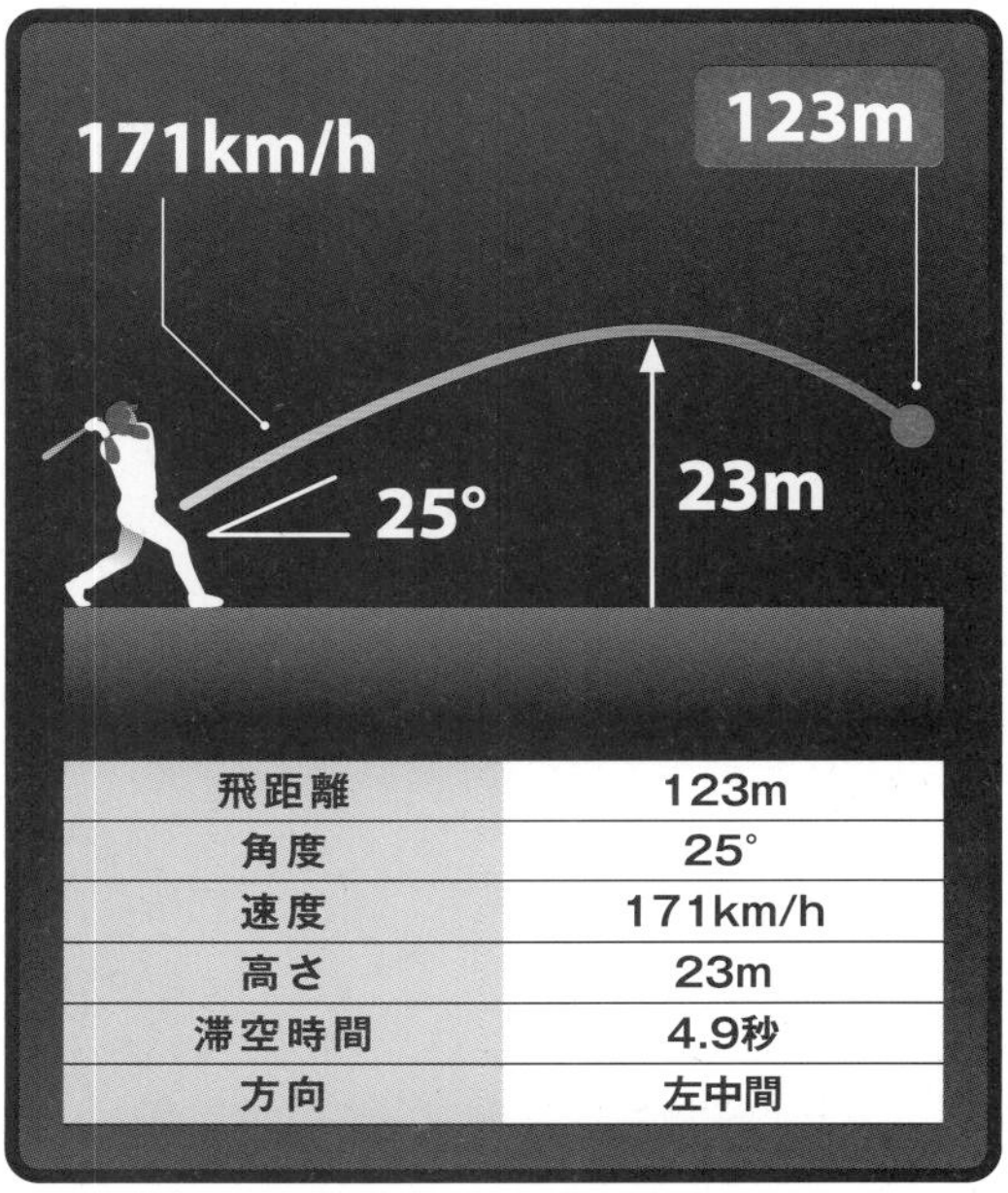

飛距離	123m
角度	25°
速度	171km/h
高さ	23m
滞空時間	4.9秒
方向	左中間

投手

T.トゥーサン(右)

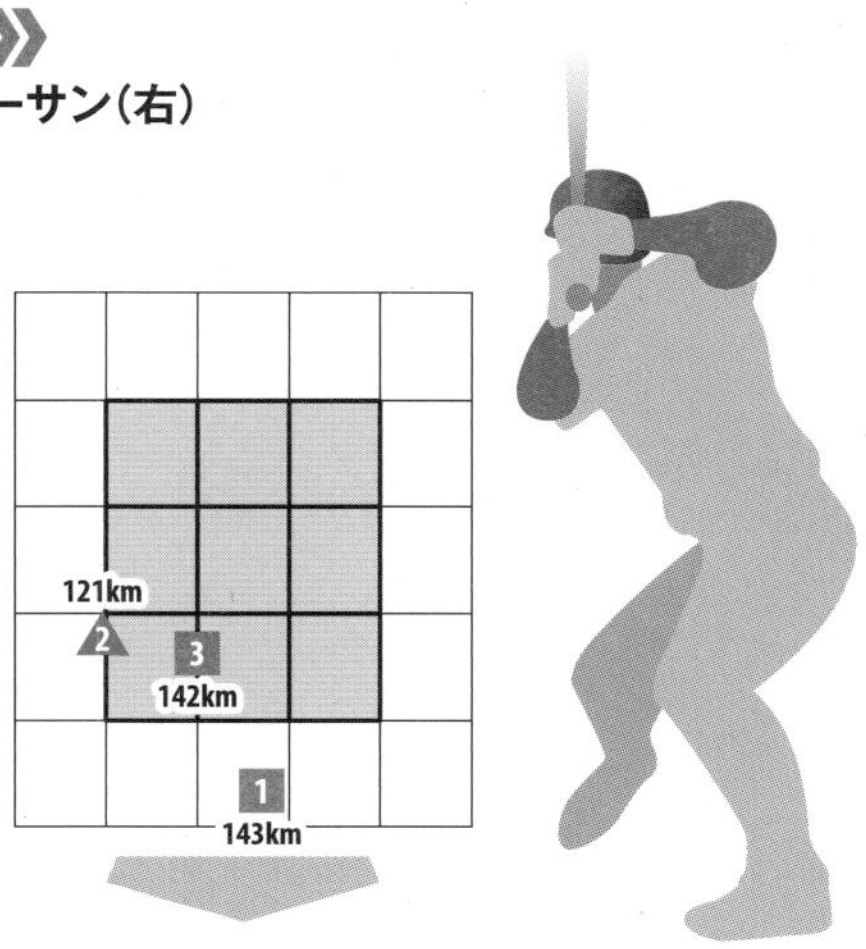

フォーシーム　ツーシーム　カットボール
スプリット　チェンジアップ　スライダー
カーブ

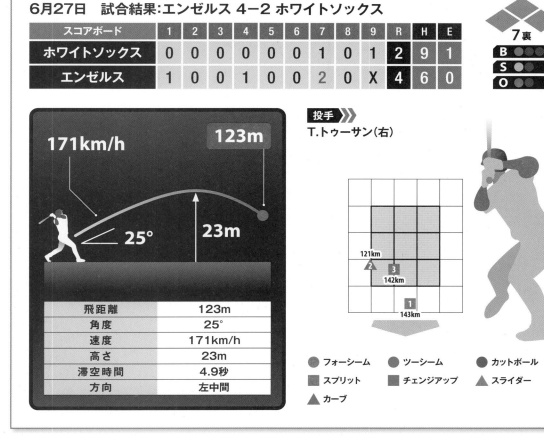

29号

3番・DH

6月29日

日本人初3年連続30本に王手！

SHOHEI OHTANI 29th HOME RUN

「6月男」がトリプル記録の月間14本塁打

大谷が得意とする6月。水無月ならぬ〝敵〟無月に、ついにゴジラ超えを果たした。

6月29日、ホワイトソックス戦の9回裏だ。大谷を除く先発野手全員安打のなか、5打席目が2死一塁の場面で回ってきた。相手救援右腕グレイブマンが投じた5球目、真ん中低めのスライダーを中堅の岩山へ弾き返した。意地の一発は、月間14本目となる29号2ラン。ＭＬＢでの月間14本は自己最多を更新、そして日本人タイ記録で並んでいた２００７年7月の松井秀喜（当時ヤンキース）を超え、さらにはエンゼルスの球団記録も塗り替えた。

追撃弾は１３４メートルの特大アーチ。粛々とダイヤモンドを回り、祝福の兜セレブレーションはなかったが、これで日本人初の3年連続30本に王手をかけた。

エンゼル・スタジアム

6月29日　試合結果:エンゼルス 7-9 ホワイトソックス

スコアボード	1	2	3	4	5	6	7	8	9	R	H	E
ホワイトソックス	1	0	6	0	0	0	0	0	2	9	9	0
エンゼルス	1	3	1	0	0	0	0	0	2	7	11	0

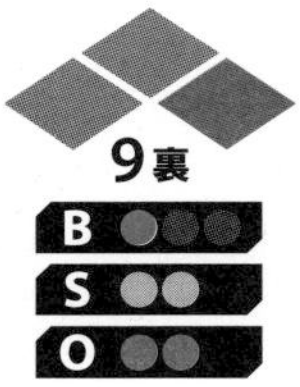

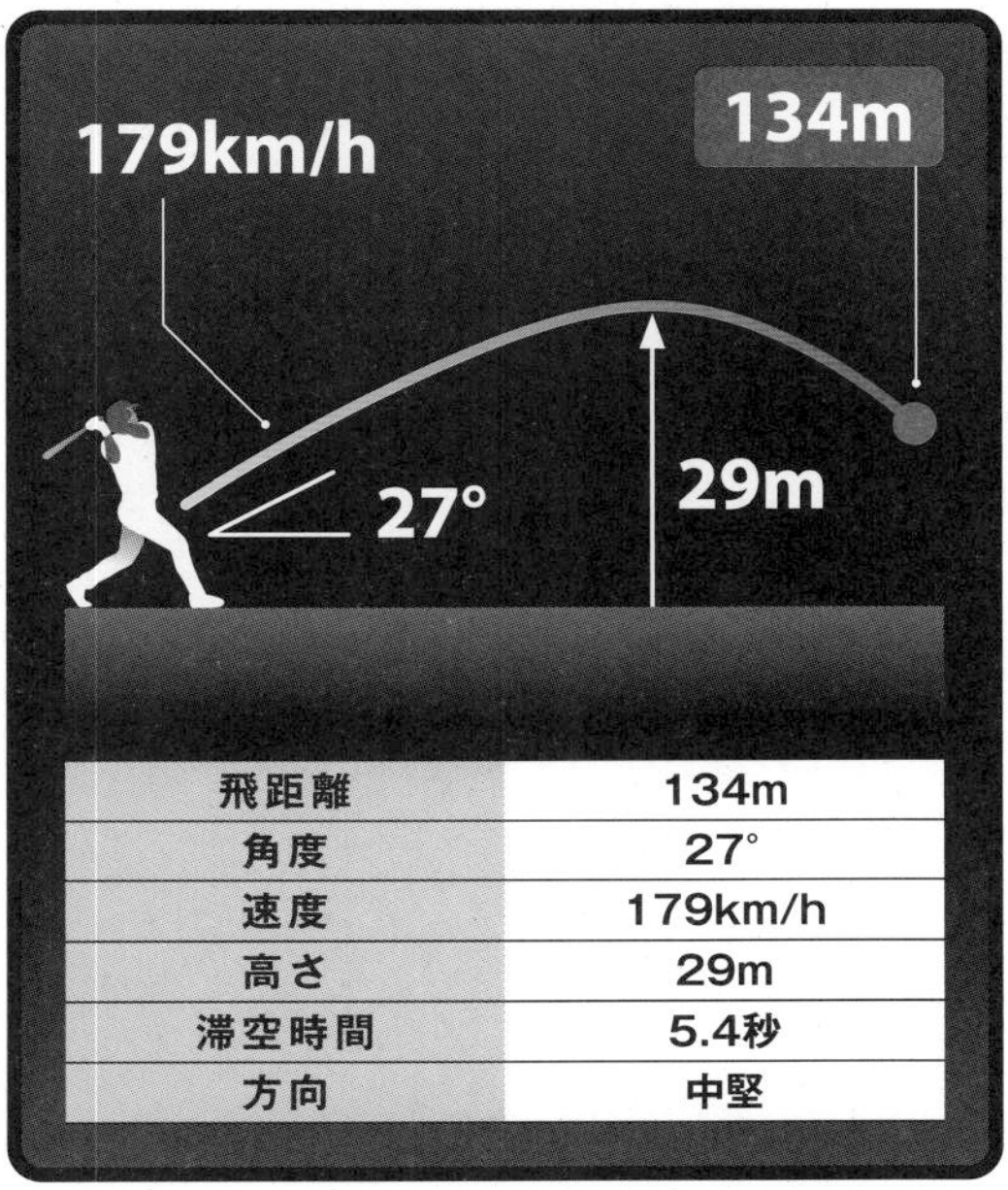

飛距離	134m
角度	27°
速度	179km/h
高さ	29m
滞空時間	5.4秒
方向	中堅

投手

K.グレイブマン(右)

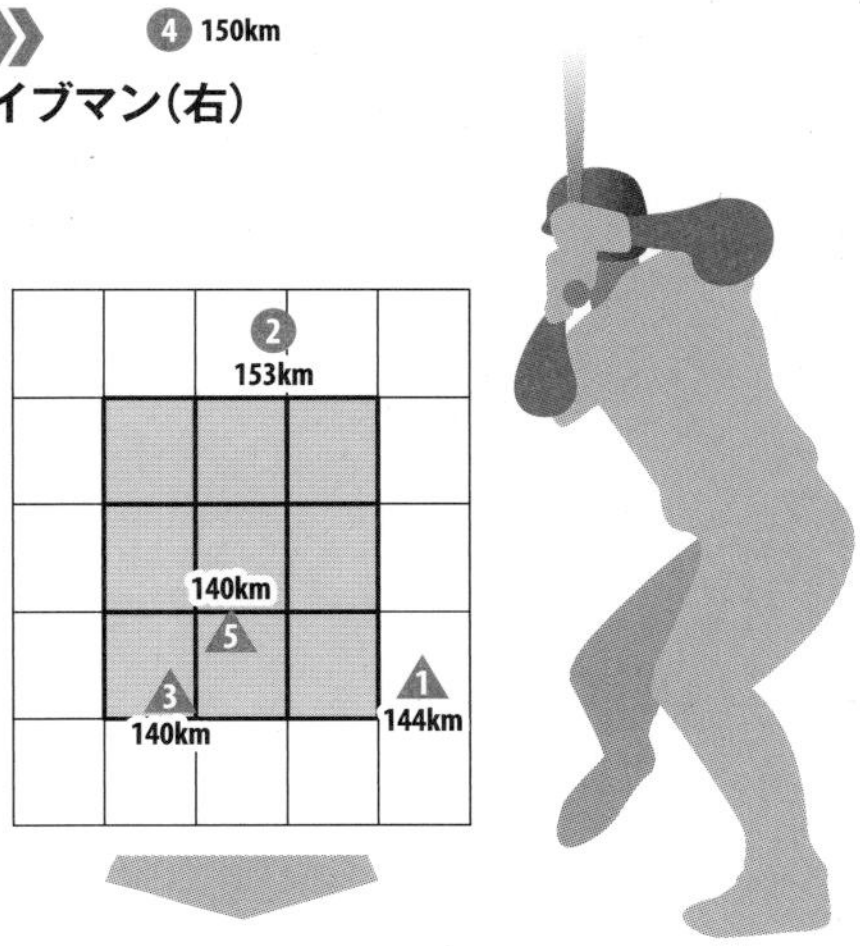

フォーシーム　ツーシーム　カットボール
スプリット　チェンジアップ　スライダー
カーブ

30号

2番・DH

飛び過ぎて見えない!?

6月30日

》SHOHEI OHTANI 30th HOME RUN

日本人初3年連続30本は今季MLB最長

無双の6月を超ド級の30号で締めた。6月30日、ダイヤモンドバックス戦の6回、相手先発左腕ヘンリーのど真ん中スライダーをお手本のようなフルスイング。テレビカメラも着弾点を追えないほど、打球は右翼席へあっという間に消え去った。

自己最多&日本人最多を更新する月間15本目は、その飛距離なんと１５０メートル。自己最長の１４３メートルを7メートルも更新し、この時点で２０１５年以降の球団記録だけでなく、今季ＭＬＢ最長弾となった。

これで日本人初の3年連続30号を達成したが、6月の月間打撃成績はそれ以上にまぶしく見える。打率3割9分4厘、15本塁打、29打点。そしてＯＰＳはなんと驚異の１・４４４をマークした。日本人初の本塁打王だけでなく、打撃三冠王までが視界に入ってきた。

6月30日　試合結果:エンゼルス 2−6 ダイヤモンドバックス

スコアボード	1	2	3	4	5	6	7	8	9	R	H	E
ダイヤモンドバックス	1	4	0	0	0	0	0	1	0	6	5	1
エンゼルス	0	0	0	0	0	1	0	1	0	2	4	0

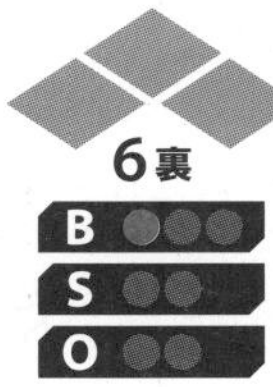

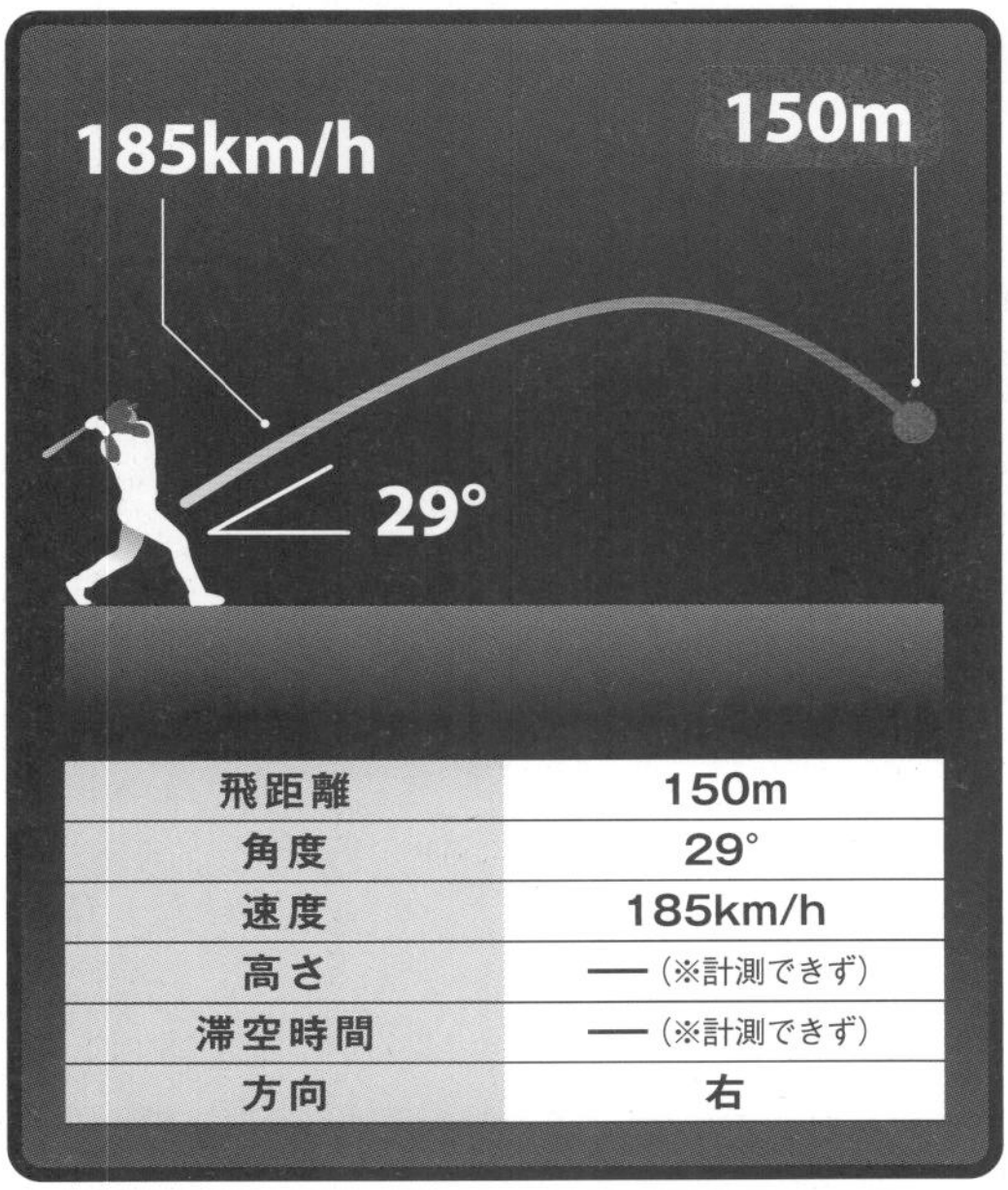

飛距離	150m
角度	29°
速度	185km/h
高さ	── (※計測できず)
滞空時間	── (※計測できず)
方向	右

投手

T.ヘンリー(左)

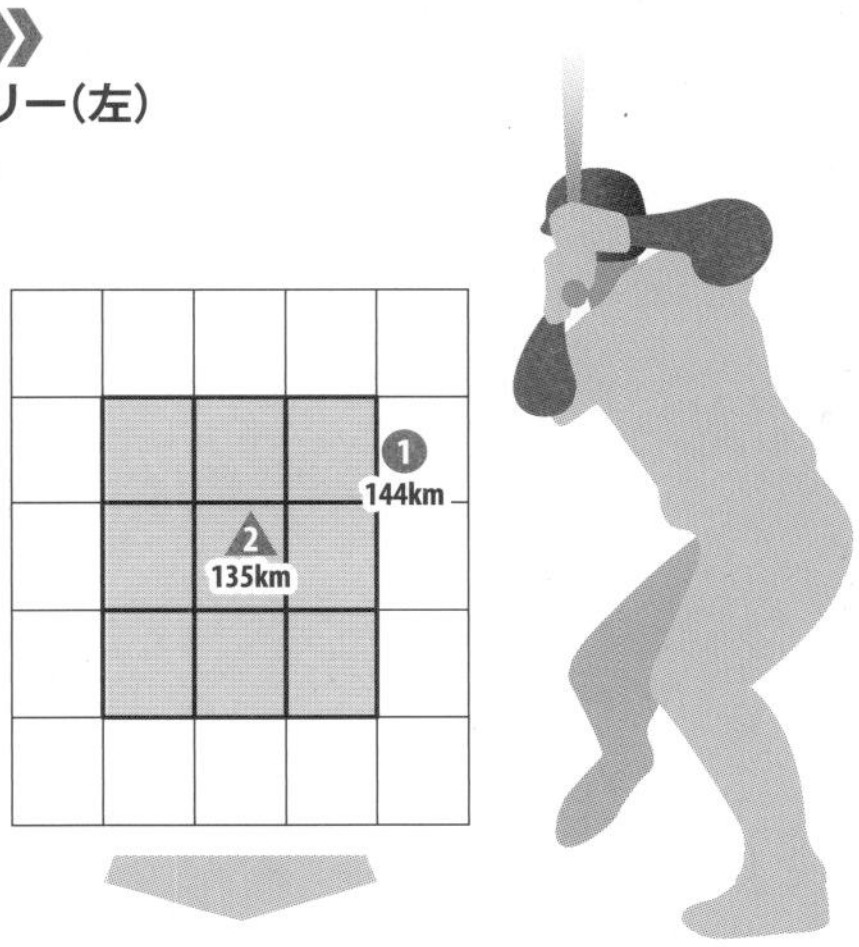

● フォーシーム　● ツーシーム　● カットボール
■ スプリット　■ チェンジアップ　▲ スライダー
▲ カーブ

31号

3番・DH

SHOHEI OHTANI 31st HOME RUN

ア・リーグ「新記録」超えの超量産ペース

2022年ジャッジの62本超えるペース

7月2日

巨大な放物線を描く打球が、矢のように飛んでいく。大谷の31号ソロは打球速度１８６キロ、飛距離１３８メートル。これでシーズン62本超ペースとし、ア・リーグ新記録となった２０２２年ジャッジ（ヤンキース）の62本を上回る量産態勢に入った。

7月2日、ダイヤモンドバックス戦の8回2死、2点リードの場面だった。ここまで2打席連続三振を含む3打席凡退。4打席目も相手中継ぎネルソンに1ボール2ストライクと追い込まれたが、甘い4球目を見逃さなかった。１３５キロのスライダーをジャストミートし、右翼席の通路付近へ放り込んだ。

終わってみれば先制弾のトラウト、ダメ押し弾の大谷。今季8度目、通算30度目の「トラウタニ」弾で、チームの5連敗を阻止した。

7月2日　試合結果:エンゼルス 5-2 ダイヤモンドバックス

スコアボード	1	2	3	4	5	6	7	8	9	R	H	E
ダイヤモンドバックス	0	2	0	0	0	0	0	0	0	2	5	0
エンゼルス	1	3	0	0	0	0	0	1	X	5	6	0

8裏
B
S
O

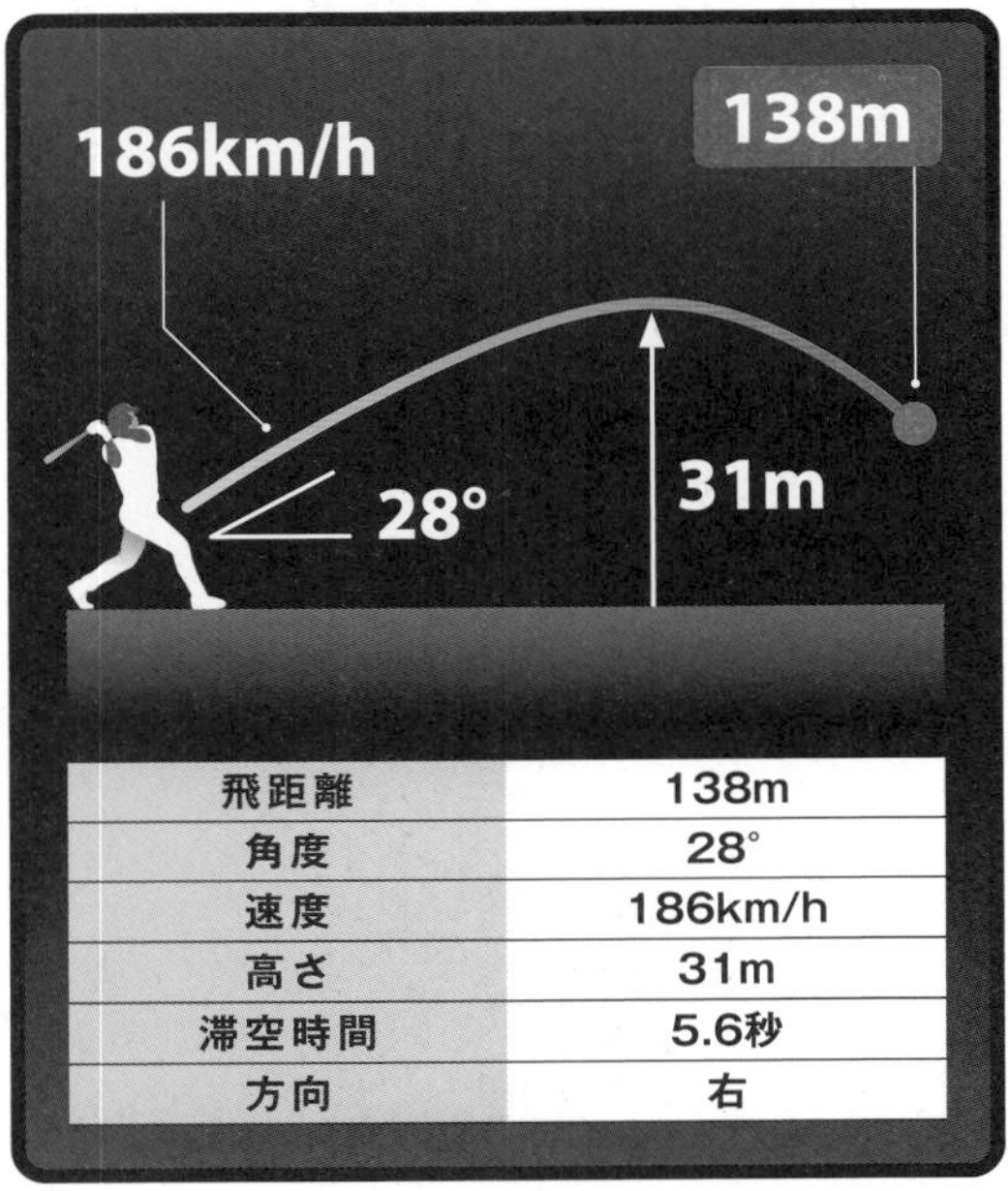

飛距離	138m
角度	28°
速度	186km/h
高さ	31m
滞空時間	5.6秒
方向	右

投手

K.ネルソン(左)

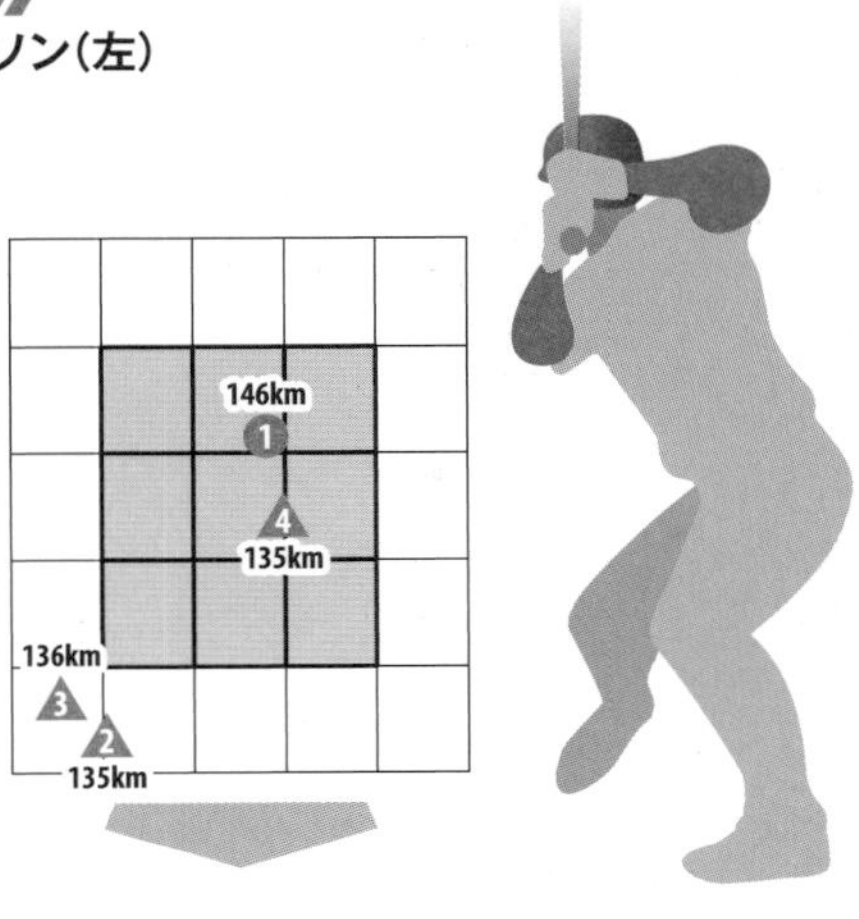

フォーシーム　ツーシーム　カットボール
スプリット　チェンジアップ　スライダー
カーブ

32号

1番・DH

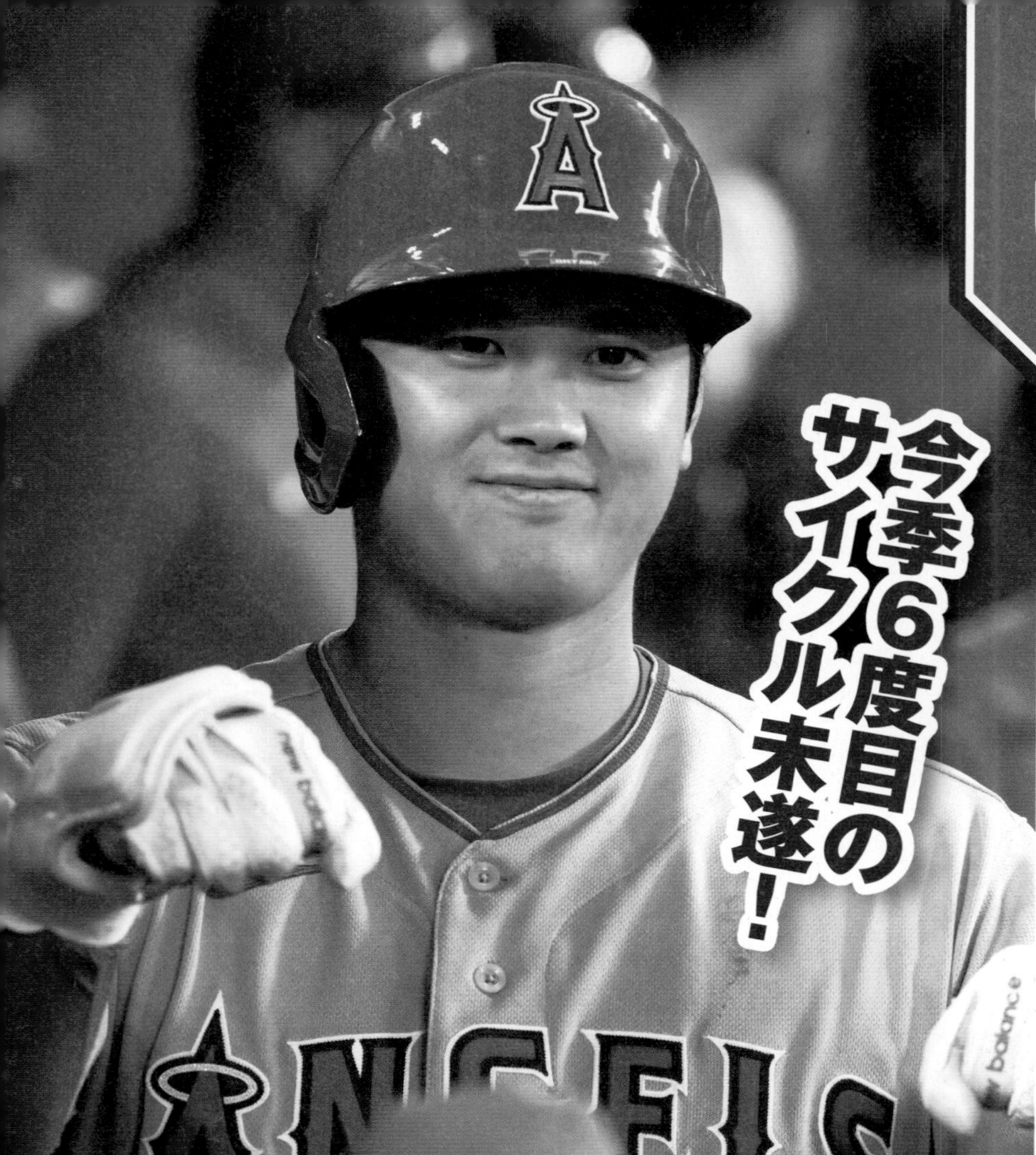

7月8日

今季6度目のサイクル未遂！

≫ SHOHEI OHTANI 32nd HOME RUN

ゴジラ超え！日本人最多「22球場制覇」弾

前半戦最後の一発は、ゴジラ超えの22球場制覇弾だ。7月8日の前半最終戦、同じロサンゼルスに本拠地を置くドジャースとの通称「フリーウェイシリーズ」2戦目。7回2死一塁の場面で、高めをカットした後の2球目、縦に落ちるスライダーを弾き返した。5試合ぶり、待ってましたの豪快132メートル弾はドジャー・スタジアム初アーチとなった。

日本人記録では、トップで並んでいた松井秀喜（ヤンキースなど）を超える22球場目の本塁打。また、1回に中前打、3回には右中間三塁打を放っており、これで今季6度目のサイクル未遂だった。

7月5日に誕生日を迎え、これが29歳の初本塁打。前半戦を打率3割2厘、32本塁打、71打点とし、本塁打数は2位に6本差で折り返した。

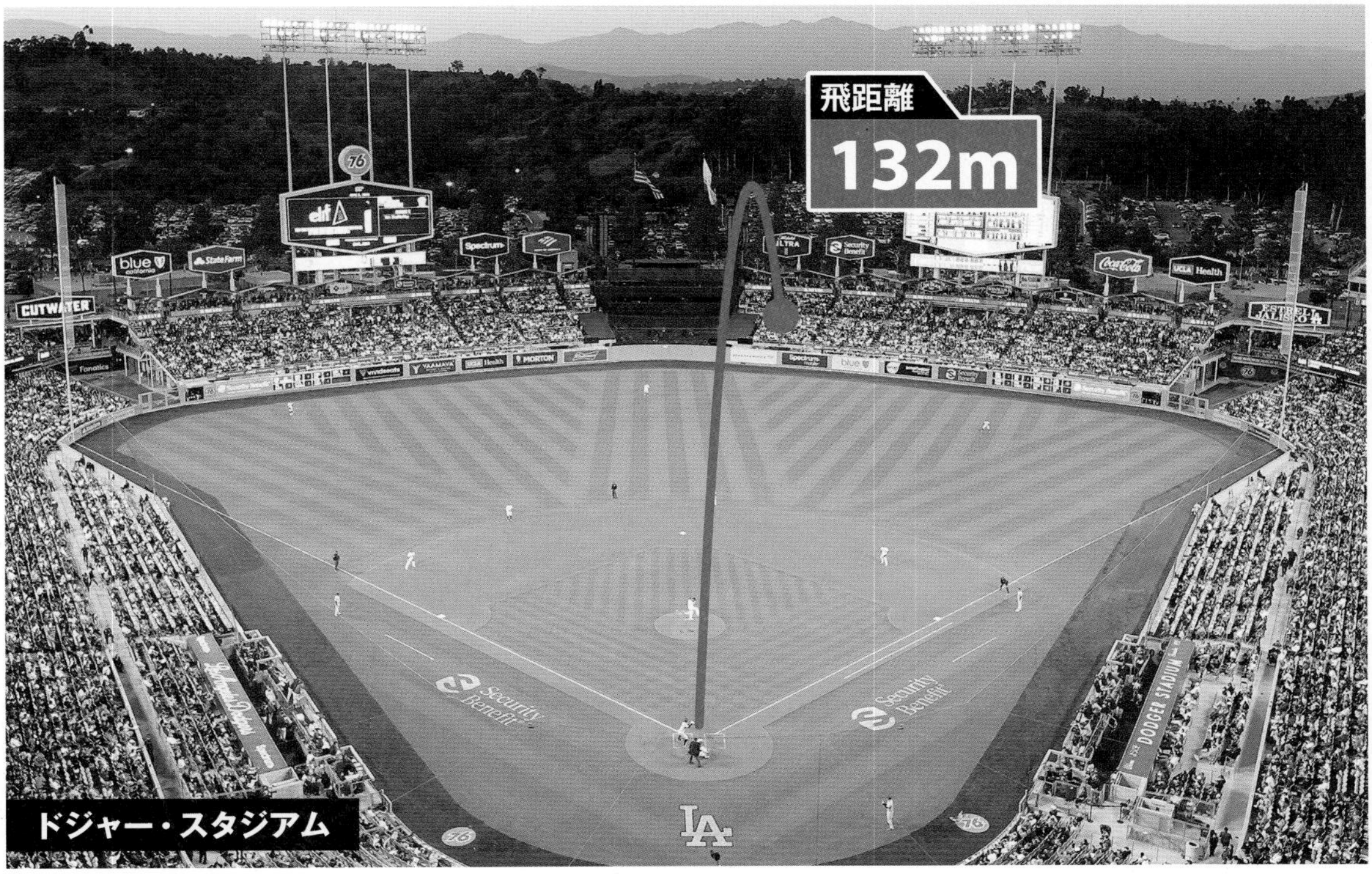

7月8日　試合結果:エンゼルス 5−10 ドジャース

スコアボード	1	2	3	4	5	6	7	8	9	R	H	E
エンゼルス	0	0	0	0	0	2	2	0	1	5	7	1
ドジャース	1	5	0	2	0	1	1	0	X	10	10	0

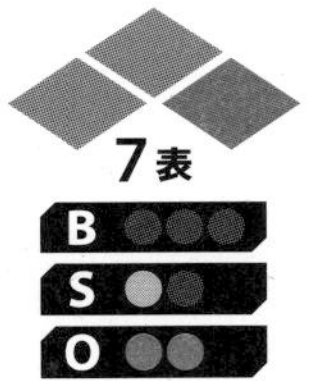

飛距離	132m
角度	29°
速度	169km/h
高さ	31m
滞空時間	5.6秒
方向	中堅

投手
M.グローブ(右)

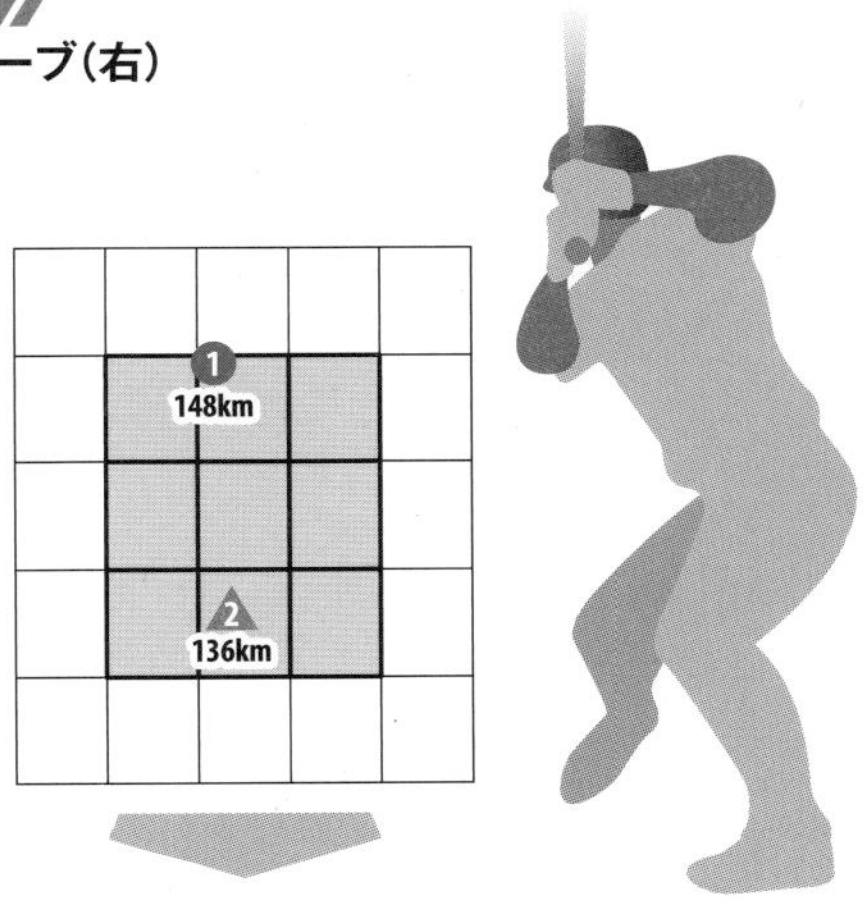

フォーシーム　ツーシーム　カットボール
スプリット　チェンジアップ　スライダー
カーブ

大リーグ評論家・福島良一が厳選

2023年「神記録」トップ10

「2023年の大谷翔平」もすごかった。大谷が今季打ちたてた数々の記録から、大リーグ評論家・福島良一氏が迷いに迷って「記録トップ10」を選出。大谷の信念である二刀流、そしてMLB史上に残る記録を重視した。

２０２３年はシーズン最後までプレーできなかったとはいえ、「史上最高」のシーズンを送った大谷翔平選手。今季も投打にわたってＭＬＢ史上に燦然《さんぜん》と輝く記録を打ち立てました。

①**「２年連続２桁勝利&２桁本塁打」**は、元祖二刀流ルースをも超越するＭＬＢ史上初の偉業。今後、本人にしか破れない不滅の大記録でしょう。２年連続の規定投球回到達こそなりませんでしたが、②**「シーズン10勝&40本塁打」**も史上初。過去の10勝以上&最多本塁打は１９１８年ルースの11本。いかに大谷選手がすごいか、一目瞭然です。

③**「３年連続１５０奪三振&30本塁打」**も史上初です。昨年は史上初の２００奪三振&30本塁打、今年は規定投球回に満たず１６７奪三振でしたが、これぞ、投打ともにパワーが最大の魅力である大谷選手ならではの記録です。④**「通算５００奪三振&１００本塁打」**も同様です。パワー&スピードの勲章は、史上８人目の⑤**「複数回40本塁打&20盗塁」**。打者専念の来季は

MLB史上に残る「2023年 大谷翔平」の偉業

1	2年連続2桁勝利＆2桁本塁打	MLB史上初	8月9日ジャイアンツ戦で今季10勝目を挙げて達成。2022年には1918年ベーブ・ルース以来104年ぶりの同記録を達成。今回は２年連続でルースも成し遂げられなかった偉業
2	10勝＆40本塁打	MLB史上初	昨年は史上初のシーズン15勝＆30本塁打。今年は８月23日レッズ戦が投手での最終登板となり、２年連続の規定投球回到達ならず。それでも２年連続２桁勝利、さらに２年ぶりの40本塁打。史上初の偉業「10-40」
3	3年連続150奪三振＆30本塁打	MLB史上最多更新	2021、2022年は史上初の2年連続150奪三振＆30本塁打。今季も継続して自身が持つ最多記録を更新。ベーブ・ルースは1915～1917年に3年連続100奪三振も、本塁打数はいずれも1桁
4	通算500奪三振100本塁打	MLB史上2人目	5月3日カージナルス戦で通算500奪三振目を達成し、ベーブ・ルース以来2人目の「500-100」。同9日アストロズ戦でルースを超える通算502奪三振とし、通算100本塁打以上の最多奪三振記録を更新中
5	自身２度目の40本塁打＆20盗塁	MLB史上8人目	9月3日アスレチックス戦でシーズン20盗塁目をマークし、2021年に続き2度目の「40-20」を達成。シーズン40本塁打＆20盗塁を複数回達成したのはA・ロドリゲスの4度を筆頭に史上8人目となった
6	3年連続トリプル100	MLB史上最多更新	7月7日ドジャース戦で今季100安打目とし、投打3部門（投球回・奪三振数・安打）でそれぞれ100をマーク。2021年に、1901年2リーグ制以降で史上初の達成。今季は3年連続で、7月達成は自己最速
7	投手として年間４度の１試合３安打	リーグ85年ぶり	6月9日マリナーズ戦で登板日では今季4度目の猛打賞。投手の登板日年間1試合3安打以上は、殿堂入りした1958年ウォーレン・スパーン、ア・リーグでは1938年モンティ・ストラットン以来
8	完封勝利＆年間44本塁打	MLB史上最多	7月27日タイガース戦でメジャー初完封勝利。8月23日レッズ戦で44号。１シーズンに完封勝利を挙げた選手としては、1918年ベーブ・ルースの11本塁打を大きく上回る最多本塁打記録
9	投手でOPS 1.220	1901年以降MLB最高	今季はとりわけ投手として登板した試合で打者としても大活躍。今季登板日の打撃指標「OPS」（出塁率+長打率）は、超強打者レベルの「1.000」を超える数値をマーク。これは1901年以降、60打席以上では最高の数値
10	ロード観客動員数25％増	MLB今季最多	今季エンゼルスは9年連続プレーオフ進出を逃すも、ロードでの観客動員数は前年比でメジャートップの25％増。ロードでの観客動員数も、全米一の人気球団ヤンキースを除いてア・リーグ最多をマーク

史上５人目の「50－20」も可能でしょう。

⑥**「3年連続トリプル１００」**もＭＬＢ史上最多を更新中。⑦**「投手として年間４度の１試合3安打」**は、ア・リーグでは１９３８年モンティ・ストラットン（ホワイトソックス）以来85年ぶり。のちに、彼は猟銃の暴発で右脚を失い、義足でカムバック。日本でも映画『甦る熱球』で知られる伝説の投手です。⑧**「完封勝利＆年間44本塁打」**も史上最多。今回は１安打完封、いつかノーヒットノーランの最多本塁打記録も期待したい。

⑨**「投手でOPS１・２２０」**は、超異次元の数値です。打者単体でも、リーグトップの１・０６６。ほかにも得点、三塁打、本塁打、四球、出塁率、長打率、長打、塁打などさまざまな部門で離脱前はトップでしたし、来季は夢の三冠王に輝く可能性もありそうです。

そして、⑩**「ロードでの観客動員数25％増」**。これも〝大谷効果〟であり、いまやアメリカの国民的ヒーローなのです。

MLB歴代本塁打王 ※1901年2リーグ制以降

アメリカンリーグ

年	選手	所属	本塁打
1901	ナップ・ラジョイ	アスレチックス	14本
1902	ソックス・セイボールド	アスレチックス	16本
1903	バック・フリーマン	レッドソックス	13本
1904	ハリー・デービス	アスレチックス	10本
1905	ハリー・デービス	アスレチックス	8本
1906	ハリー・デービス	アスレチックス	12本
1907	ハリー・デービス	アスレチックス	8本
1908	サム・クロフォード	タイガース	7本
1909	タイ・カッブ	タイガース	9本
1910	ジェイク・スタール	レッドソックス	10本
1911	ホームラン・ベイカー	アスレチックス	11本
1912	ホームラン・ベイカー	アスレチックス	10本
	トリス・スピーカー	レッドソックス	10本
1913	ホームラン・ベイカー	アスレチックス	12本
1914	ホームラン・ベイカー	アスレチックス	9本
1915	ブラッゴ・ロス	ホワイトソックス/インディアンス(現ガーディアンズ)	7本
1916	ウォーリー・ピップ	ヤンキース	12本
1917	ウォーリー・ピップ	ヤンキース	9本
1918	ベーブ・ルース	レッドソックス	11本
	ティリー・ウォーカー	アスレチックス	11本
1919	ベーブ・ルース	レッドソックス	29本
1920	ベーブ・ルース	ヤンキース	54本
1921	ベーブ・ルース	ヤンキース	59本
1922	ケン・ウィリアムズ	ブラウンズ(現オリオールズ)	37本
1923	ベーブ・ルース	ヤンキース	41本
1924	ベーブ・ルース	ヤンキース	46本
1925	ボブ・ミューゼル	ヤンキース	33本
1926	ベーブ・ルース	ヤンキース	47本
1927	ベーブ・ルース	ヤンキース	60本
1928	ベーブ・ルース	ヤンキース	54本
1929	ベーブ・ルース	ヤンキース	46本
1930	ベーブ・ルース	ヤンキース	49本
1931	ベーブ・ルース	ヤンキース	46本
	ルー・ゲーリッグ	ヤンキース	46本
1932	ジミー・フォックス	アスレチックス	58本
1933	ジミー・フォックス	アスレチックス	48本
1934	ルー・ゲーリッグ	ヤンキース	49本
1935	ジミー・フォックス	アスレチックス	36本
	ハンク・グリーンバーグ	タイガース	36本
1936	ルー・ゲーリッグ	ヤンキース	49本
1937	ジョー・ディマジオ	ヤンキース	46本
1938	ハンク・グリーンバーグ	タイガース	58本
1939	ジミー・フォックス	レッドソックス	35本
1940	ハンク・グリーンバーグ	タイガース	41本
1941	テッド・ウィリアムズ	レッドソックス	37本
1942	テッド・ウィリアムズ	レッドソックス	36本
1943	ルディ・ヨーク	タイガース	34本
1944	ニック・エッテン	ヤンキース	22本
1945	バーン・スティーブンス	ブラウンズ(現オリオールズ)	24本
1946	ハンク・グリーンバーグ	タイガース	44本
1947	テッド・ウィリアムズ	レッドソックス	32本
1948	ジョー・ディマジオ	ヤンキース	39本
1949	テッド・ウィリアムズ	レッドソックス	43本
1950	アル・ローゼン	インディアンス(現ガーディアンズ)	37本
1951	ガス・ザーニアル	ホワイトソックス/アスレチックス	33本
1952	ラリー・ドビー	インディアンス(現ガーディアンズ)	32本
1953	アル・ローゼン	インディアンス(現ガーディアンズ)	43本
1954	ラリー・ドビー	インディアンス(現ガーディアンズ)	32本
1955	ミッキー・マントル	ヤンキース	37本
1956	ミッキー・マントル	ヤンキース	52本
1957	ロイ・シーバース	セネタース	42本
1958	ミッキー・マントル	ヤンキース	42本
1959	ロッキー・コラビト	インディアンス(現ガーディアンズ)	42本
	ハーモン・キルブリュー	セネターズ(現ツインズ)	42本
1960	ミッキー・マントル	ヤンキース	40本
1961	ロジャー・マリス	ヤンキース	61本
1962	ハーモン・キルブリュー	ツインズ	48本
1963	ハーモン・キルブリュー	ツインズ	45本
1964	ハーモン・キルブリュー	ツインズ	49本
1965	トニー・コニグリアーロ	レッドソックス	32本
1966	フランク・ロビンソン	オリオールズ	49本
1967	ハーモン・キルブリュー	ツインズ	44本
	カール・ヤストレムスキー	レッドソックス	44本
1968	フランク・ハワード	セネターズ(現レンジャーズ)	44本
1969	ハーモン・キルブリュー	ツインズ	49本
1970	フランク・ハワード	セネターズ(現レンジャーズ)	44本
1971	ビル・メルトン	ホワイトソックス	33本
1972	ディック・アレン	ホワイトソックス	37本
1973	レジー・ジャクソン	アスレチックス	32本
1974	ディック・アレン	ホワイトソックス	32本
1975	レジー・ジャクソン	アスレチックス	36本
	ジョージ・スコット	ブルワーズ	36本
1976	グレッグ・ネトルズ	ヤンキース	32本
1977	ジム・ライス	レッドソックス	39本
1978	ジム・ライス	レッドソックス	46本
1979	ゴーマン・トーマス	ブルワーズ	45本
1980	レジー・ジャクソン	ヤンキース	41本
	ベン・オグリビー	ブルワーズ	41本
1981	エディ・マレー	オリオールズ	22本
	トニー・アーマス	アスレチックス	22本
	ドワイト・エバンス	レッドソックス	22本
	ボビー・グリッチ	エンゼルス	22本
1982	レジー・ジャクソン	エンゼルス	39本
	ゴーマン・トーマス	ブルワーズ	39本
1983	ジム・ライス	レッドソックス	39本
1984	トニー・アーマス	レッドソックス	43本
1985	ダレル・エヴァンス	タイガース	40本
1986	ジェシー・バーフィールド	ブルージェイズ	40本
1987	マーク・マグワイア	アスレチックス	42本
1988	ホセ・カンセコ	アスレチックス	42本
1989	フレッド・マグリフ	ブルージェイズ	36本
1990	セシル・フィルダー	タイガース	51本
1991	ホセ・カンセコ	アスレチックス	44本
	セシル・フィルダー	タイガース	44本
1992	フアン・ゴンザレス	レンジャーズ	43本
1993	フアン・ゴンザレス	レンジャーズ	46本
1994	ケン・グリフィーJr.	マリナーズ	40本
1995	アルバート・ベル	インディアンス(現ガーディアンズ)	50本
1996	マーク・マグワイア	アスレチックス	52本
1997	ケン・グリフィーJr.	マリナーズ	56本
1998	ケン・グリフィーJr.	マリナーズ	56本
1999	ケン・グリフィーJr.	マリナーズ	48本
2000	トロイ・グロース	エンゼルス	47本
2001	アレックス・ロドリゲス	レンジャーズ	52本
2002	アレックス・ロドリゲス	レンジャーズ	57本
2003	アレックス・ロドリゲス	レンジャーズ	47本
2004	マニー・ラミレス	レッドソックス	43本
2005	アレックス・ロドリゲス	ヤンキース	48本
2006	デビッド・オルティーズ	レッドソックス	54本
2007	アレックス・ロドリゲス	ヤンキース	54本
2008	ミゲル・カブレラ	タイガース	37本
2009	マーク・テシェイラ	ヤンキース	39本
	カルロス・ペーニャ	レイズ	39本
2010	ホセ・バティスタ	ブルージェイズ	54本
2011	ホセ・バティスタ	ブルージェイズ	43本
2012	ミゲル・カブレラ	タイガース	44本
2013	クリス・デービス	オリオールズ	53本
2014	ネルソン・クルーズ	オリオールズ	40本
2015	クリス・デービス	オリオールズ	47本
2016	マーク・トロンボ	オリオールズ	47本
2017	アーロン・ジャッジ	ヤンキース	52本
2018	クリス・デービス	アスレチックス	48本
2019	ホルヘ・ソレア	ロイヤルズ	48本
2020	ルーク・ボイト	ヤンキース	22本
2021	サルバドール・ペレス	ロイヤルズ	48本
	ブラディミール・ゲレーロJr.	ブルージェイズ	48本
2022	アーロン・ジャッジ	ヤンキース	62本
2023	大谷翔平	エンゼルス	44本

ナショナルリーグ

年	選手	所属	本塁打
1901	サム・クロフォード	レッズ	16本
1902	トミー・リーチ	パイレーツ	6本
1903	ジミー・シェッカード	スーパーバス(現ドジャース)	9本
1904	ハリー・ラムリー	スーパーバス(現ドジャース)	9本
1905	フレッド・オドウェル	レッズ	9本
1906	ティム・ジョーダン	スーパーバス(現ドジャース)	12本
1907	デーブ・ブレイン	ダブズ(現ブレーブス)	10本
1908	ティム・ジョーダン	スーパーバス(現ドジャース)	12本
1909	レッド・マレー	ジャイアンツ	7本
1910	フレッド・ベック	ダブズ(現ブレーブス)	10本
	フランク・シュルティ	カブス	10本
1911	フランク・シュルト	カブス	21本
1912	ヘイニー・ジマーマン	カブス	14本
1913	ギャビー・クラバス	フィリーズ	19本
1914	ギャビー・クラバス	フィリーズ	19本
1915	ギャビー・クラバス	フィリーズ	24本
1916	サイ・ウィリアムズ	カブス	12本
	デーブ・ロバートソン	ジャイアンツ	12本
1917	ギャビー・クラバス	フィリーズ	12本
	デーブ・ロバートソン	ジャイアンツ	12本
1918	ギャビー・クラバス	フィリーズ	8本
1919	ギャビー・クラバス	フィリーズ	12本
1920	サイ・ウィリアムズ	フィリーズ	15本
1921	ジョージ・ケリー	ジャイアンツ	23本
1922	ロジャース・ホーンスビー	カージナルス	42本
1923	サイ・ウィリアムズ	フィリーズ	41本
1924	ジャック・フォーニアー	ロビンス(現ドジャース)	27本
1925	ロジャース・ホーンスビー	カージナルス	39本
1926	ハック・ウィルソン	カブス	21本
1927	サイ・ウィリアムズ	フィリーズ	30本
	ハック・ウィルソン	カブス	30本
1928	ジム・ボトムリー	カージナルス	31本
	ハック・ウィルソン	カブス	31本
1929	チャック・クライン	フィリーズ	43本
1930	ハック・ウィルソン	カブス	56本
1931	チャック・クライン	フィリーズ	31本
1932	メル・オットー	ジャイアンツ	38本
	チャック・クライン	フィリーズ	38本
1933	チャック・クライン	フィリーズ	28本
1934	リッパー・コリンズ	カージナルス	35本
	メル・オットー	ジャイアンツ	35本
1935	ウォーリー・バーガー	ブレーブス	34本
1936	メル・オットー	ジャイアンツ	33本
1937	ジョー・メドウィック	カージナルス	31本
	メル・オットー	ジャイアンツ	31本
1938	メル・オットー	ジャイアンツ	36本
1939	ジョニー・マイズ	カージナルス	28本
1940	ジョニー・マイズ	カージナルス	43本
1941	ドルフ・カミリ	ドジャース	34本
1942	メル・オットー	ジャイアンツ	30本
1943	ビル・ニコルソン	カブス	29本
1944	ビル・ニコルソン	カブス	33本
1945	トミー・ホームズ	ブレーブス	28本
1946	ラルフ・カイナー	パイレーツ	23本
1947	ジョニー・マイズ	ジャイアンツ	51本
	ラルフ・カイナー	パイレーツ	51本
1948	ジョニー・マイズ	ジャイアンツ	40本
	ラルフ・カイナー	パイレーツ	40本
1949	ラルフ・カイナー	パイレーツ	54本
1950	ラルフ・カイナー	パイレーツ	47本
1951	ラルフ・カイナー	パイレーツ	42本
1952	ハンク・サウアー	カブス	37本
	ラルフ・カイナー	パイレーツ	37本
1953	エディ・マシューズ	ブレーブス	47本
1954	テッド・クルズウスキー	レッズ	49本
1955	ウィリー・メイズ	ジャイアンツ	51本
1956	デューク・スナイダー	ドジャース	43本
1957	ハンク・アーロン	ブレーブス	44本
1958	アーニー・バンクス	カブス	47本
1959	エディ・マシューズ	ブレーブス	46本
1960	アーニー・バンクス	カブス	41本
1961	オーランド・セペダ	ジャイアンツ	46本
1962	ウィリー・メイズ	ジャイアンツ	49本
1963	ウィリー・マッコビー	ジャイアンツ	44本
	ハンク・アーロン	ブレーブス	44本
1964	ウィリー・メイズ	ジャイアンツ	47本
1965	ウィリー・メイズ	ジャイアンツ	52本
1966	ハンク・アーロン	ブレーブス	44本
1967	ハンク・アーロン	ブレーブス	39本
1968	ウィリー・マッコビー	ジャイアンツ	36本
1969	ウィリー・マッコビー	ジャイアンツ	45本
1970	ジョニー・ベンチ	レッズ	45本
1971	ウィリー・スタージェル	パイレーツ	48本
1972	ジョニー・ベンチ	レッズ	40本
1973	ウィリー・スタージェル	パイレーツ	44本
1974	マイク・シュミット	フィリーズ	36本
1975	マイク・シュミット	フィリーズ	38本
1976	マイク・シュミット	フィリーズ	38本
1977	ジョージ・フォスター	レッズ	52本
1978	ジョージ・フォスター	レッズ	40本
1979	デーブ・キングマン	カブス	48本
1980	マイク・シュミット	フィリーズ	48本
1981	マイク・シュミット	フィリーズ	31本
1982	デーブ・キングマン	メッツ	37本
1983	マイク・シュミット	フィリーズ	40本
1984	デール・マーフィー	ブレーブス	36本
	マイク・シュミット	フィリーズ	36本
1985	デール・マーフィー	ブレーブス	37本
1986	マイク・シュミット	フィリーズ	37本
1987	アンドレ・ドーソン	カブス	49本
1988	ダリル・ストロベリー	メッツ	39本
1989	ケビン・ミッチェル	ジャイアンツ	47本
1990	ライン・サンドバーグ	カブス	40本
1991	ハワード・ジョンソン	メッツ	38本
1992	フレッド・マグリフ	パドレス	35本
1993	バリー・ボンズ	ジャイアンツ	46本
1994	マット・ウィリアムズ	ジャイアンツ	43本
1995	ダンテ・ビシェット	ロッキーズ	40本
1996	アンドレス・ガララーガ	ロッキーズ	47本
1997	ラリー・ウォーカー	ロッキーズ	49本
1998	マーク・マグワイア	カージナルス	70本
1999	マーク・マグワイア	カージナルス	65本
2000	サミー・ソーサ	カブス	50本
2001	バリー・ボンズ	ジャイアンツ	73本
2002	サミー・ソーサ	カブス	49本
2003	ジム・トーミ	フィリーズ	47本
2004	エイドリアン・ベルトレ	ドジャース	48本
2005	アンドリュー・ジョーンズ	ブレーブス	51本
2006	ライアン・ハワード	フィリーズ	58本
2007	プリンス・フィルダー	ブルワーズ	50本
2008	ライアン・ハワード	フィリーズ	48本
2009	アルバート・プホルス	カージナルス	47本
2010	アルバート・プホルス	カージナルス	42本
2011	マット・ケンプ	ドジャース	39本
2012	ライアン・ブラウン	ブルワーズ	41本
2013	ポール・ゴールドシュミット	ダイヤモンドバックス	36本
	ペドロ・アルバレス	パイレーツ	36本
2014	ジャンカルロ・スタントン	マーリンズ	37本
2015	ブライス・ハーパー	ナショナルズ	42本
	ノーラン・アレナド	ロッキーズ	42本
2016	クリス・カーター	ブルワーズ	41本
	ノーラン・アレナド	ロッキーズ	41本
2017	ジャンカルロ・スタントン	マーリンズ	59本
2018	ノーラン・アレナド	ロッキーズ	38本
2019	ピート・アロンソ	メッツ	53本
2020	マーセル・オズナ	ブレーブス	18本
2021	フェルナンド・タティスJr.	パドレス	42本
2022	カイル・シュワーバー	フィリーズ	46本
2023	マット・オルソン	ブレーブス	54本

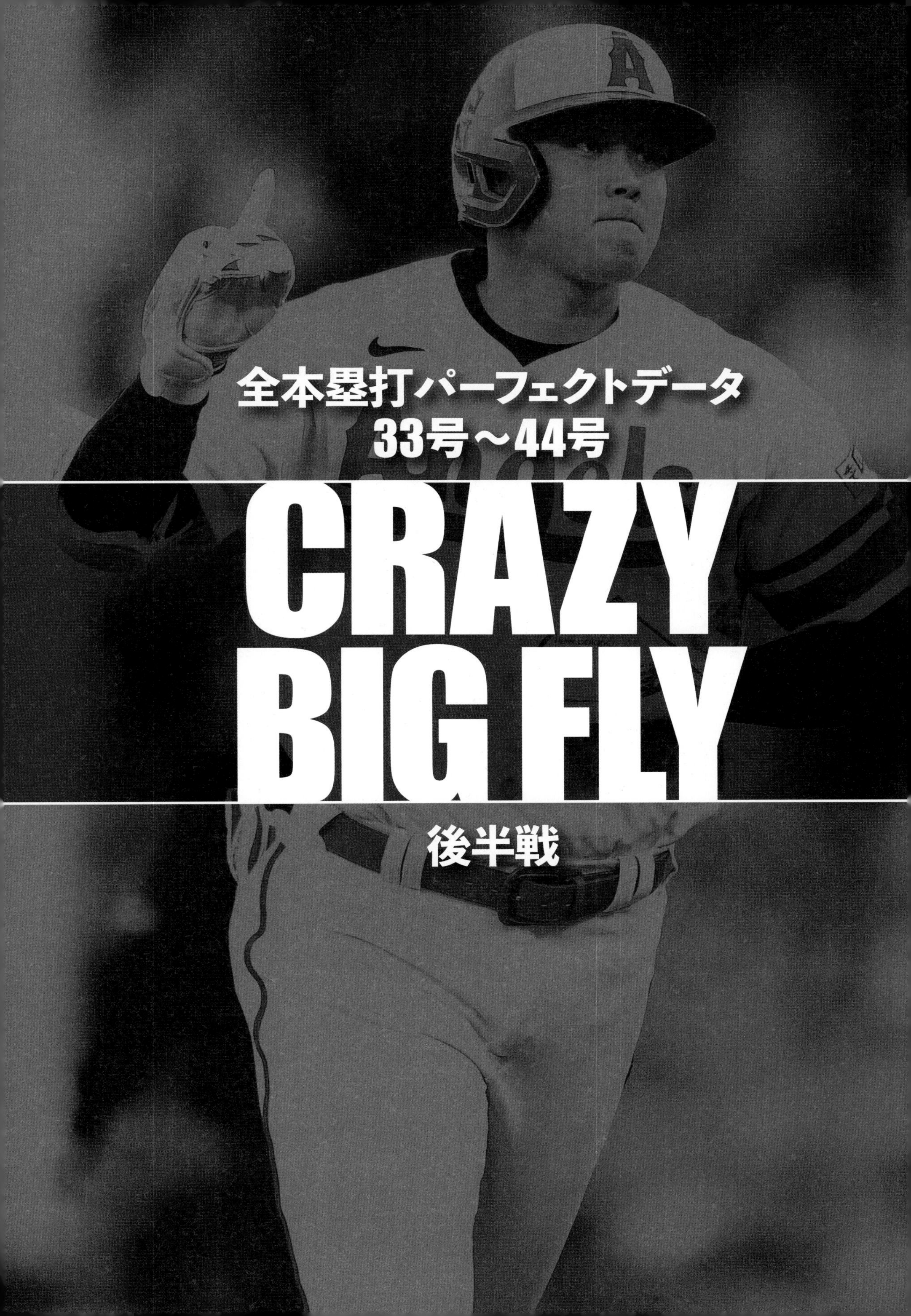

全本塁打パーフェクトデータ
33号～44号

CRAZY BIG FLY

後半戦

33号

2番・DH

ワイルドカードに望みつなぐ反撃口火弾

SHOHEI OHTANI 33rd HOME RUN

今季大好物の外角高め討ち

7月15日

後半戦1発目でチームの士気を上げた。7月15日のアストロズ戦、シーソーゲームの乱打戦で9回裏を迎えた。3点ビハインド、しかもマウンドには11試合連続被安打なしの相手守護神プレスリー。不利な状況のなかで、大谷が外角高めのスライダーに反応した。昨季は本塁打なしのコース、しかし今季はホットゾーンだ。打球はエンゼルスファンの大歓声に乗り、懸命にグラブを伸ばす中堅手の頭上を越えていった。

3三振を含む4打席凡退から、挽回の一発。これをきっかけに打線は生き返る。同点として迎えた10回裏、1死二塁から大谷が申告敬遠で歩くと、相手の失策絡みで13-12のサヨナラ勝ち。大谷の本塁打が呼び水となり、両軍合計31安打の壮絶乱打戦を制してワイルドカードへ望みをつないだ。

7月15日　試合結果:エンゼルス 13−12 アストロズ

スコアボード	1	2	3	4	5	6	7	8	9	10	R	H	E
アストロズ	0	0	2	2	0	0	5	2	1	0	12	16	2
エンゼルス	0	3	0	0	0	0	6	0	3	1	13	15	1

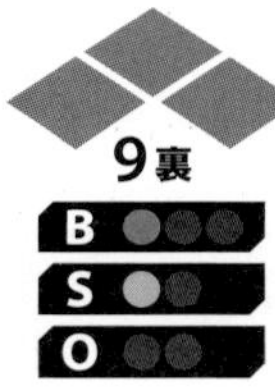

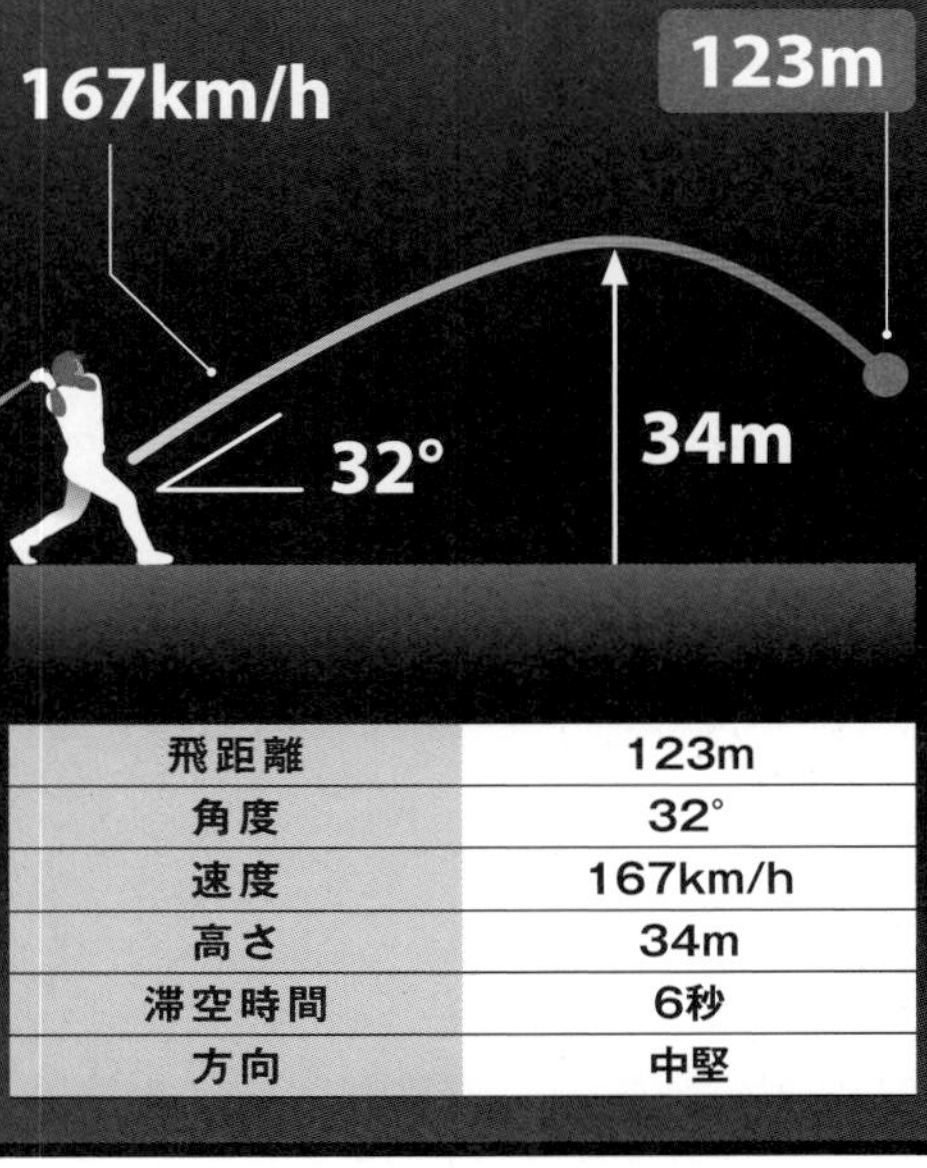

飛距離	123m
角度	32°
速度	167km/h
高さ	34m
滞空時間	6秒
方向	中堅

投手

R.プレスリー(右)

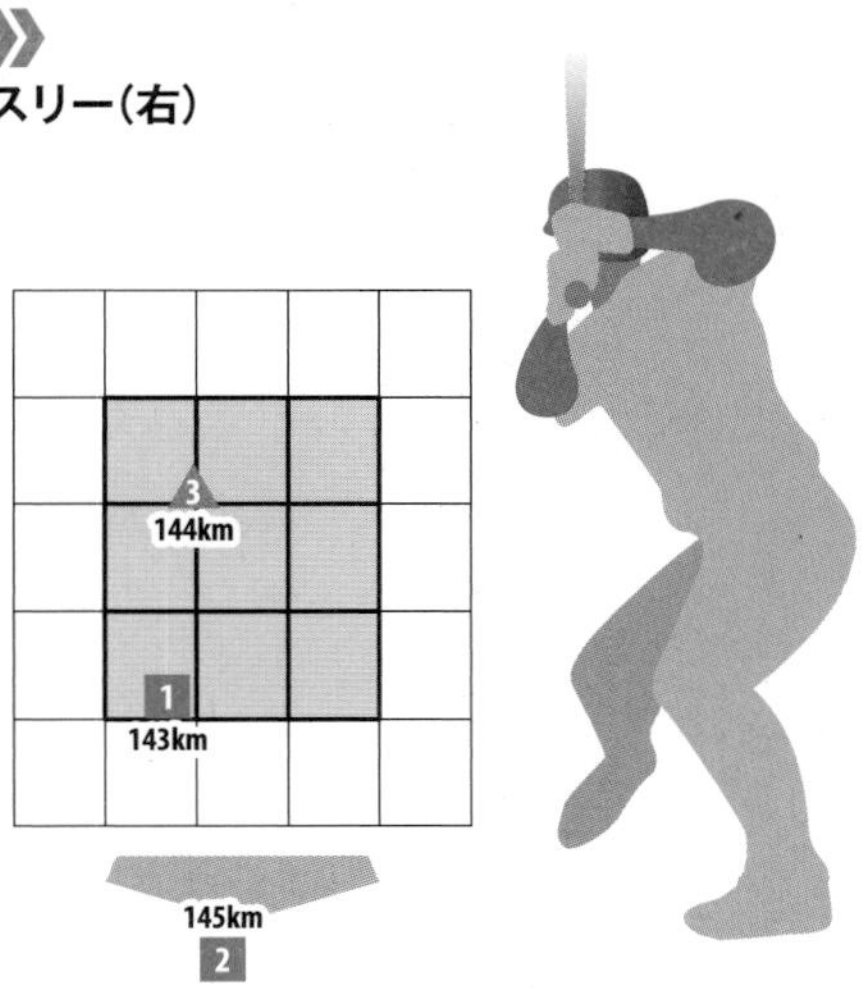

フォーシーム　ツーシーム　カットボール

スプリット　チェンジアップ　スライダー

カーブ

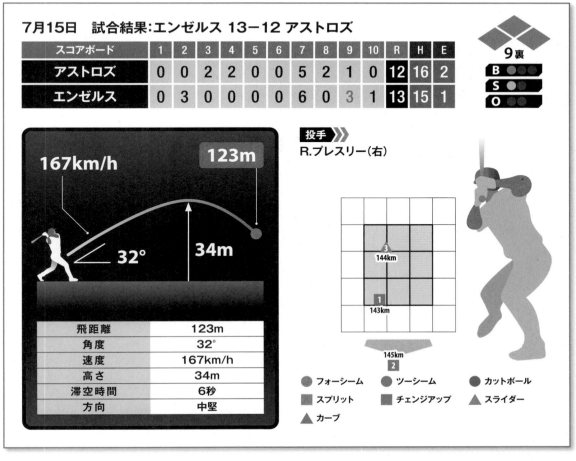

34号

2番・DH

》》SHOHEI OHTANI 34th HOME RUN

土壇場に強い！２戦連続「９裏」アーチ

残り68試合で昨季34本に並ぶ

7月16日

２試合連続、しかもいずれも９回裏アーチ。大谷がヒーローたるゆえんだ。７月16日、アストロズ３連戦の最終日。７−５で迎えた９回に救援陣が一挙４点を失い、その裏の攻撃へ突入した。１死となって、大谷が初球の直球を捉える。強烈な打球音を残し、中堅フェンスを軽々と越える34号ソロ。前日15日のナイトゲームに続き、この日は得意のデーゲームで２試合連続９回裏アーチを放った。

今季94試合目、68試合を残して２０２２年の34本に並んだ。日本人初となる本塁打王誕生の期待が高まった２０２１年は、87試合目で34号を放っており、それに匹敵するペースで本塁打を積み上げている。チームは敗れてワイルドカードによるワールドシリーズは遠のいたが、大谷の存在はエンゼルスファンの一筋の光明となっている。

7月16日　試合結果:エンゼルス 8−9 アストロズ

スコアボード	1	2	3	4	5	6	7	8	9	R	H	E
アストロズ	1	0	0	0	0	0	2	2	4	9	16	0
エンゼルス	0	1	0	2	0	0	4	0	1	8	9	0

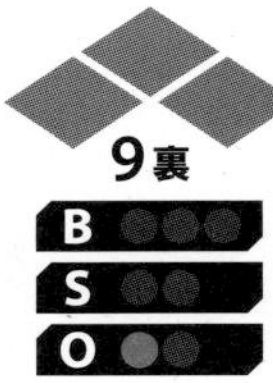

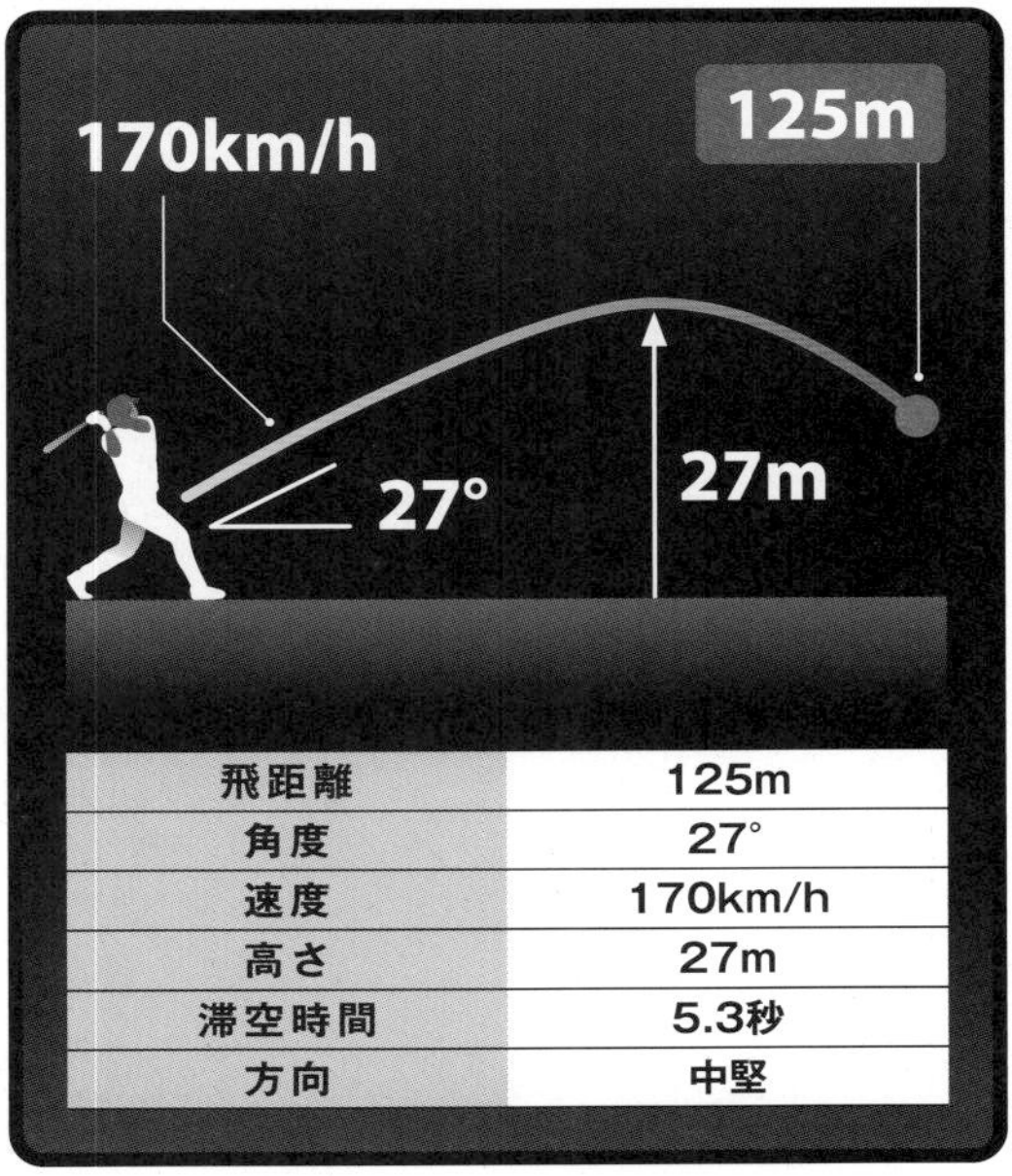

飛距離	125m
角度	27°
速度	170km/h
高さ	27m
滞空時間	5.3秒
方向	中堅

投手

フィル・メイトン(右)

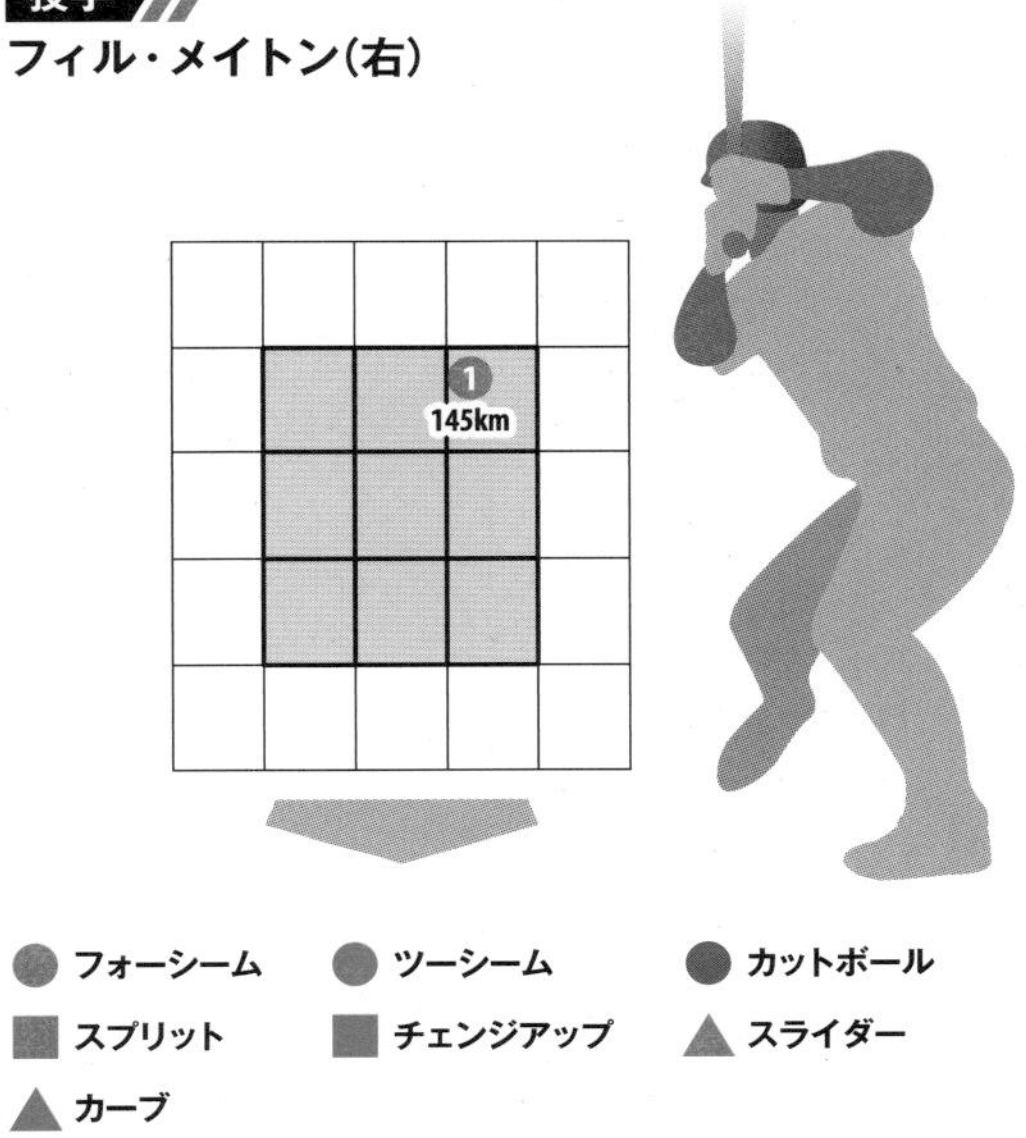

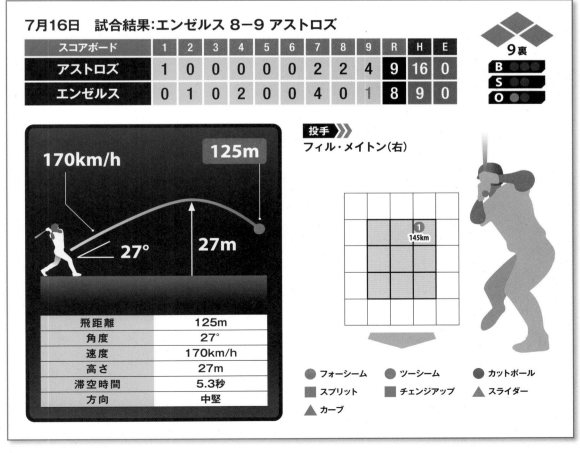

35号

2番・DH

今季おなじみの美技 バットフリップ

7月17日

SHOHEI OHTANI 35th HOME RUN

3戦連続!! 雄叫び連発〝激熱〟同点アーチ

チームの勝利がすべて――。その思いを3戦連発の同点弾で体現した。ヤンキースとのカード初戦となった7月17日。2点ビハインドで迎えた7回、一打同点となる2死一塁の場面だった。追い込まれてからの4球目、外角直球を中堅へ打ち返した。打球の行方を見つめたまま、一塁ファウルゾーン側へバットフリップ。ベンチでは仲間のベラスケスが値千金の同点弾に「OMG」とばかりに頭を抱え、大谷は一塁コーチと熱くハイタッチ。ガッツポーズとともに何度も吠えまくった。

35号2ランで試合を振り出しに戻すと、チームは延長10回に代打ステファニックの一打でサヨナラ勝ちを収めた。

自身2度目の35号を含め、今季7度目となるサイクル未遂の活躍。本塁打王獲得、そして勝利への執念を見せつけた。

7月17日　試合結果:エンゼルス 4−3 ヤンキース

スコアボード	1	2	3	4	5	6	7	8	9	10	R	H	E
ヤンキース	0	0	0	0	0	2	1	0	0	0	3	8	0
エンゼルス	0	0	0	0	0	1	2	0	0	1	4	9	1

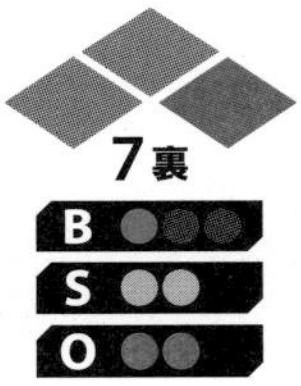

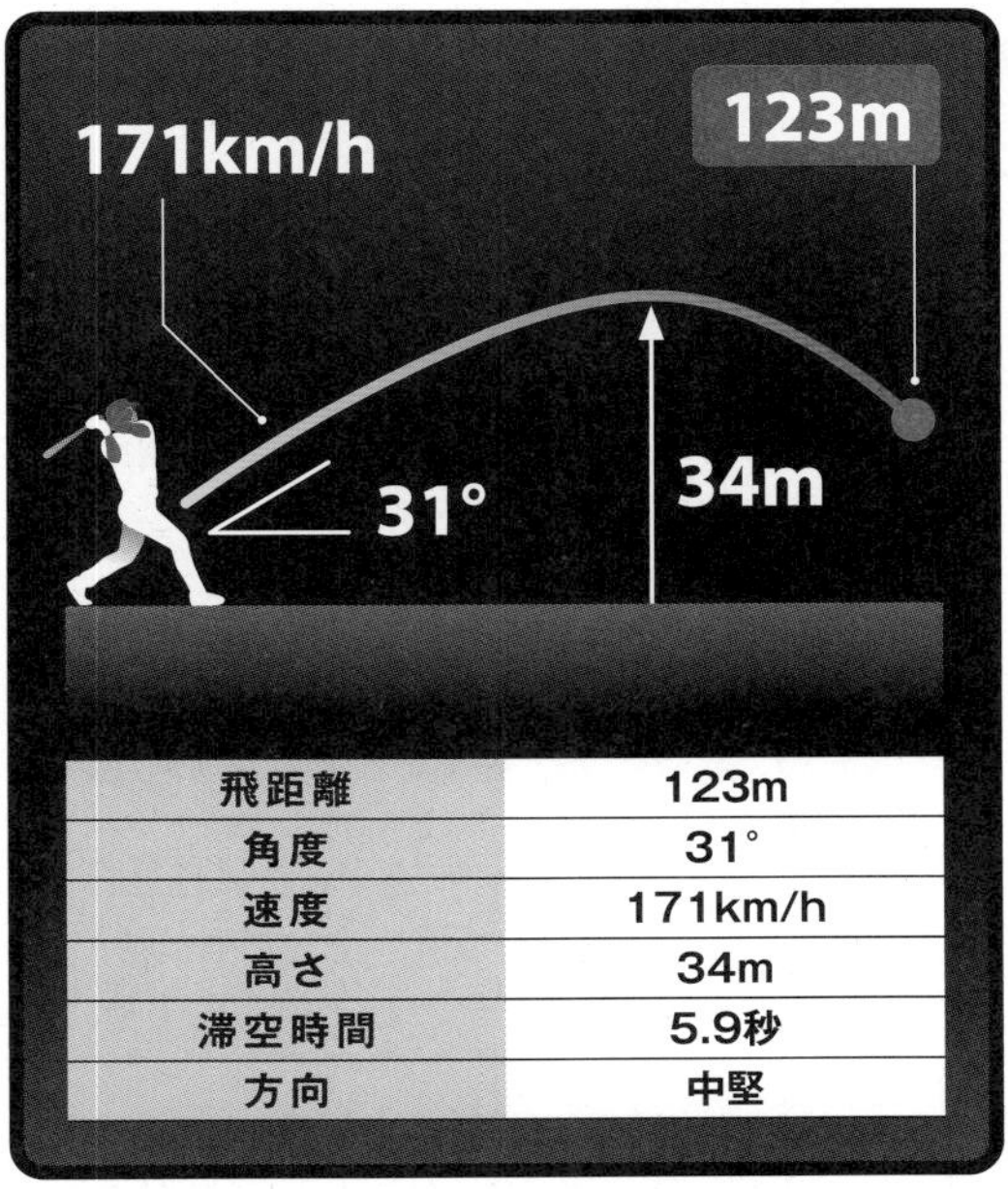

飛距離	123m
角度	31°
速度	171km/h
高さ	34m
滞空時間	5.9秒
方向	中堅

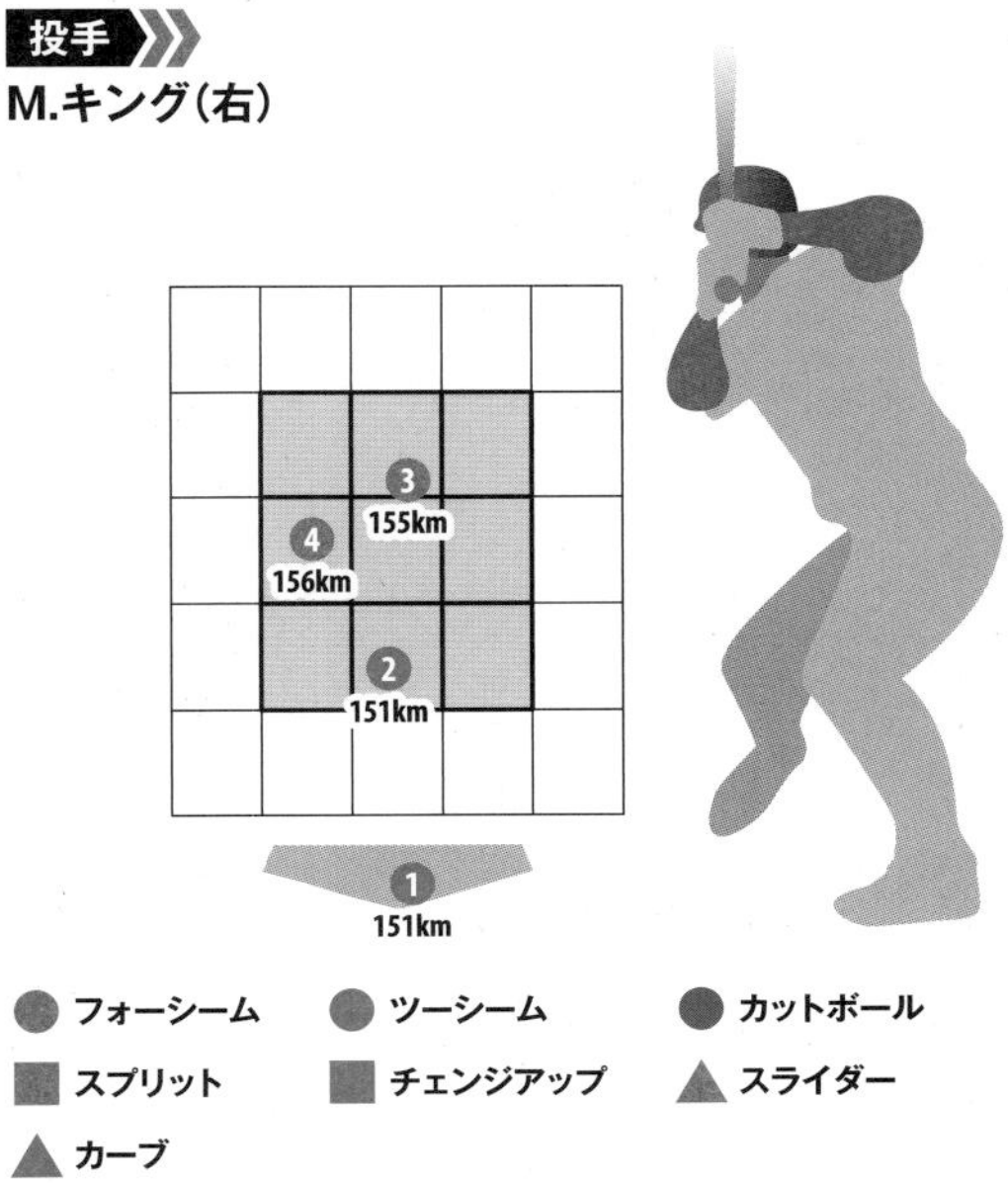

36号

2番・DH

SHOHEI OHTANI 36th HOME RUN

まるでゴルフ！ 外野手頭上スライス弾

今季最少タイの高さ＆滞空時間

7月23日

５試合ぶりのアーチは、まるでゴルフボールのように変化した。３試合無安打で迎えた７月23日のパイレーツ戦。１点を追う１回１死、相手先発右腕ケラーに対しフルカウントからの７球目、内角低めのカットボールをすくい上げた。打球が上がった瞬間は中堅方向右中間寄りと思われたが、なんと外野手の頭上でスライスし、最終的に中堅左寄りのスタンドに落下した。

高さ16メートル、滞空時間４秒は、いずれも今季最少タイ。打球の変化に驚いたのか、観客は最後の「スライス」で大歓声を上げた。このパイレーツ戦初アーチで、松井秀喜（ヤンキースなど）と並ぶ日本人２位タイのＭＬＢ本塁打23球団目とした。チームは大谷の36号同点ソロに始まり、計４本の本塁打攻勢で勝利を収め、ワイルドカードの可能性を残した。

エンゼル・スタジアム

7月23日　試合結果:エンゼルス 7−5 パイレーツ

スコアボード	1	2	3	4	5	6	7	8	9	R	H	E
パイレーツ	1	0	0	0	0	0	4	0	0	5	10	0
エンゼルス	1	1	0	0	4	1	0	0	X	7	10	1

1裏
B
S
O

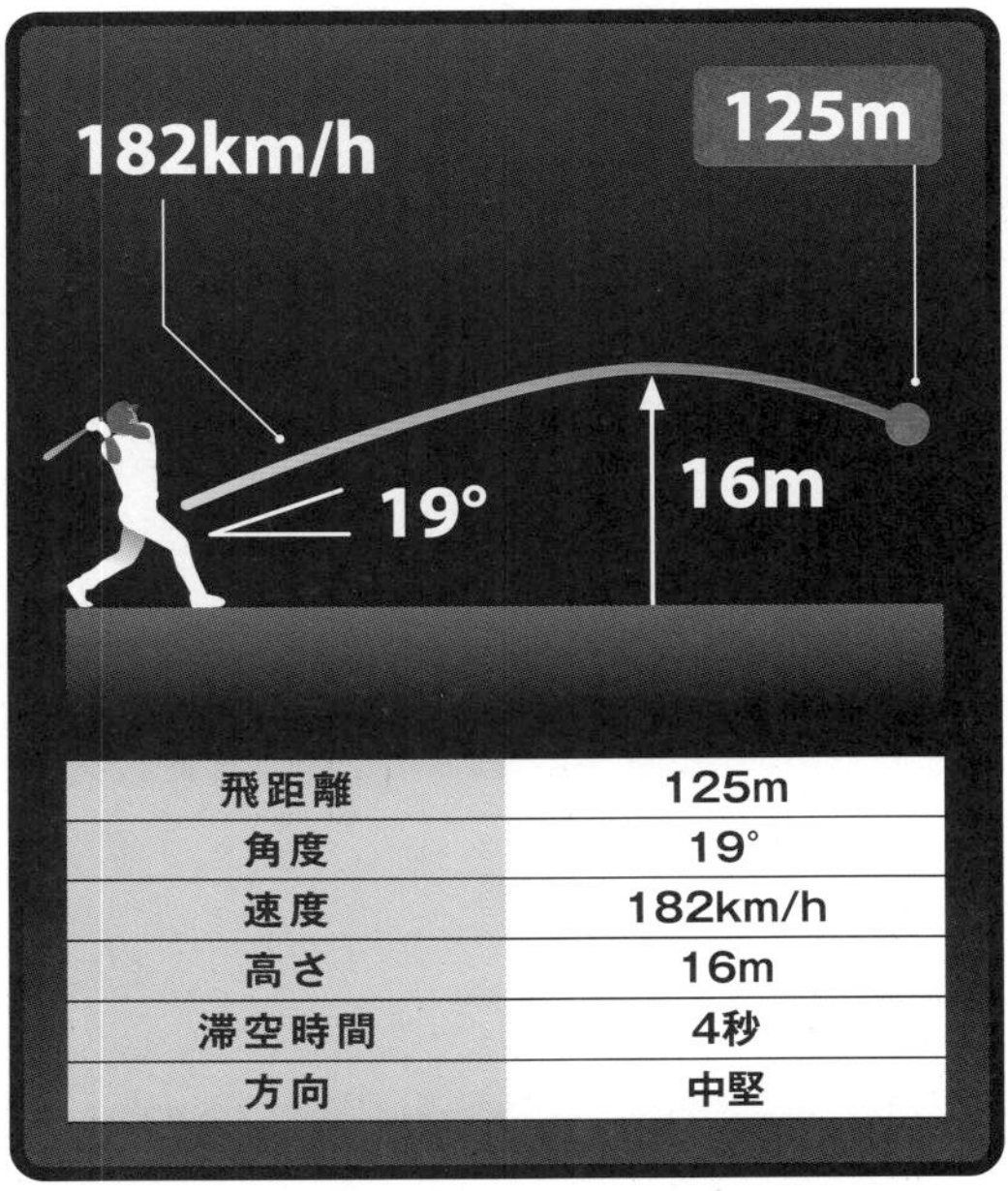

飛距離	125m
角度	19°
速度	182km/h
高さ	16m
滞空時間	4秒
方向	中堅

投手
M.ケラー(右)

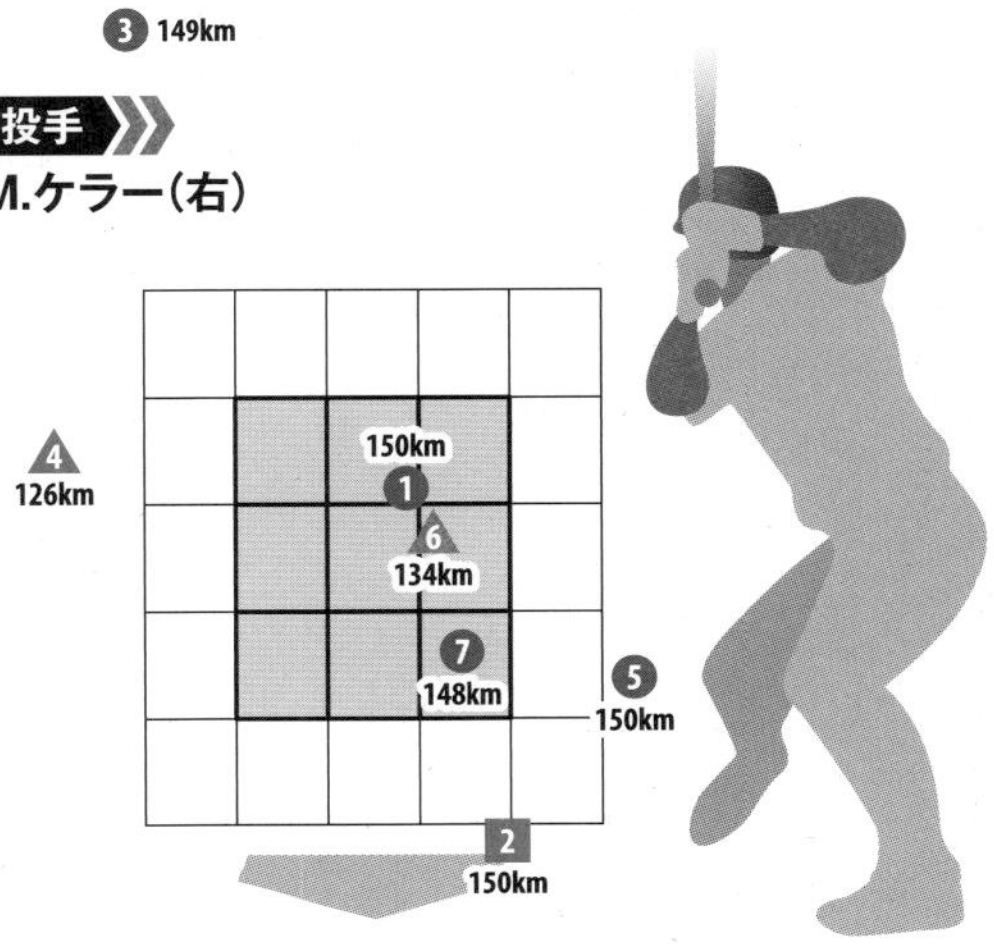

フォーシーム　ツーシーム　カットボール
スプリット　チェンジアップ　スライダー
カーブ

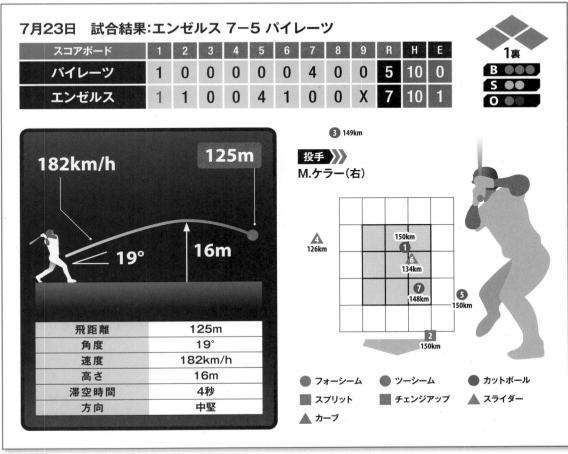

37号

2番・DH

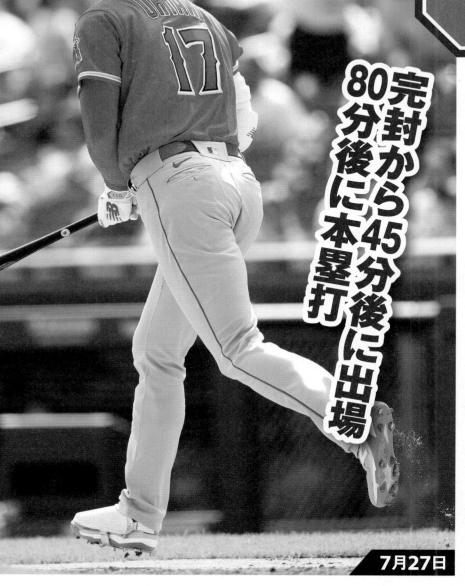

完封から45分後に出場 80分後に本塁打

7月27日

≫ SHOHEI OHTANI 37th HOME RUN

Wヘッダー初戦完封➡2戦目に逆方向弾

MLB史に残る「大谷ダブルヘッダー劇場」——。7月27日のタイガース戦1試合目、大谷は「2番・投手兼DH」で先発した。投手としては4番カーペンターに中前安打を許しただけで、スコアボードにゼロが並ぶ。最終的に111球、被安打1の熱投でMLB自身初の完投、完封勝利で9勝目を挙げた。

その45分後、2戦目には「2番・DH」で登場する。それだけでも驚きだが、完封劇からわずか80分後の2回2死一塁の場面で、相手先発マニングの152キロ速球を逆方向へ。37号2ランを日差しが照りつける左翼席へ叩き込み、5-0と突き放した。

ダブルヘッダーで完封&逆方向への本塁打。SNS上には、「人間じゃない」というコメントが並んだ。しかし、この大谷劇場、幕はまだ下りなかった。

7月27日　試合結果:エンゼルス 11ー4 タイガース

スコアボード	1	2	3	4	5	6	7	8	9	R	H	E
エンゼルス	0	5	0	2	0	1	0	0	3	11	13	2
タイガース	0	0	2	0	0	0	1	1	0	4	7	1

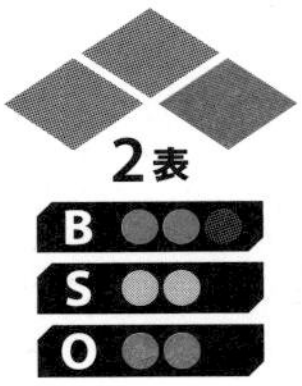

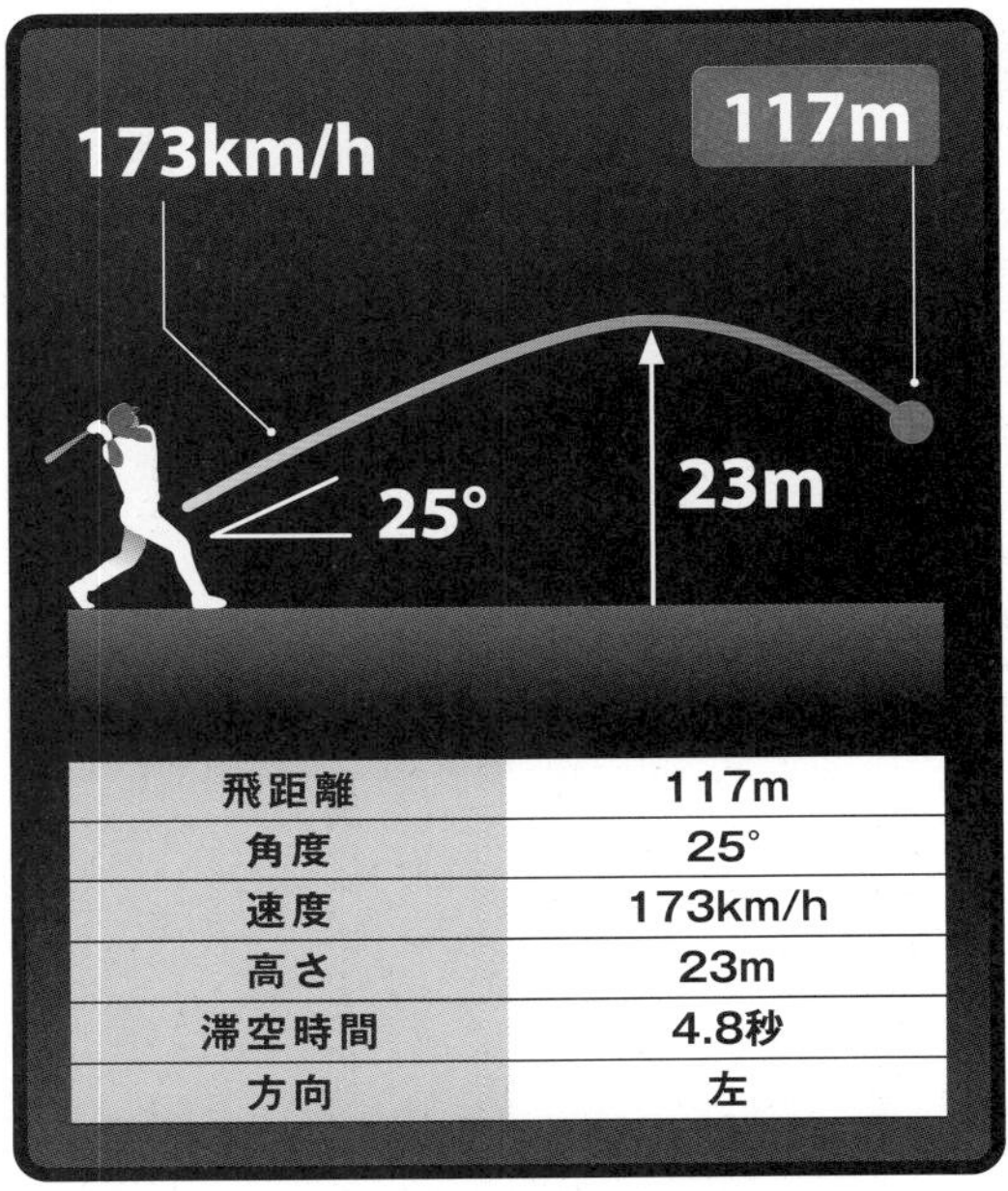

飛距離	117m
角度	25°
速度	173km/h
高さ	23m
滞空時間	4.8秒
方向	左

投手

M.マニング(右)

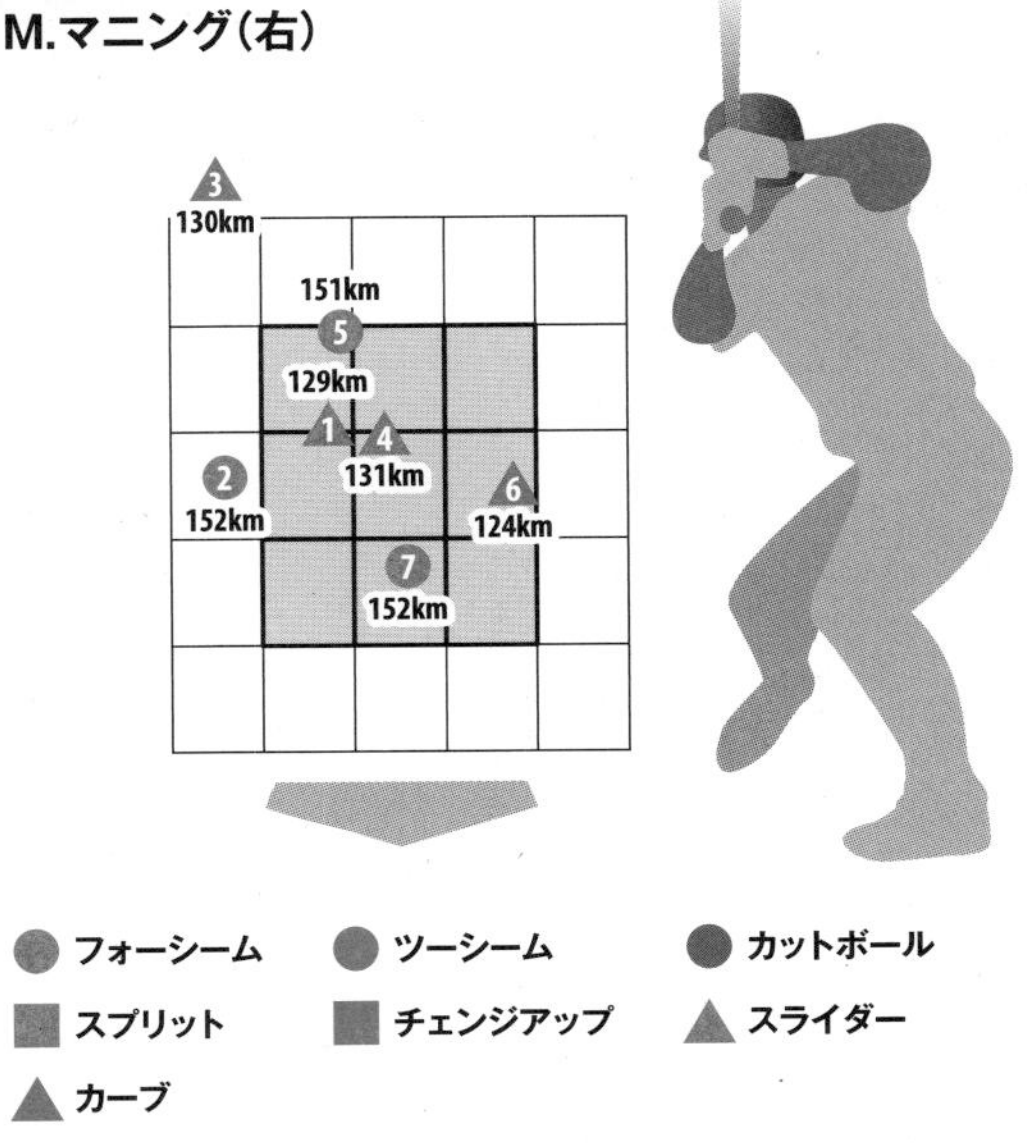

38号

2番・DH

Wヘッダー2戦目で！ 2打席連続アーチ

SHOHEI OHTANI 38th HOME RUN

大谷劇場 3度目サプライズ

7月27日

「大谷ダブルヘッダー劇場」の第3幕が始まった。1戦目は完封、2戦目は2回に37号。これだけでも離れ業、ファンの想像を超越した大谷だが、3度目のサプライズを見せる。

7月27日のタイガース戦2戦目、6-2で迎えた4回2死の場面、甘く入った153キロ直球をフルスイング。打球速度188キロ、飛距離133メートルは2打席連続の中越え38号ソロ。打たれた投手が思わず膝から崩れる。大谷劇場の筋書きは誰にも想像できなかった。

チームを4連勝に導く異次元の活躍。しかし、ダイヤモンドを回りながら左脇腹を押さえる異変が。7回の打席で代打を送られると、球団からは「けいれん」と発表された。8月1日のトレード期限が迫るなか、エンゼルスでプレーオフ進出を目指すことを決断した。

コメリカ・パーク

7月27日　試合結果:エンゼルス 11−4 タイガース

スコアボード	1	2	3	4	5	6	7	8	9	R	H	E
エンゼルス	0	5	0	2	0	1	0	0	3	11	13	2
タイガース	0	0	2	0	0	0	1	1	0	4	7	1

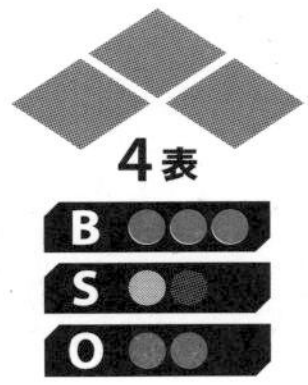

飛距離	133m
角度	22°
速度	188km/h
高さ	21m
滞空時間	4.5秒
方向	中堅

投手

M.マニング(右)

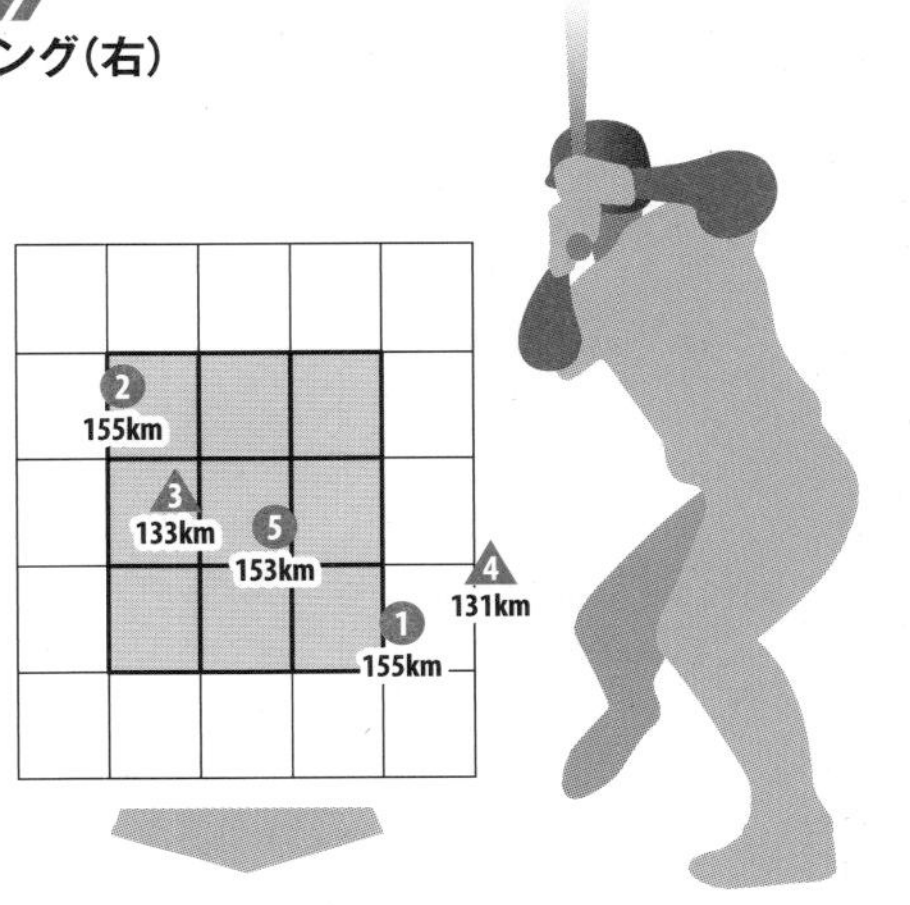

フォーシーム　ツーシーム　カットボール
スプリット　チェンジアップ　スライダー
カーブ

39号

2番・DH

SHOHEI OHTANI 39th HOME RUN

伝説のWヘッダーから3打席連続アーチ

奪三振キングから先制弾！

7月28日

前日27日の「大谷ダブルヘッダー劇場」の興奮冷めやらぬ翌7月28日。その筋書きには〝エピローグ〟があった。

ブルージェイズ戦の1回1死。今季奪三振でリーグトップを走るガウスマンの初球を右越え先制ソロ。カナダ・トロントに詰めかけた4万2106人の観客をどよめかせた。前日ダブルヘッダー2試合目の2打席目から自身初の3打席連続本塁打。もちろん2試合連続だ。

39号は両リーグトップで、過去50年で7月までに39本を上回った選手は、2022年ジャッジ（ヤンキース、42本）、1998年グリフィーJr.（当時マリナーズ、41本）がワンツー。大谷の39本は歴代3位となった。

この試合では、両脚がけいれんしたことで9回1死満塁の打席で代打を送られ交代。チームの連勝も4でストップした。

7月28日　試合結果:エンゼルス 1−4 ブルージェイズ

スコアボード	1	2	3	4	5	6	7	8	9	R	H	E
エンゼルス	1	0	0	0	0	0	0	0	0	1	9	2
ブルージェイズ	0	1	1	0	0	1	1	0	X	4	8	0

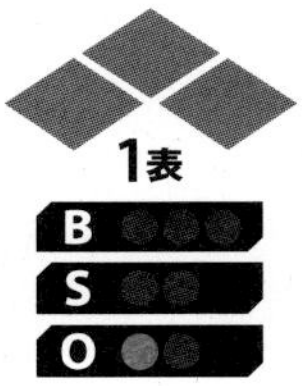

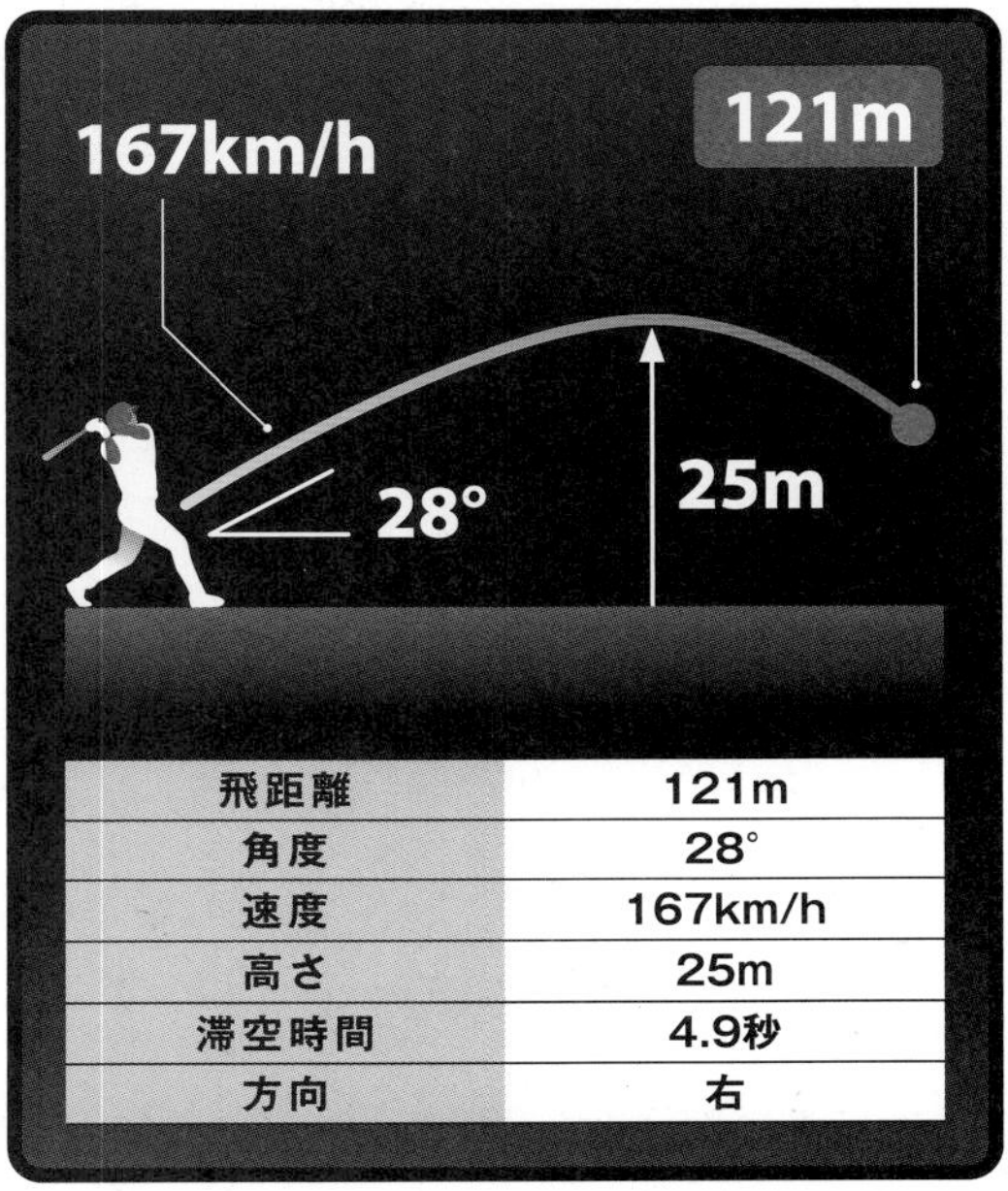

飛距離	121m
角度	28°
速度	167km/h
高さ	25m
滞空時間	4.9秒
方向	右

投手

K.ガウスマン(右)

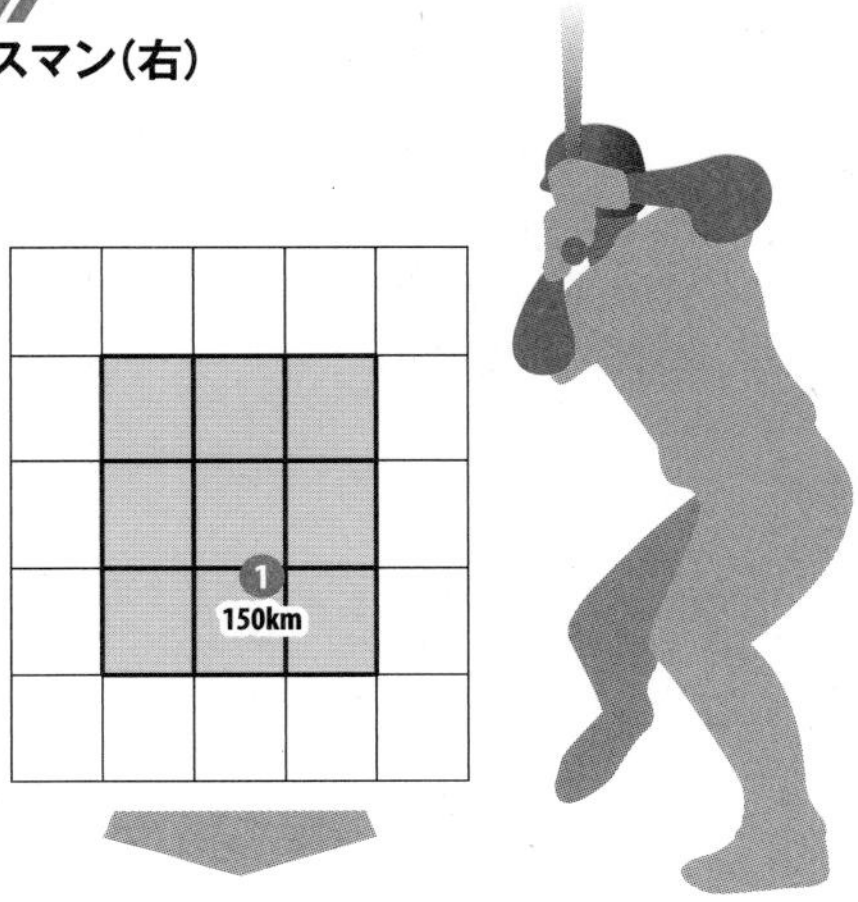

● フォーシーム　● ツーシーム　● カットボール
■ スプリット　■ チェンジアップ　▲ スライダー
▲ カーブ

40号

2番・投手▶DH

けいれん降板後に2年ぶり大台到達弾

SHOHEI OHTANI 40th HOME RUN

打撃主要3部門 いずれもトップ3

8月3日

8月3日のマリナーズ戦。投手として先発し、右手中指のけいれんにより4回無失点で降板するも、打席には立ち続けた。

1点リードの8回1死、6球目をフルスイング。ダメ押し弾は低い弾道のまま、総立ちのエンゼルスファンで埋まる右中間スタンドへ突き刺さった。6試合ぶりの一発で、2年ぶりの40号に両リーグ最速で到達した。

この試合は右前打、四球、申告敬遠を含め全4打席出塁。降板後も打者として活躍した。打撃主要3部門では本塁打数が両リーグトップ、打率3割1分はリーグ3位、82打点も同2位とトップ3に名を連ねる。

7月は２０２１年6月、7月以来の連続月間ＭＶＰ。通算4度目となり、自身が持つ日本人記録を更新した。２０２１年は8月にペースダウンしたが、今季の大谷は果たして——。

エンゼル・スタジアム

8月3日　試合結果:エンゼルス 3−5 マリナーズ

スコアボード	1	2	3	4	5	6	7	8	9	R	H	E
マリナーズ	0	0	0	0	0	1	0	0	4	5	8	0
エンゼルス	0	0	0	0	0	2	0	1	0	3	6	1

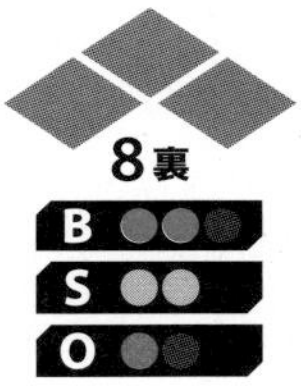

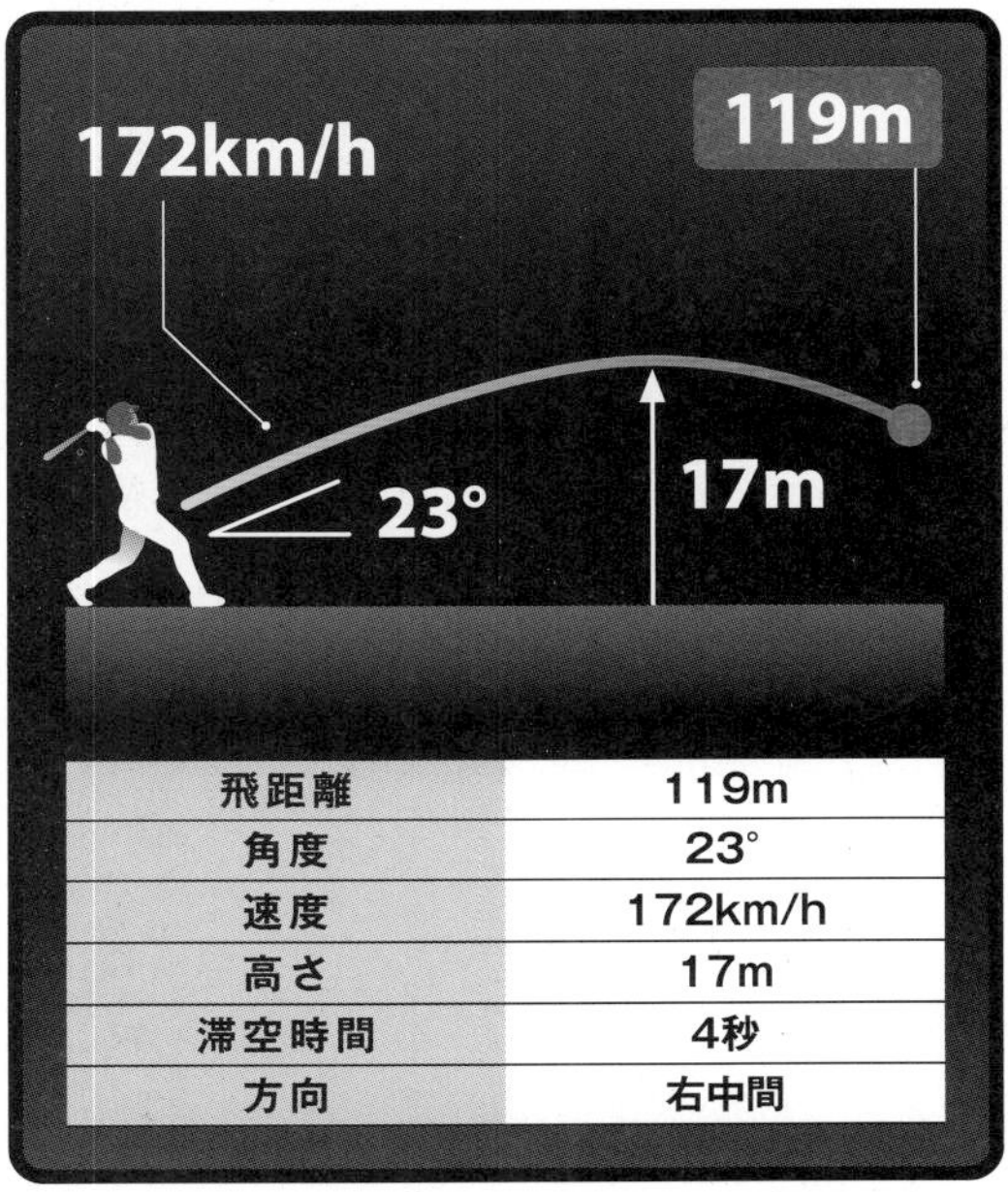

飛距離	119m
角度	23°
速度	172km/h
高さ	17m
滞空時間	4秒
方向	右中間

投手

I.キャンベル(右)

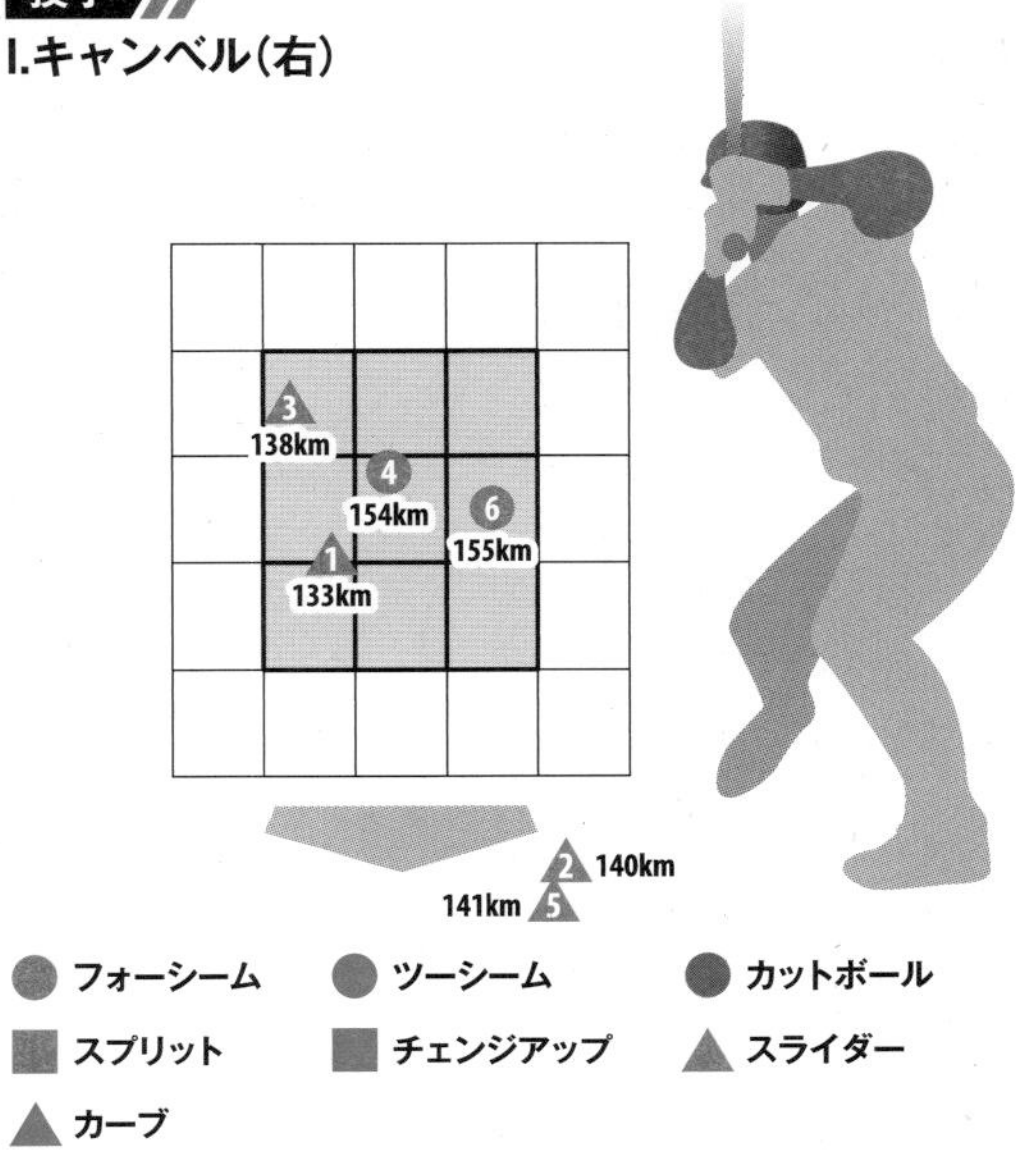

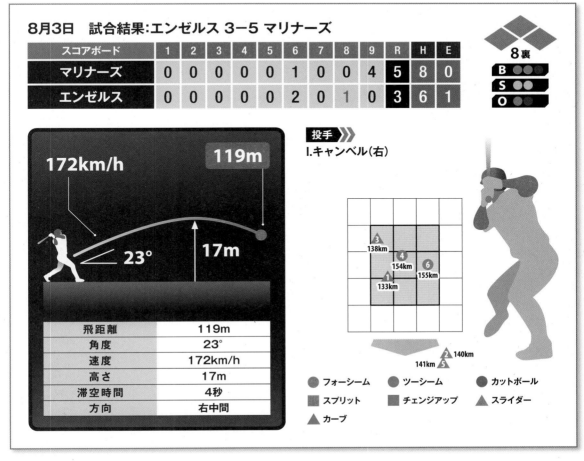

41号

2番・DH

8月13日

》SHOHEI OHTANI 41st HOME RUN

今季自己ワーストの〝お久しぶり〟特大弾

長いトンネルを抜けた。8月13日、アストロズ3連戦の最終日。チームは2戦連続11失点で連敗を喫したが、この日は5回終了時点で1-0とリードしていた。6回2死、大谷は相手救援左腕ムシンスキーの高めスライダーを強振。打球速度177キロ、飛距離137メートルの中越え特大弾は9戦、37打席ぶりに架けた41号アーチだった。8戦本塁打なしは今季自己ワースト。ア・リーグ本塁打数トップを独走しているとはいえ、待望の一発だ。

8月9日にMLB史上初の2年連続の「2桁勝利&2桁本塁打」を達成。しかし、投手としては右腕の疲労から16日の登板を回避した。この日は大谷の貴重な追加点で上位アストロズを2-1で撃破。チームの命運は大谷のバットにかかっていると言っても過言ではない状況に。

ミニッツメイド・パーク

8月13日　試合結果:エンゼルス 2−1 アストロズ

スコアボード	1	2	3	4	5	6	7	8	9	R	H	E
エンゼルス	0	0	1	0	0	1	0	0	0	2	4	0
アストロズ	0	0	0	0	0	1	0	0	0	1	7	1

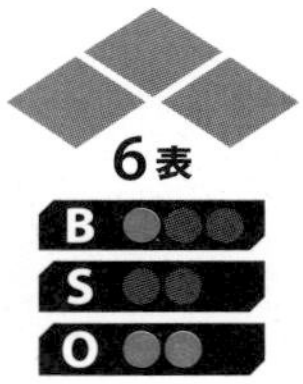

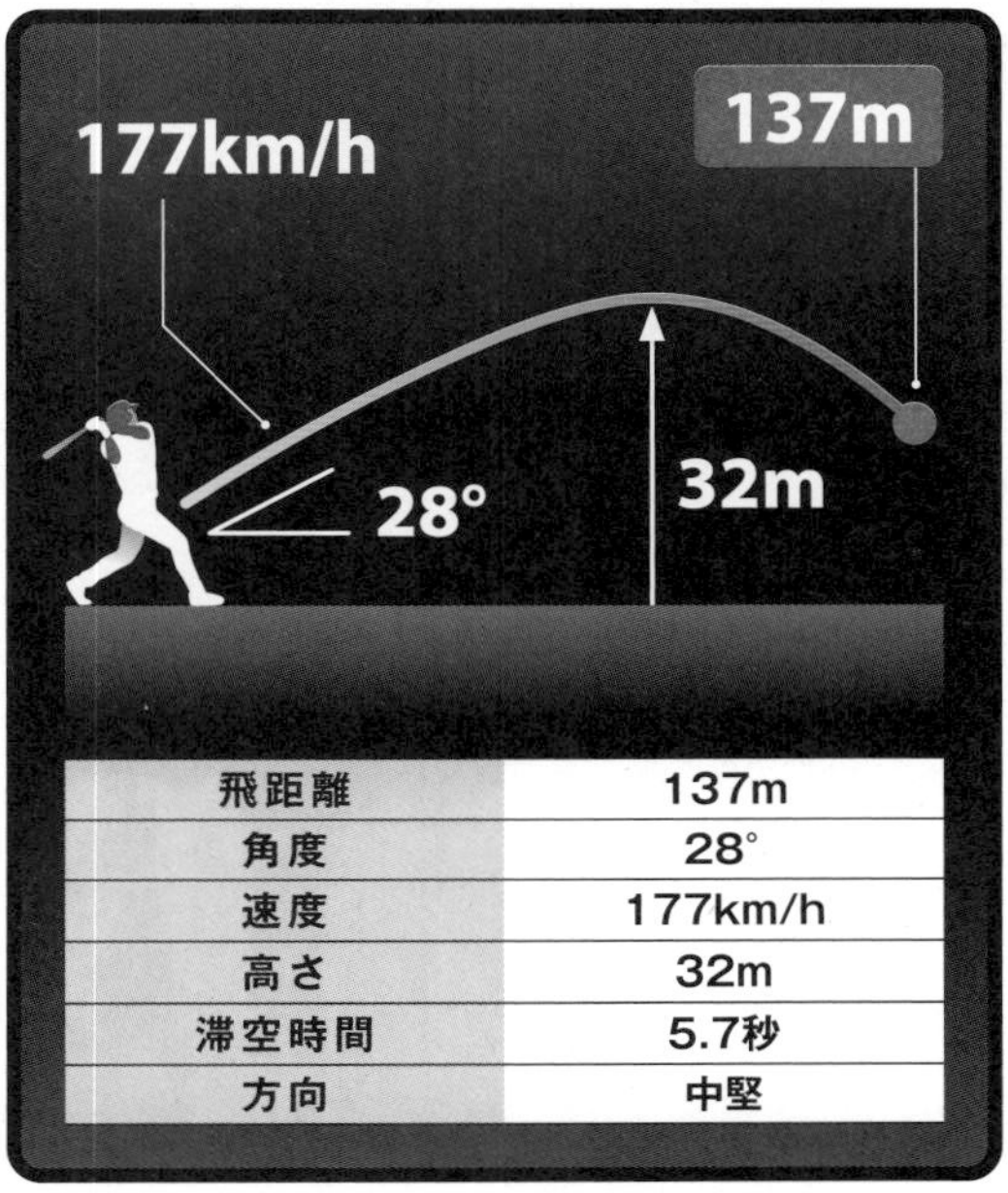

飛距離	137m
角度	28°
速度	177km/h
高さ	32m
滞空時間	5.7秒
方向	中堅

投手

P.ムシンスキー(左)

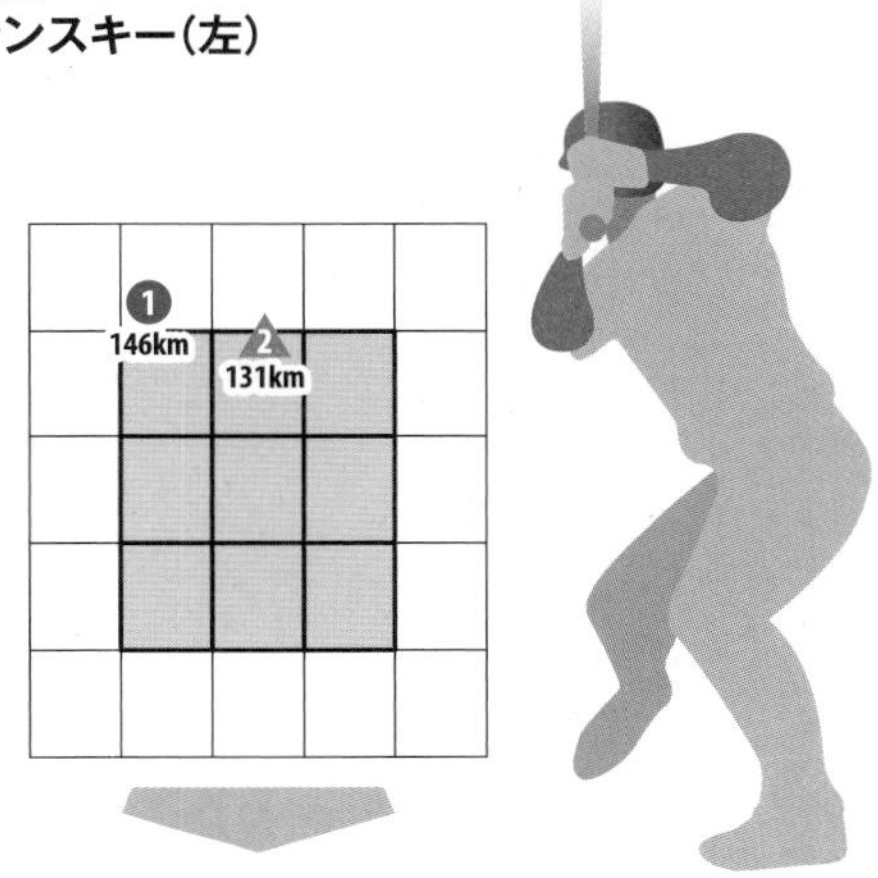

● フォーシーム　● ツーシーム　● カットボール
■ スプリット　■ チェンジアップ　▲ スライダー
▲ カーブ

高めのボール球を一撃「No helmet,No problem」

8月16日

42号

2番・DH

SHOHEI OHTANI 42nd HOME RUN

首位撃破の〝ノーヘル〟133メートル弾

鋭すぎるスイングの勢いでヘルメットがずり落ちた。大谷が髪をなびかせながらダイヤモンドを一周する。「No helmet, No problem!（ヘルメットなしでも問題なし）」。MLB公式YouTubeの見出しが、言い得て妙だった。

8月16日は首位レンジャーズとの一戦。大谷が1回から沸かせた。相手バッテリーは低めチェンジアップから、2球目は見せ球の高め直球。しかし残念、今季の大谷はそこもホットゾーンだ。マン振りで中越え42号先制ソロを放つと、味方の活躍もあって、チームは2カード連続でスイープを回避した。

同日となる日本時間17日には、母校・花巻東（岩手）が夏の甲子園で8強に進出した。大谷もひたむきに内野安打2本を含む猛打賞。勝利を目指す姿勢は少年時代と変わりはない。

8月16日　試合結果:エンジェルス 2−0 レンジャーズ

スコアボード	1	2	3	4	5	6	7	8	9	R	H	E
エンゼルス	1	0	0	0	0	0	0	0	1	2	8	1
レンジャーズ	0	0	0	0	0	0	0	0	0	0	3	0

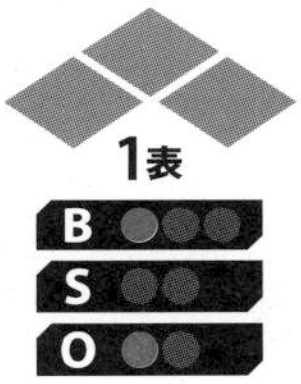

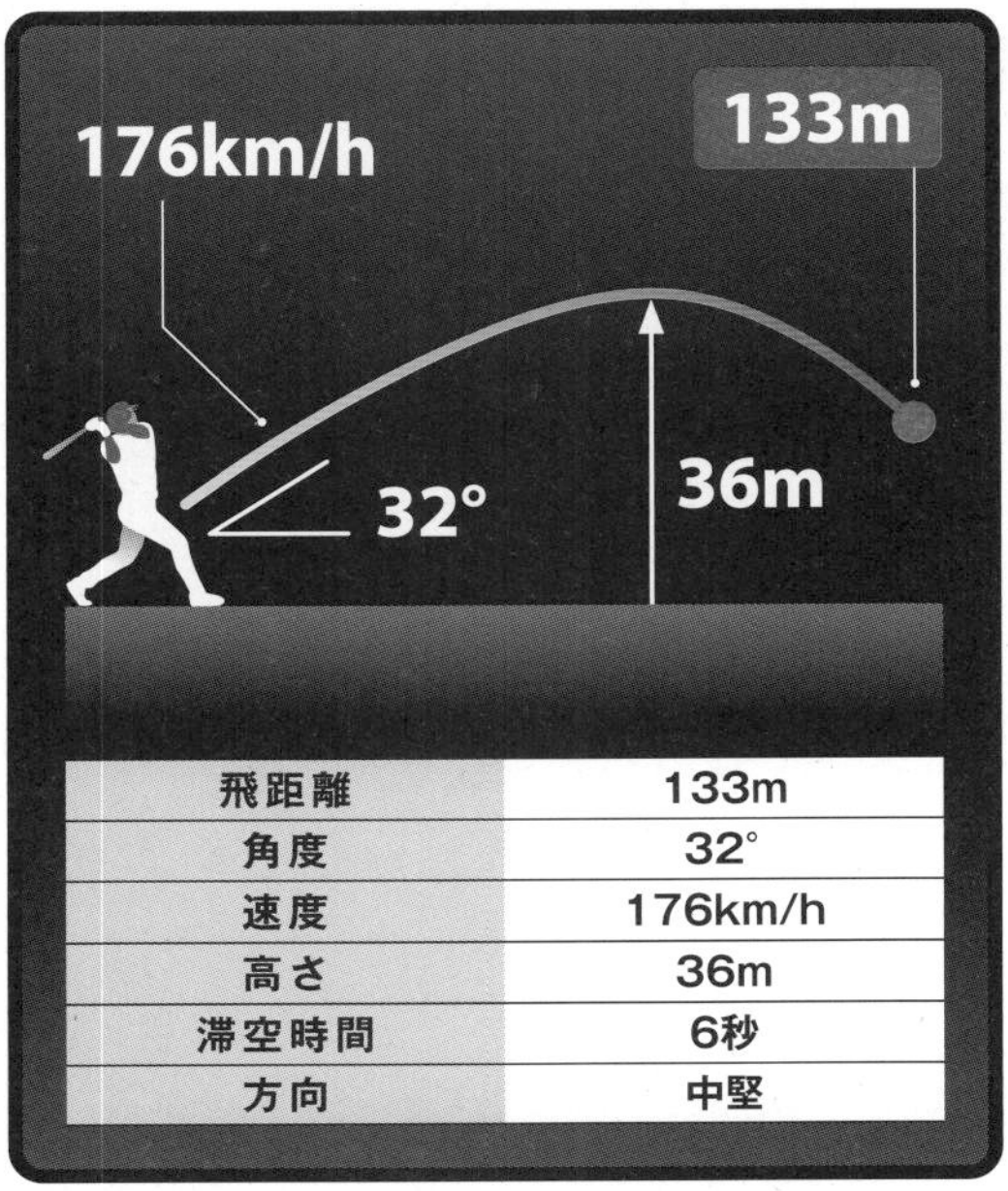

飛距離	133m
角度	32°
速度	176km/h
高さ	36m
滞空時間	6秒
方向	中堅

投手

J.グレイ(右)

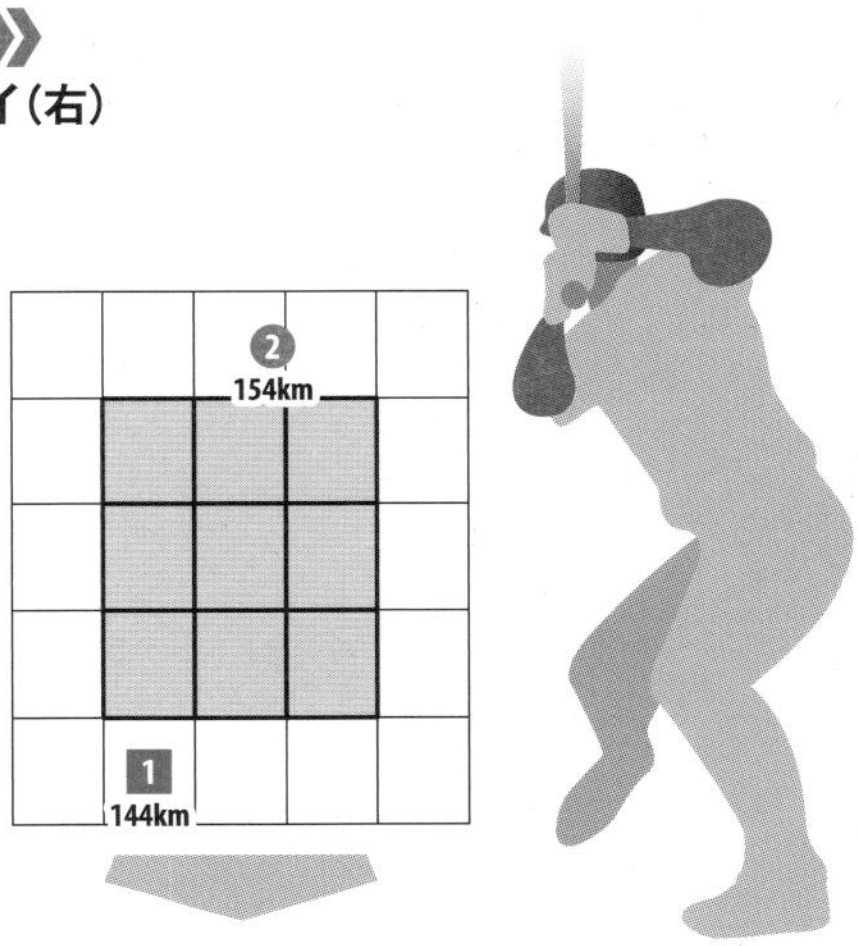

フォーシーム　ツーシーム　カットボール

スプリット　チェンジアップ　スライダー

カーブ

43号

2番・DH

SHOHEI OHTANI 43rd HOME RUN

今季初の「満塁弾」はMLB通算170号

MLB通算アーチ日本人最多まで5本

8月18日

記録ずくめの大谷に、まだ「今季初」が残っていた。８月18日のレイズ戦、１－１で迎えた２回２死満塁の絶好機だ。相手先発ラミレスは初球を内角低め、２球目は高めにいずれもカットボールを投じたが、大谷は高低差にも動じず、満を持して振り抜いた。打たれたラミレスはがく然としてしゃがみ込む。自身今季初のグランドスラムが右翼スタンドへ飛び込んだ。

満塁弾は、昨年５月９日以来ＭＬＢ２本目で、その相手は同じレイズだった。これでＭＬＢ通算１７０号とし、松井秀喜（ヤンキースなど）が持つ日本人記録１７５号まであと５本とした。

本塁を踏むと、フルカウントから四球を選んでいたルーキー、シャヌエルのヘルメットを軽くタッチしてねぎらった。シーズン終盤に負傷が続くなか、気力を振り絞って出場を続けている。

エンゼル・スタジアム

8月18日　試合結果:エンゼルス 6−9 レイズ

スコアボード	1	2	3	4	5	6	7	8	9	10	R	H	E
レイズ	1	0	0	3	1	0	1	0	0	3	9	15	0
エンゼルス	1	4	0	0	0	0	1	0	0	0	6	9	1

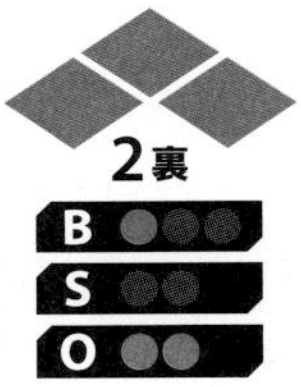

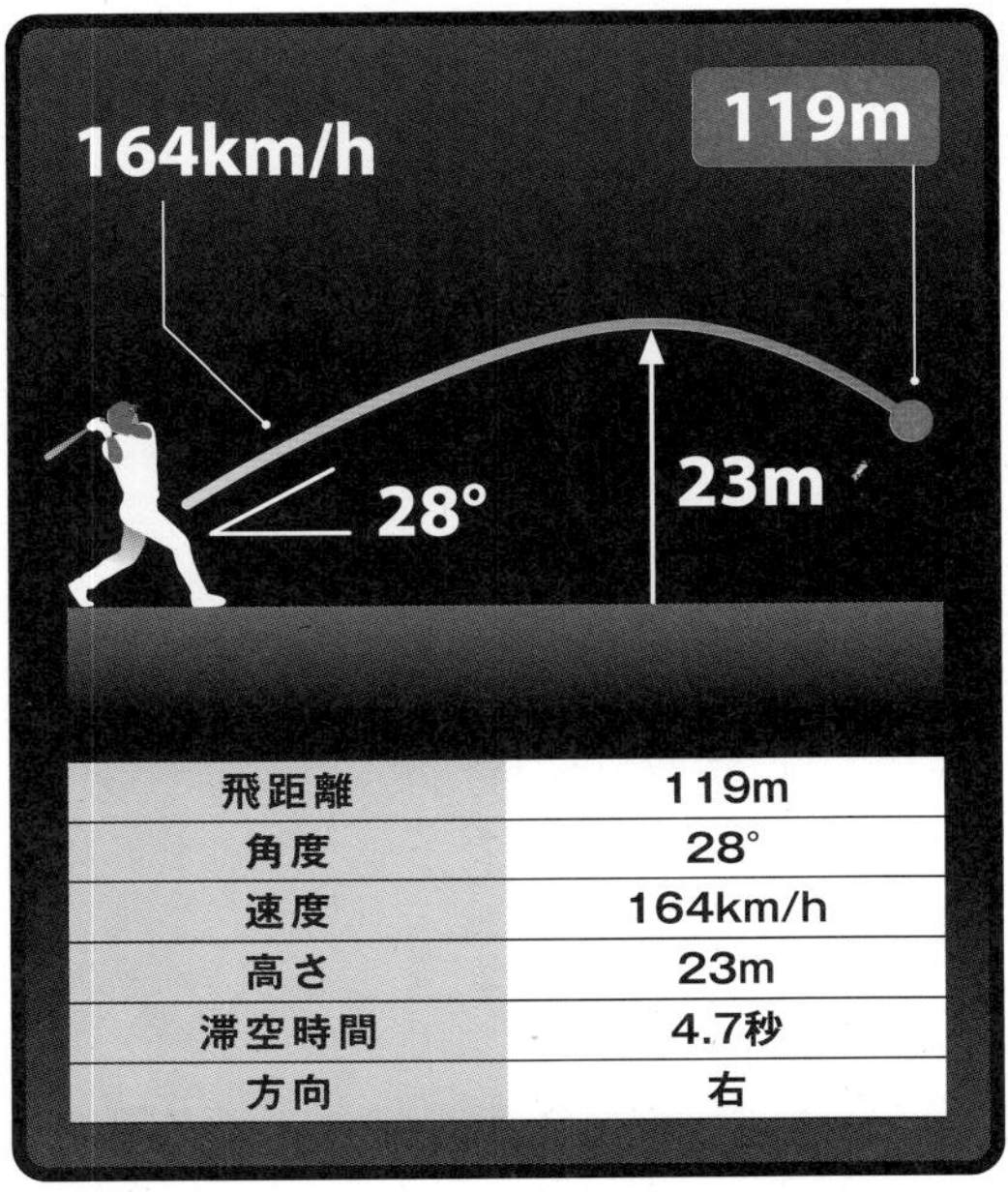

飛距離	119m
角度	28°
速度	164km/h
高さ	23m
滞空時間	4.7秒
方向	右

投手

E.ラミレス(右)

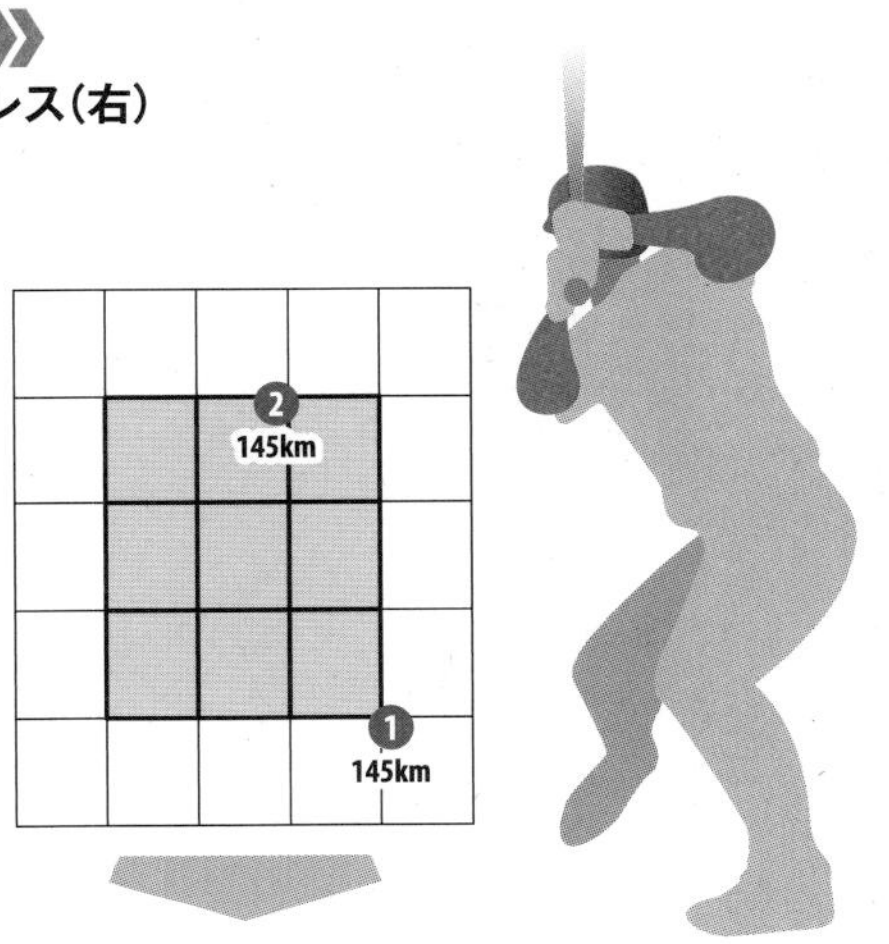

● フォーシーム　● ツーシーム　● カットボール
■ スプリット　■ チェンジアップ　▲ スライダー
▲ カーブ

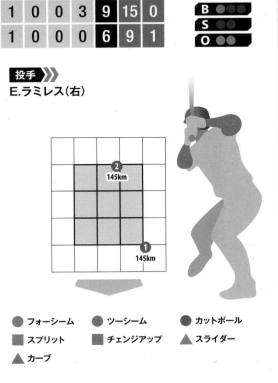

44号

2番・投手▶DH

≫SHOHEI OHTANI 44th HOME RUN

無念の今季最終弾も日本人初の本塁打王

リアル二刀流弾最速 打球速度186キロ

8月23日

まさかこの一発が今季最後になるとは——。8月23日レッズとのダブルヘッダー1戦目に「2番・投手兼DH」で出場し、1回無死一塁で4試合ぶりの右中間44号2ラン。初対戦の相手先発アボットの初球を出合い頭で粉砕し、今季7本目の二刀流アーチを放った。

打球速度186キロは、二刀流出場では自己最速。レッズ戦初アーチで、イチロー（マリナーズなど）と並ぶ日本人最多タイの24球団制覇となった。

しかし、投手では2回途中に突如降板。のちに右肘靭帯損傷と判明した。以降の試合にはDHで出場も、9月3日のアスレチックス戦を最後に、右脇腹の負傷で今季中の復帰を断念した。

今季は135試合出場で打率3割4厘、44本塁打、95打点。無念の欠場となったが、日本人初の本塁打王に輝いた。

8月23日　試合結果:エンゼルス 4−9 レッズ

スコアボード	1	2	3	4	5	6	7	8	9	R	H	E
レッズ	0	0	0	1	3	0	4	0	1	9	9	1
エンゼルス	2	0	1	0	0	0	1	0	0	4	9	1

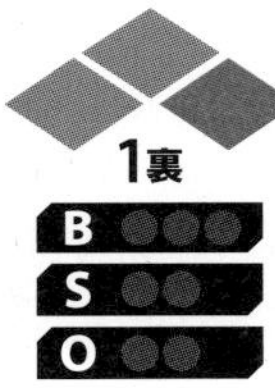

飛距離	135m
角度	20°
速度	186km/h
高さ	21m
滞空時間	4.7秒
方向	右中間

投手

A. アボット(左)

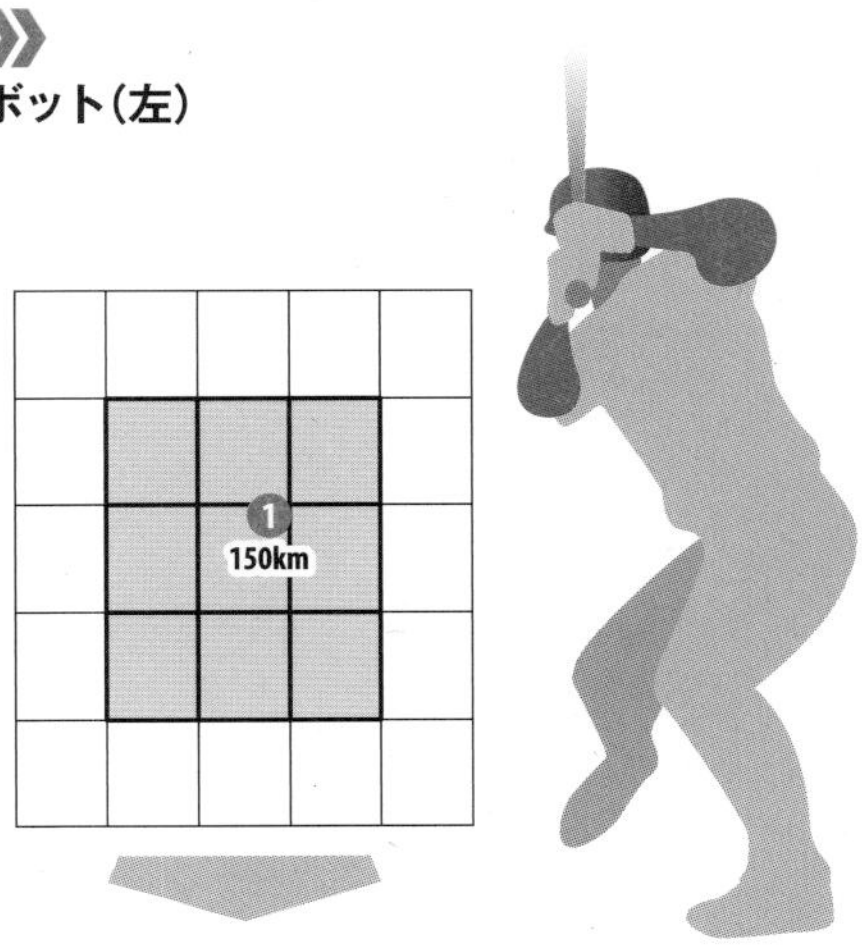

● フォーシーム　● ツーシーム　● カットボール
■ スプリット　■ チェンジアップ　▲ スライダー
▲ カーブ

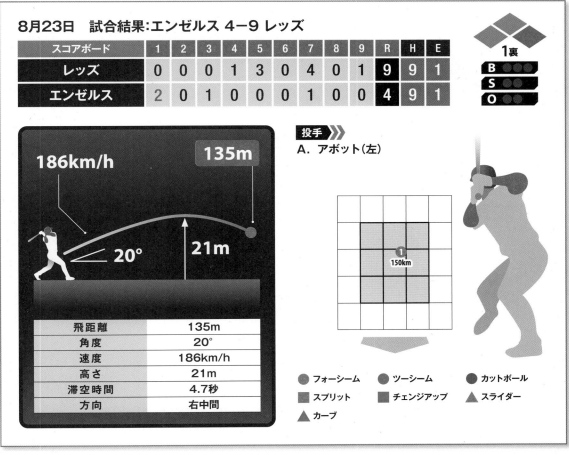

2018
~
2022

「エンゼルス・大谷」は見納め!?

挑戦と歓喜の5年間を振り返る

2023年シーズンの活躍はたっぷりと紹介してきた。ここでは2017年の入団から2022年まで、大谷のエンゼルス時代を語る上で外せないシーンの一部をピックアップした。「赤のユニホーム」は今季で見納めになるのか――。

初打席初安打

2018年3月29日。開幕のアスレチックス戦に「8番・DH」でスタメン。初球を右前に

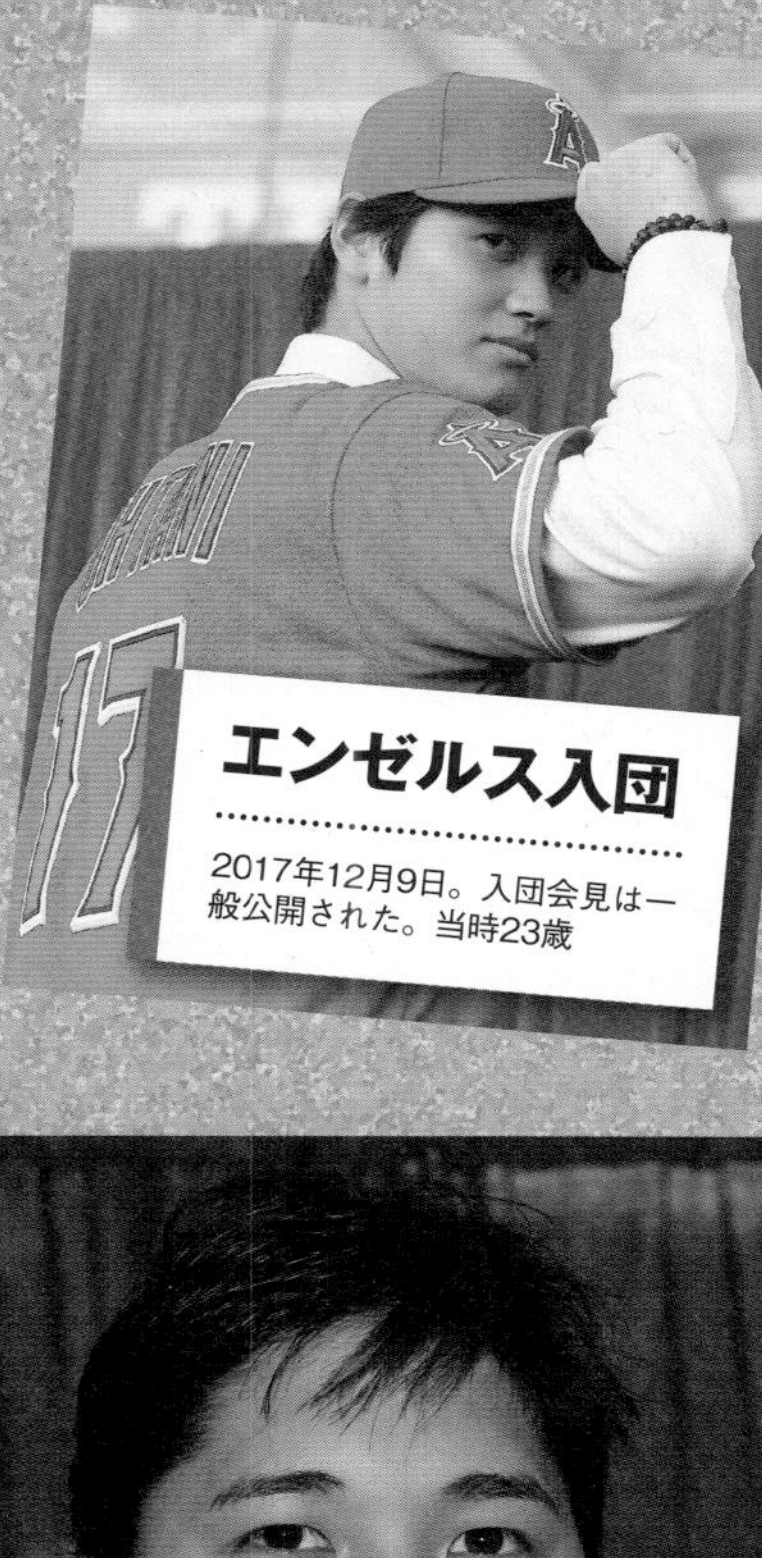

エンゼルス入団

2017年12月9日。入団会見は一般公開された。当時23歳

右肘靭帯手術

2018年9月。シーズン終了直後にトミー・ジョン手術を受けることを決断

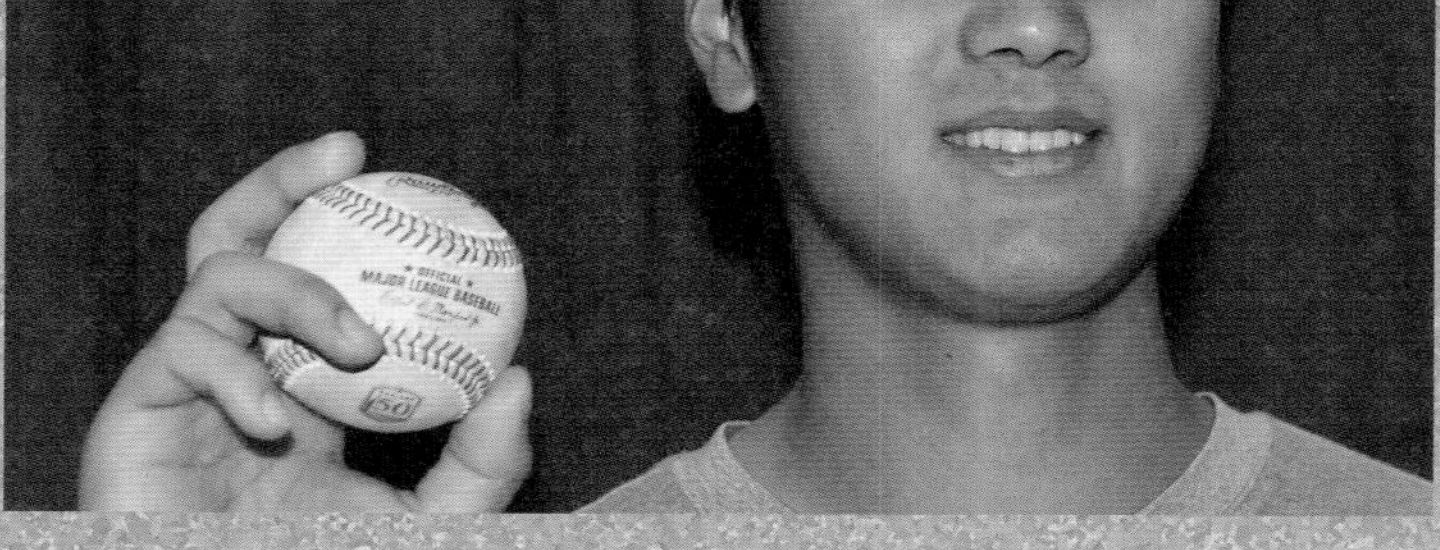

初登板で初白星

2018年4月1日。アスレチックス戦に先発登板し6回3失点

日本選手初のサイクル安打

2019年6月13日。レイズ戦で本→二→三→単。エンゼルスで7人目

新人王

2018年11月。日本選手では2001年イチロー(当時マリナーズ)以来17年ぶり4人目

693日ぶり投手復帰

2020年7月26日。わずか30球、打者6人に5失点も二刀流への覚悟を見せた

打者専念で復帰

2019年5月7日。前年の右肘手術の影響で2019年は二刀流を封印

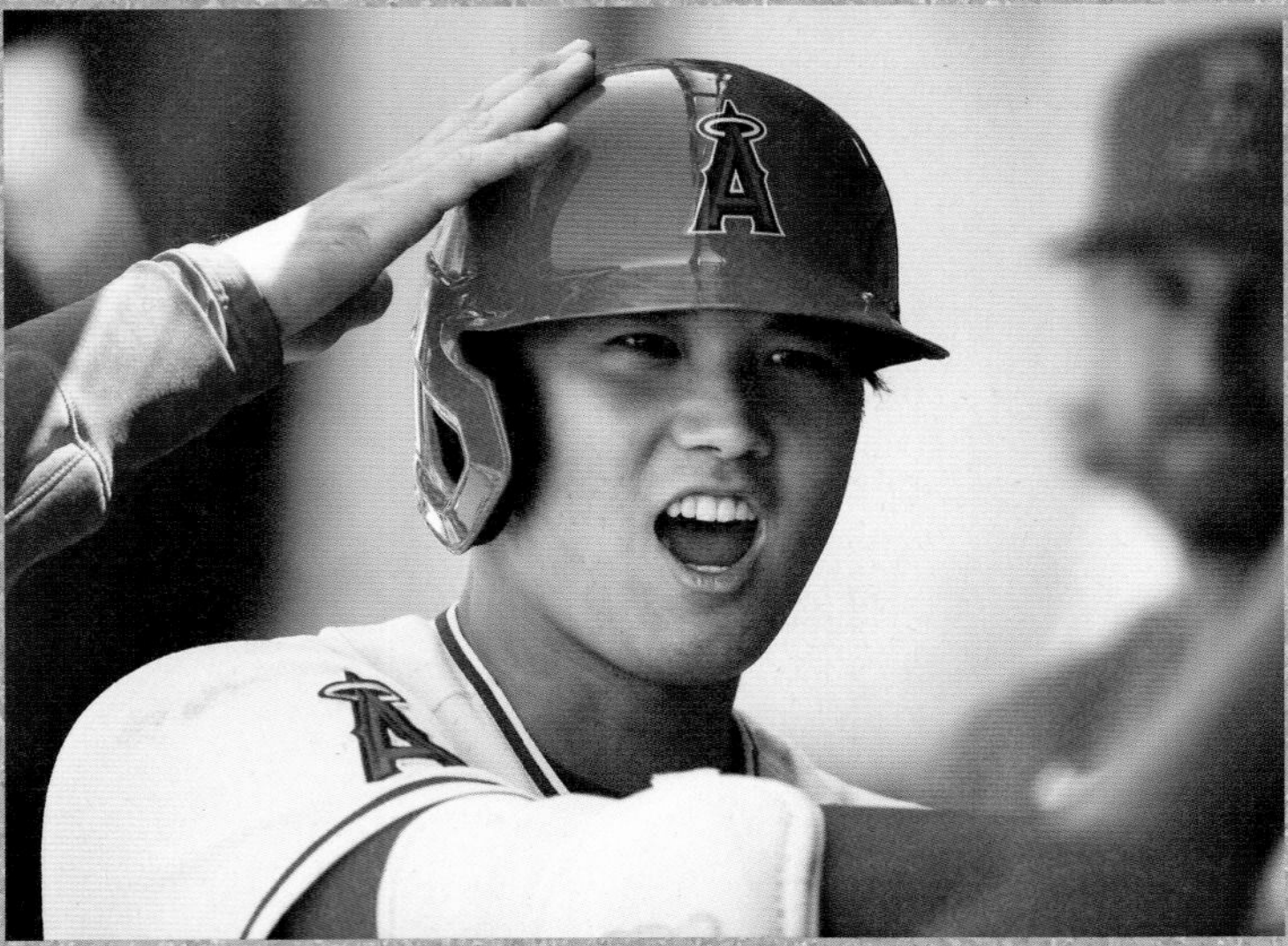

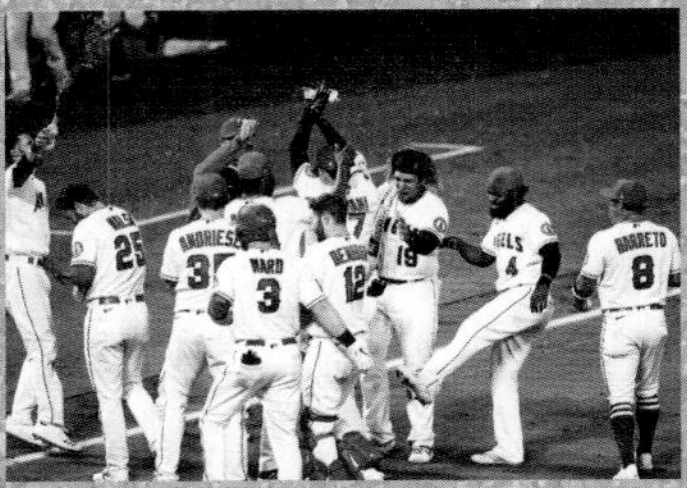

MLB自身初のサヨナラ打

2020年9月4日。アストロズ戦の延長11回1死二塁、右前適時打を放つ

日本選手シーズン最多の32号

2021年7月7日。レッドソックス戦。2004年、松井秀喜（当時ヤンキース）の31本を上回る

1072日ぶりの白星

2021年4月26日。レンジャース戦に「2番・投手」で先発登板し5回4失点

二刀流で初の球宴出場

7月12〜13日。ホームランダービーに日本選手として初出場

104年ぶり
「2桁勝利&2桁本塁打」

2022年8月9日。アスレチックス戦、6回無失点で10勝目。ベーブ・ルース以来の偉業

ア・リーグMVP

2021年11月。日本選手の受賞は2001年のイチロー氏以来2人目。満票で

「打席&投球回」W規定到達

2022年10月5日。アスレチックス戦で5回を投げ、規定投球回クリア。近代MLB史上初

シーズン
200奪三振&
30本塁打

2022年9月23日。ツインズ戦で200奪三振達成。MLB史上初

記録から見る「投手・大谷」

被打率はリーグトップ相当
右肘故障離脱も歴史的投球

今季、大谷は打撃ではMLBで自身初のタイトル「本塁打王」を獲得した。投手では負傷のためシーズン途中で離脱したが、史上初の投打ダブルタイトルの可能性も高い快投だった。

2023年の投手成績

※現地2023年9月30日終了時点のデータ

日付	スコア	球場	対戦チーム	先発回数	勝敗	通算勝敗	投球回	球数	打者	被安打	被本塁打	奪三振	与四球	与死球	失点	自責点	防御率
3/30	1-2	オークランド・コロシアム	アスレチックス	1	—	0-0	6回	93	23	2	0	10	3	0	0	0	0.00
4/5	4-3	T-モバイル・パーク	マリナーズ	2	○	1-0	6回	111	25	3	0	8	4	2	1	1	0.75
4/11	2-0	エンゼル・スタジアム	ナショナルズ	3	○	2-0	7回	92	27	1	0	6	5	1	0	0	0.47
4/17	5-4	フェンウェイ・パーク	レッドソックス	4	—	2-0	2回	31	7	0	0	3	1	0	1	1	0.86
4/21	2-0	エンゼル・スタジアム	ロイヤルズ	5	○	3-0	7回	102	23	2	0	11	2	0	0	0	0.64
4/27	8-7	エンゼル・スタジアム	アスレチックス	6	○	4-0	6回	93	26	3	2	8	2	3	5	5	1.85
5/3	6-4	ブッシュ・スタジアム	カージナルス	7	—	4-0	5回	97	22	5	2	13	1	1	4	4	2.54
5/9	1-3	エンゼル・スタジアム	アストロズ	8	●	4-1	7回	103	29	6	1	7	2	0	3	3	2.74
5/15	9-5	オリオール・パーク	オリオールズ	9	○	5-1	7回	98	27	4	3	5	2	0	5	5	3.23
5/21	4-2	エンゼル・スタジアム	ツインズ	10	—	5-1	6回	99	22	2	0	9	3	1	1	1	3.05
5/27	5-8	エンゼル・スタジアム	マーリンズ	11	—	5-1	6回	109	26	6	0	10	3	0	2	1	2.91
6/2	2-6	ミニッツメイド・パーク	アストロズ	12	●	5-2	6回	107	27	8	2	6	1	0	5	4	3.17
6/9	5-4	エンゼル・スタジアム	マリナーズ	13	—	5-2	5回	97	22	3	1	6	5	1	3	3	3.32
6/15	5-3	グローブライフ・フィールド	レンジャーズ	14	○	6-2	6回	99	25	6	0	3	1	0	2	2	3.29
6/21	0-2	エンゼル・スタジアム	ドジャース	15	●	6-3	7回	101	28	5	1	12	2	0	1	1	3.13
6/27	4-2	エンゼル・スタジアム	ホワイトソックス	16	○	7-3	6回 1/3	102	24	4	0	10	2	0	1	1	3.02
7/4	5-8	ペトコ・パーク	パドレス	17	●	7-4	5回	86	24	7	2	5	4	0	5	5	3.32
7/14	5-7	エンゼル・スタジアム	アストロズ	18	●	7-5	5回	94	25	5	0	7	3	1	5	4	3.50
7/21	8-5	エンゼル・スタジアム	パイレーツ	19	○	8-5	6回 1/3	87	27	6	4	9	1	1	5	5	3.71
7/27①	6-0	コメリカ・パーク	タイガース	20	○	9-5	9回	111	29	1	0	8	3	0	0	0	3.43
8/3	3-5	エンゼル・スタジアム	マリナーズ	21	—	9-5	4回	59	15	3	0	4	1	0	0	0	3.32
8/9	4-1	エンゼル・スタジアム	ジャイアンツ	22	○	10-5	6回	97	23	3	0	5	3	0	1	0	3.17
8/23①	4-9	エンゼル・スタジアム	レッズ	23	—	10-5	1回 1/3	26	5	0	0	2	1	0	0	0	3.14
			通算成績	10勝5敗			132回	2094	531	85	18	167	55	11	50	46	3.14

今季の「投手・大谷翔平」は右内側側副靭帯損傷のため、8月23日レッズ戦が最後の登板となった。もし、シーズンをまっとうできていたら――。自己ベストはもちろん、MLB記録をさらに樹立、そして史上初の投打ダブルタイトルを受賞していた可能性がある。

今季は132イニングを投げ、10勝5敗、防御率3・14。規定投球回に満たなかったため、リザルト上位ランキングから名前は消えたが、最終登板当時の成績は、投手各部門でトップクラスの数値を残している。

もし、数値をキープした状態で規定投球回をクリアしていたら、防御率3・14はリーグ4位、被打率1割8分4厘は同トップに相当する。2022年に史上初の「ダブル規定」をクリアしたが、今季は投打にわたってタイトルを争う異次元の活躍をみせていたのだ。

9月19日に2度目の右肘手術を受け、来季は打者に専念。2025年、「投手・大谷」がマウンドに立つ日が待ち遠しい。

2023年シーズン 打者成績

※現地2023年9月30日終了時点のデータ

日付	勝敗	スコア	球場	対戦チーム	打順	位置	打数	安打	本塁打	打点	四球	死球	三振	犠飛	盗塁	打率
3/30	●	1-2	オークランド・コロシアム	アスレチックス	3	投手→DH	3	1	0	0	1	0	2	0	0	.333
3月							3	1	0	0	1	0	2	0	0	.333
4/1	○	13-1	オークランド・コロシアム	アスレチックス	3	DH	5	2	0	2	0	0	1	0	0	.375
4/2	○	6-0	オークランド・コロシアム	アスレチックス	3	DH	4	1	1	1	0	0	2	0	0	.333
4/3	○	7-3	T-モバイル・パーク	マリナーズ	3	DH	5	1	1	2	0	0	1	0	0	.294
4/4	●	2-11	T-モバイル・パーク	マリナーズ	3	DH	2	0	0	0	1	0	0	0	0	.263
4/5	○	4-3	T-モバイル・パーク	マリナーズ	3	投手→DH	2	1	0	1	2	0	0	0	0	.286
4/7	●	3-4	エンゼル・スタジアム	ブルージェイズ	3	DH	4	2	0	0	0	0	2	0	0	.320
4/8	○	9-5	エンゼル・スタジアム	ブルージェイズ	3	DH	3	1	0	0	1	0	2	0	0	.321
4/9	●	11-12	エンゼル・スタジアム	ブルージェイズ	3	DH	5	2	1	2	1	0	0	0	0	.333
4/10	●	4-6	エンゼル・スタジアム	ナショナルズ	3	DH	3	0	0	0	1	0	2	0	0	.306
4/11	○	2-0	エンゼル・スタジアム	ナショナルズ	3	投手→DH	4	1	0	0	0	0	2	0	0	.300
4/14	●	3-5	フェンウェイ・パーク	レッドソックス	3	DH	4	1	0	0	1	0	2	0	0	.295
4/15	●	7-9	フェンウェイ・パーク	レッドソックス	3	DH	4	2	0	1	0	0	0	0	0	.313
4/16	●	1-2	フェンウェイ・パーク	レッドソックス	3	DH	4	0	0	0	0	0	0	0	0	.288
4/17	○	5-4	フェンウェイ・パーク	レッドソックス	2	投手→DH	5	2	0	0	0	0	0	0	0	.298
4/18	○	5-2	ヤンキー・スタジアム	ヤンキース	2	DH	3	1	1	2	0	0	1	0	1	.300
4/19	●	2-3	ヤンキー・スタジアム	ヤンキース	2	DH	4	0	0	0	1	0	2	0	0	.281
4/20	●	3-9	ヤンキー・スタジアム	ヤンキース	2	DH	3	0	0	0	1	0	0	0	0	.269
4/21	○	2-0	エンゼル・スタジアム	ロイヤルズ	2	投手→DH	4	1	0	0	0	0	1	0	0	.268
4/22	●	8-11	エンゼル・スタジアム	ロイヤルズ	3	DH	5	0	0	0	0	0	0	0	0	.250
4/23	○	4-3	エンゼル・スタジアム	ロイヤルズ	3	DH	3	2	1	2	0	0	1	1	0	.266
4/24	●	10-11	エンゼル・スタジアム	アスレチックス	3	DH	4	1	0	0	0	0	1	0	0	.265
4/25	○	5-3	エンゼル・スタジアム	アスレチックス	3	DH	4	0	0	0	0	0	2	0	2	.253
4/26	○	11-3	エンゼル・スタジアム	アスレチックス	3	DH	5	2	1	3	0	0	1	0	0	.261
4/27	○	8-7	エンゼル・スタジアム	アスレチックス	3	投手→DH	5	3	0	1	0	0	0	0	0	.278
4/28	●	1-2	アメリカンファミリー・フィールド	ブルワーズ	3	DH	4	1	0	0	0	0	0	0	0	.277
4/29	●	5-7	アメリカンファミリー・フィールド	ブルワーズ	3	DH	5	3	0	0	0	0	0	0	2	.292
4/30	○	3-0	アメリカンファミリー・フィールド	ブルワーズ	3	DH	3	1	1	1	1	0	1	0	0	.294
4月							106	31	7	18	10	0	24	1	5	.292
5/3	○	6-4	ブッシュ・スタジアム	カージナルス	3	投手→DH	5	3	0	1	0	0	0	0	0	.307
5/4	○	11-7	ブッシュ・スタジアム	カージナルス	2	DH	3	1	0	0	2	0	1	0	0	.308
5/5	○	5-4	エンゼル・スタジアム	レンジャーズ	3	DH	5	0	0	0	0	0	0	0	0	.295
5/6	●	1-10	エンゼル・スタジアム	レンジャーズ	3	DH	4	0	0	0	0	0	0	0	0	.286
5/7	●	8-16	エンゼル・スタジアム	レンジャーズ	3	DH	3	2	0	1	2	0	0	0	0	.295
5/8	○	6-4	エンゼル・スタジアム	アストロズ	3	DH	4	2	0	2	0	0	0	0	0	.301
5/9	●	1-3	エンゼル・スタジアム	アストロズ	3	投手→DH	3	0	0	0	0	0	1	0	0	.294
5/10	●	4-5	エンゼル・スタジアム	アストロズ	3	DH	4	1	1	2	0	0	2	0	0	.293
5/12	○	5-4	プログレッシブ・フィールド	ガーディアンズ	3	DH	2	0	0	0	2	0	2	0	0	.289
5/13	●	6-8	プログレッシブ・フィールド	ガーディアンズ	3	DH	4	1	0	1	1	0	2	0	0	.288
5/14	●	3-4	プログレッシブ・フィールド	ガーディアンズ	2	DH	4	1	0	1	0	0	2	0	1	.287
5/15	○	9-5	オリオール・パーク	オリオールズ	3	投手→DH	5	4	1	3	1	0	0	0	0	.303
5/16	●	3-7	オリオール・パーク	オリオールズ	3	DH	4	0	0	0	0	0	1	0	0	.296
5/17	●	1-3	オリオール・パーク	オリオールズ	3	DH	4	0	0	0	0	0	1	0	0	.288
5/18	○	6-5	オリオール・パーク	オリオールズ	3	DH	5	2	1	2	0	0	0	0	0	.292

日付	勝敗	スコア	球場	対戦チーム	打順	位置	打数	安打	本塁打	打点	四球	死球	三振	犠飛	盗塁	打率
5/19	○	5-4	エンゼル・スタジアム	ツインズ	3	DH	3	0	0	0	1	0	2	0	0	.287
5/20	●	2-6	エンゼル・スタジアム	ツインズ	3	DH	4	1	1	1	0	0	2	0	0	.286
5/21	○	4-2	エンゼル・スタジアム	ツインズ	3	投手→DH	3	1	0	0	1	0	0	0	0	.287
5/22	○	2-1	エンゼル・スタジアム	レッドソックス	3	DH	3	0	0	0	1	0	2	0	0	.282
5/23	○	4-0	エンゼル・スタジアム	レッドソックス	3	DH	4	1	0	0	0	0	1	0	0	.281
5/24	○	7-3	エンゼル・スタジアム	レッドソックス	3	DH	4	1	1	1	0	0	1	0	0	.280
5/26	●	2-6	エンゼル・スタジアム	マーリンズ	3	DH	4	0	0	0	0	0	2	0	0	.275
5/27	●	5-8	エンゼル・スタジアム	マーリンズ	3	投手→DH	4	0	0	0	1	0	0	0	1	.269
5/28	●	0-2	エンゼル・スタジアム	マーリンズ	3	DH	4	1	0	0	0	0	3	0	0	.269
5/29	○	6-4	ギャランティード・レート・フィールド	ホワイトソックス	3	DH	4	0	0	0	0	1	2	0	0	.263
5/30	●	3-7	ギャランティード・レート・フィールド	ホワイトソックス	3	DH	4	1	1	1	0	0	1	0	0	.263
5/31	○	12-5	ギャランティード・レート・フィールド	ホワイトソックス	3	DH	3	2	2	4	1	0	0	0	0	.269
5月							103	25	8	20	13	1	28	0	2	.243
6/1	●	2-5	ミニッツメイド・パーク	アストロズ	3	DH	5	1	0	0	0	0	2	0	0	.267
6/2	●	2-6	ミニッツメイド・パーク	アストロズ	1	投手→DH	4	0	0	0	1	0	2	0	0	.262
6/3	●	6-9	ミニッツメイド・パーク	アストロズ	1	DH	5	4	0	2	0	0	0	0	0	.274
6/4	○	2-1	ミニッツメイド・パーク	アストロズ	1	DH	4	1	0	1	0	0	0	0	0	.274
6/6	○	7-4	エンゼル・スタジアム	カブス	2	DH	2	1	1	1	2	0	0	0	0	.276
6/7	○	6-2	エンゼル・スタジアム	カブス	2	DH	4	1	0	0	1	0	1	0	2	.275
6/8	○	3-1	エンゼル・スタジアム	カブス	2	DH	5	1	0	0	0	0	2	0	0	.274
6/9	○	5-4	エンゼル・スタジアム	マリナーズ	2	投手→DH	4	3	1	2	0	0	0	0	0	.282
6/10	●	2-6	エンゼル・スタジアム	マリナーズ	2	DH	4	1	1	2	0	0	2	0	0	.281
6/11	○	9-4	エンゼル・スタジアム	マリナーズ	2	DH	5	3	0	0	0	0	1	0	0	.287
6/12	○	9-6	グローブライフ・フィールド	レンジャーズ	2	DH	4	2	2	4	1	0	1	1	0	.291
6/13	○	7-3	グローブライフ・フィールド	レンジャーズ	2	DH	2	2	0	0	3	0	0	0	1	.296
6/14	●	3-6	グローブライフ・フィールド	レンジャーズ	2	DH	4	2	1	2	1	0	1	0	0	.299
6/15	○	5-3	グローブライフ・フィールド	レンジャーズ	2	投手→DH	2	1	1	2	2	0	0	0	0	.301
6/16	○	3-0	カウフマン・スタジアム	ロイヤルズ	2	DH	3	1	0	0	2	0	1	0	0	.301
6/17	●	9-10	カウフマン・スタジアム	ロイヤルズ	2	DH	4	1	1	2	1	0	0	0	0	.300
6/18	○	5-2	カウフマン・スタジアム	ロイヤルズ	2	DH	4	1	1	2	0	0	2	0	0	.300
6/20	●	0-2	エンゼル・スタジアム	ドジャース	2	DH	4	0	0	0	0	0	2	0	0	.295
6/21	●	0-2	エンゼル・スタジアム	ドジャース	2	投手→DH	3	0	0	0	1	0	0	0	0	.292
6/23	●	4-7	クアーズ・フィールド	ロッキーズ	2	DH	5	3	1	1	0	0	1	0	0	.298
6/24	○	25-1	クアーズ・フィールド	ロッキーズ	2	DH	7	1	0	1	0	0	2	0	0	.294
6/25	●	3-4	クアーズ・フィールド	ロッキーズ	2	DH	4	2	0	1	0	0	0	0	0	.297
6/26	○	2-1	エンゼル・スタジアム	ホワイトソックス	3	DH	3	1	1	1	1	0	2	0	1	.297
6/27	○	4-2	エンゼル・スタジアム	ホワイトソックス	2	投手→DH	3	3	2	2	1	0	0	0	0	.304
6/28	●	5-11	エンゼル・スタジアム	ホワイトソックス	2	DH	5	3	0	0	0	0	2	0	0	.309
6/29	●	7-9	エンゼル・スタジアム	ホワイトソックス	3	DH	3	1	1	2	2	0	2	0	0	.309
6/30	●	2-6	エンゼル・スタジアム	ダイヤモンドバックス	2	DH	2	1	1	1	2	0	0	0	0	.310
6月							104	41	15	29	21	0	26	1	4	.394
7/1	●	1-3	エンゼル・スタジアム	ダイヤモンドバックス	3	DH	4	0	0	0	0	0	2	0	0	.306
7/2	○	5-2	エンゼル・スタジアム	ダイヤモンドバックス	3	DH	4	1	1	1	0	0	2	0	0	.306
7/3	●	3-10	ペトコ・パーク	パドレス	3	DH	3	0	0	0	2	0	1	0	0	.303
7/4	●	5-8	ペトコ・パーク	パドレス	3	投手→DH	3	0	0	0	0	0	1	0	0	.300
7/5	●	3-5	ペトコ・パーク	パドレス	3	DH	4	0	0	0	0	0	0	0	0	.296
7/7	●	4-11	ドジャー・スタジアム	ドジャース	1	DH	3	1	0	0	1	0	1	0	0	.297
7/8	●	5-10	ドジャー・スタジアム	ドジャース	1	DH	4	3	1	3	0	0	0	1	0	.302
7/14	●	5-7	エンゼル・スタジアム	アストロズ	2	投手→DH	5	2	0	0	0	0	2	0	0	.303

日付	勝敗	スコア	球場	対戦チーム	打順	位置	打数	安打	本塁打	打点	四球	死球	三振	犠飛	盗塁	打率
7/15	○	13-12	エンゼル・スタジアム	アストロズ	2	DH	5	1	1	1	1	0	3	0	0	.302
7/16	●	8-9	エンゼル・スタジアム	アストロズ	2	DH	4	1	1	1	1	0	0	0	0	.301
7/17	○	4-3	エンゼル・スタジアム	ヤンキース	2	DH	4	3	1	2	1	0	1	0	0	.306
7/18	○	5-1	エンゼル・スタジアム	ヤンキース	2	DH	3	1	0	1	1	0	2	0	0	.307
7/19	○	7-3	エンゼル・スタジアム	ヤンキース	2	DH	1	0	0	0	4	0	1	0	0	.306
7/21	○	8-5	エンゼル・スタジアム	パイレーツ	2	投手→DH	1	0	0	0	3	0	1	0	0	.305
7/22	●	0-3	エンゼル・スタジアム	パイレーツ	2	DH	4	0	0	0	0	0	3	0	0	.302
7/23	○	7-5	エンゼル・スタジアム	パイレーツ	2	DH	3	1	1	1	1	0	2	0	0	.302
7/25	○	7-6	コメリカ・パーク	タイガース	2	DH	3	0	0	0	2	0	2	0	1	.299
7/27①	○	6-0	コメリカ・パーク	タイガース	2	投手→DH	5	0	0	0	0	0	2	0	0	.296
7/27②	○	11-4	コメリカ・パーク	タイガース	2	DH	3	2	2	3	0	0	1	0	0	.298
7/28	●	1-4	ロジャース・センター	ブルージェイズ	2	DH	4	2	1	1	0	0	1	0	0	.301
7/29	●	1-6	ロジャース・センター	ブルージェイズ	2	DH	2	1	0	0	2	1	1	0	0	.302
7/30	○	3-2	ロジャース・センター	ブルージェイズ	2	DH	3	1	0	0	2	0	0	0	0	.302
7/31	○	4-1	トゥルーイスト・パーク	ブレーブス	2	DH	3	2	0	0	1	1	0	0	0	.305
7月							78	22	9	14	22	2	29	1	1	.282
8/1	●	1-5	トゥルーイスト・パーク	ブレーブス	2	DH	4	1	0	0	0	0	2	0	1	.304
8/2	●	5-12	トゥルーイスト・パーク	ブレーブス	2	DH	3	2	0	0	1	0	1	0	0	.307
8/3	●	3-5	エンゼル・スタジアム	マリナーズ	2	投手→DH	2	2	1	1	2	0	0	0	1	.310
8/4	●	7-9	エンゼル・スタジアム	マリナーズ	2	DH	4	1	0	0	1	0	3	0	0	.310
8/5	●	2-3	エンゼル・スタジアム	マリナーズ	2	DH	4	0	0	0	0	0	2	0	0	.307
8/6	●	2-3	エンゼル・スタジアム	マリナーズ	2	DH	4	1	0	0	0	0	2	0	0	.306
8/7	●	3-8	エンゼル・スタジアム	ジャイアンツ	2	DH	4	2	0	0	0	0	0	0	1	.308
8/8	○	7-5	エンゼル・スタジアム	ジャイアンツ	2	DH	4	1	0	1	1	0	0	0	1	.307
8/9	○	4-1	エンゼル・スタジアム	ジャイアンツ	2	投手→DH	2	0	0	0	2	0	2	0	0	.306
8/11	●	3-11	ミニッツメイド・パーク	アストロズ	2	DH	4	1	0	0	0	0	2	0	0	.305
8/12	●	3-11	ミニッツメイド・パーク	アストロズ	2	DH	4	1	0	0	0	0	2	0	0	.305
8/13	○	2-1	ミニッツメイド・パーク	アストロズ	2	DH	3	1	1	1	1	0	1	0	1	.305
8/14	●	0-12	グローブライフ・フィールド	レンジャーズ	2	DH	3	0	0	0	0	0	2	0	0	.303
8/15	●	3-7	グローブライフ・フィールド	レンジャーズ	2	DH	4	1	0	0	0	0	1	0	0	.302
8/16	○	2-0	グローブライフ・フィールド	レンジャーズ	2	DH	4	3	1	1	0	0	0	0	0	.306
8/18	●	6-9	エンゼル・スタジアム	レイズ	2	DH	5	2	1	4	0	0	3	0	0	.308
8/19①	○	7-6	エンゼル・スタジアム	レイズ	2	DH	3	0	0	0	1	0	1	0	0	.305
8/19②	●	4-18	エンゼル・スタジアム	レイズ	2	DH	3	1	0	0	1	0	0	0	0	.306
8/22	●	3-4	エンゼル・スタジアム	レッズ	3	DH	3	0	0	0	1	0	2	0	0	.304
8/23①	●	4-9	エンゼル・スタジアム	レッズ	2	投手→DH	1	1	1	2	0	0	0	0	0	.305
8/23②	●	3-7	エンゼル・スタジアム	レッズ	2	DH	5	1	0	0	0	0	1	0	0	.304
8/25	○	3-1	シティ・フィールド	メッツ	2	DH	2	1	0	0	3	0	0	0	0	.305
8/26	○	5-3	シティ・フィールド	メッツ	2	DH	3	2	0	1	2	0	0	0	2	.307
8/27	●	2-3	シティ・フィールド	メッツ	2	DH	4	0	0	0	0	0	2	0	0	.305
8/28	●	4-6	シチズンズバンク・パーク	フィリーズ	2	DH	4	1	0	0	1	0	1	0	0	.304
8/29	●	7-12	シチズンズバンク・パーク	フィリーズ	2	DH	5	3	0	2	0	0	0	0	0	.307
8/30	○	10-8	シチズンズバンク・パーク	フィリーズ	3	DH	4	1	0	1	1	0	2	0	0	.307
8月							95	30	5	14	18	0	32	0	7	.316
9/1	●	2-9	オークランド・コロシアム	アスレチックス	3	DH	3	1	0	0	1	0	0	0	0	.307
9/2	●	1-2	オークランド・コロシアム	アスレチックス	2	DH	2	0	0	0	3	0	0	0	0	.306
9/3	●	6-10	オークランド・コロシアム	アスレチックス	2	DH	3	0	0	0	2	0	2	0	1	.304
9月							8	1	0	0	6	0	2	0	1	.125
通算							497	151	44	95	91	3	143	3	20	.304

2023年シーズン 全打席完全データ

※現地2023年9月30日終了時点のデータ

日付	球場	曜日	デー・ナイター	対戦チーム	対戦投手名	投手左右	打順	位置	試合状況	走者状況	アウト	カウント	打席結果	投球数	球種	球速	コース
3/30	オークランド・コロシアム	木	N	アスレチックス	カイル・ミュラー	左	3	投手	1回表	-	2死	3-2	空三振	8球目	スライダー	141	中中
					カイル・ミュラー	左	3	投手	4回表	一塁	無死	1-0	右安	2球目	フォーシーム	148	中高
					ザック・ジャクソン	右	3	投手	6回表	-	1死	3-2	空三振	6球目	フォーシーム	151	内高
					トレバー・メイ	右	3	DH	8回表	二塁	2死	0-0	故意四				
4/1	オークランド・コロシアム	土	D	アスレチックス	藤浪晋太郎	右	3	DH	1回表	-	2死	1-1	一ゴロ	3球目	スプリット	150	中中
					藤浪晋太郎	右	3	DH	3回表	満塁	無死	0-1	左安	2球目	フォーシーム	159	外高
					アダム・オラー	右	3	DH	4回表	-	無死	2-2	空三振	6球目	スライダー	133	内低
					アダム・オラー	右	3	DH	6回表	二塁	1死	1-0	右安	2球目	カットボール	144	中高
					ジェウリス・ファミリア	右	3	DH	8回表	-	無死	1-1	ニゴロ	3球目	ツーシーム	154	内低
4/2	オークランド・コロシアム	日	D	アスレチックス	ケン・ウォルディチャック	左	3	DH	1回表	二塁	1死	0-0	中直	1球目	スライダー	130	内高
					ケン・ウォルディチャック	左	3	DH	3回表	一三塁	2死	3-2	空三振	6球目	フォーシーム	150	内低
					ケン・ウォルディチャック	左	3	DH	5回表	-	無死	0-0	右中本	1球目	スライダー	129	内低
					ザック・ジャクソン	右	3	DH	6回表	満塁	2死	1-2	空三振	5球目	フォーシーム	153	中高
4/3	T-モバイル・パーク	月	N	マリナーズ	ジョージ・カービー	右	3	DH	1回表	一塁	1死	1-2	ニゴロ	4球目	チェンジアップ	138	外低
					ジョージ・カービー	右	3	DH	3回表	一塁	無死	2-2	遊併打	8球目	スライダー	137	中高
					ジョージ・カービー	右	3	DH	5回表	一塁	無死	1-1	中本	3球目	チェンジアップ	138	外低
					ディエゴ・カスティーヨ	右	3	DH	7回表	一塁	無死	0-0	三飛	1球目	スライダー	136	内中
					マット・フェスタ	右	3	DH	8回表	一塁	2死	1-2	見三振	6球目	スライダー	129	外高
4/4	T-モバイル・パーク	火	N	マリナーズ	ルイス・カスティーヨ	右	3	DH	1回表	二塁	1死	2-1	ニゴロ	4球目	チェンジアップ	139	外低
					ルイス・カスティーヨ	右	3	DH	4回表	-	無死	0-0	三ゴロ	1球目	チェンジアップ	139	内低
					ルイス・カスティーヨ	右	3	DH	6回表	-	2死	3-2	四球	7球目	ツーシーム	154	外高
4/5	T-モバイル・パーク	水	D	マリナーズ	クリス・フレクセン	右	3	投手	1回表	一塁	1死	3-1	四球	5球目	カットボール	141	外中
					クリス・フレクセン	右	3	投手	3回表	-	1死	0-2	左飛	3球目	チェンジアップ	131	中中
					マット・ブラッシュ	右	3	投手	6回表	一塁	無死	3-2	四球	6球目	スライダー	143	内低
					アンドレス・ムニョス	右	3	投手	7回表	一二塁	2死	1-2	左安	4球目	スライダー	141	外低
4/7	エンゼル・スタジアム	金	N	ブルージェイズ	クリス・バシット	右	3	DH	1回裏	-	無死	3-2	見三振	6球目	ツーシーム	148	中中
					クリス・バシット	右	3	DH	3回裏	-	1死	1-2	見三振	4球目	スプリット	133	外低
					クリス・バシット	右	3	DH	5回裏	-	1死	0-0	右安	1球目	カーブ	113	内低
					エリック・スワンソン	右	3	DH	8回裏	-	無死	2-2	右2	8球目	スプリット	139	外中
4/8	エンゼル・スタジアム	土	N	ブルージェイズ	ホセ・ベリオス	右	3	DH	1回裏	-	2死	0-2	空三振	3球目	スライダー	136	中低
					ホセ・ベリオス	右	3	DH	4回裏	一塁	無死	1-1	右2	3球目	チェンジアップ	129	外低
					アダム・シンバー	右	3	DH	5回裏	-	無死	3-2	四球	7球目	スライダー	122	内中
					ザック・ポップ	右	3	DH	7回裏	-	2死	3-2	見三振	6球目	ツーシーム	154	外低
4/9	エンゼル・スタジアム	日	D	ブルージェイズ	菊池雄星	左	3	DH	1回裏	一塁	1死	1-2	一ゴロ	4球目	スライダー	140	外低
					菊池雄星	左	3	DH	3回裏	一塁	1死	2-1	中本	4球目	スライダー	144	内中
					菊池雄星	左	3	DH	5回裏	-	無死	3-2	中安	6球目	スライダー	142	内高
					イミ・ガルシア	右	3	DH	7回裏	-	2死	3-2	ニゴロ	6球目	カーブ	135	中低
					ジョーダン・ロマノ	右	3	DH	9回裏	一二塁	2死	3-0	四球	4球目	フォーシーム	159	内高
					ティム・メイザ	左	3	DH	10回裏	満塁	2死	0-2	ニゴロ	3球目	ツーシーム	153	内中
4/10	エンゼル・スタジアム	月	N	ナショナルズ	パトリック・コービン	左	3	DH	1回裏	一塁	1死	0-2	空三振	3球目	スライダー	128	外低
					パトリック・コービン	左	3	DH	2回裏	一二塁	2死	1-1	ニゴロ	3球目	ツーシーム	149	内中
					パトリック・コービン	左	3	DH	4回裏	-	2死	3-2	四球	6球目	スライダー	129	外中
					ハンター・ハービー	右	3	DH	7回裏	-	無死	0-2	見三振	3球目	フォーシーム	158	内低
4/11	エンゼル・スタジアム	火	N	ナショナルズ	ジョサイア・グレイ	右	3	投手	1回裏	-	2死	3-2	左飛	6球目	カーブ	136	中低
					ジョサイア・グレイ	右	3	投手	4回裏	一二塁	無死	2-2	左安	5球目	カットボール	144	内中
					ジョサイア・グレイ	右	3	投手	6回裏	一塁	1死	2-2	見三振	6球目	チェンジアップ	144	外低
					アンソニー・バンダ	左	3	DH	8回裏	一塁	1死	2-2	見三振	6球目	フォーシーム	154	内低
4/14	フェンウェイ・パーク	金	N	レッドソックス	タナー・ホーク	右	3	DH	1回表	-	2死	3-2	四球	6球目	カットボール	148	内中
					タナー・ホーク	右	3	DH	3回表	一塁	1死	1-2	空三振	7球目	スプリット	142	中低
					ジョシュ・ウィンコウスキー	右	3	DH	5回表	-	1死	0-1	左安	2球目	カットボール	144	内中
					ジョシュ・ウィンコウスキー	右	3	DH	7回表	二三塁	無死	0-0	投ゴロ	1球目	チェンジアップ	150	外低
					ケンリー・ジャンセン	右	3	DH	9回表	-	1死	1-2	見三振	4球目	カットボール	154	外高
4/15	フェンウェイ・パーク	土	D	レッドソックス	ニック・ピヴェッタ	右	3	DH	1回表	二塁	1死	2-2	三ゴロ	6球目	フォーシーム	153	内中
					ニック・ピヴェッタ	右	3	DH	2回表	一二塁	2死	1-2	打撃妨害	4球目	スプリット	140	外中
					ニック・ピヴェッタ	右	3	DH	5回表	二塁	無死	2-2	左安	5球目	フォーシーム	153	外高
					リチャード・ブレイアー	左	3	DH	6回表	二塁	2死	1-2	中安	5球目	フォーシーム	143	外中
					ライアン・ブレイシア	右	3	DH	8回表	一塁	2死	2-2	一ゴロ	5球目	スライダー	139	中低
4/16	フェンウェイ・パーク	日	D	レッドソックス	ギャレット・ウィットロック	右	3	DH	1回表	-	2死	1-2	遊ゴロ	4球目	スライダー	130	中低
					ギャレット・ウィットロック	右	3	DH	4回表	-	無死	1-1	右飛	3球目	チェンジアップ	134	中低
					ギャレット・ウィットロック	右	3	DH	7回表	-	無死	0-1	ニゴロ	2球目	スライダー	128	中中
					ライアン・ブレイシア	右	3	DH	9回表	-	2死	1-1	左飛	3球目	スライダー	136	中中
4/17	フェンウェイ・パーク	月	D	レッドソックス	ブライアン・ベヨ	右	2	投手	1回表	-	1死	0-0	中安	1球目	フォーシーム	155	内高
					ブライアン・ベヨ	右	2	投手	2回表	一塁	無死	2-0	右安	3球目	スライダー	133	外低
					カッター・クロフォード	右	2	DH	4回表	-	無死	1-1	中飛	3球目	カットボール	143	内高
					カッター・クロフォード	右	2	DH	6回表	二塁	1死	1-0	投失	2球目	スプリット	134	内低
					カッター・クロフォード	右	2	DH	9回表	-	1死	1-0	中直	2球目	スプリット	132	外低
4/18	ヤンキー・スタジアム	火	N	ヤンキース	クラーク・シュミット	右	2	DH	1回表	二塁	無死	2-0	右中本	3球目	スライダー	143	中低
					クラーク・シュミット	右	2	DH	3回表	-	2死	3-2	空三振	6球目	カットボール	145	内低
					ロン・マリナッシオ	右	2	DH	5回表	-	無死	1-2	打撃妨害	4球目	フォーシーム	153	中中
					ジミー・コルデロ	右	2	DH	7回表	二塁	1死	1-2	右飛	5球目	スライダー	142	内低
4/19	ヤンキー・スタジアム	水	N	ヤンキース	ジョニーブリトー	右	2	DH	1回表	-	1死	3-2	中飛	6球目	チェンジアップ	143	内低
					ジョニーブリトー	右	2	DH	3回表	二塁	1死	0-0	ニゴロ	1球目	チェンジアップ	143	外低
					マイケル・キング	右	2	DH	5回表	三塁	2死	2-2	空三振	5球目	ツーシーム	153	内高
					ワンディ・ペラルタ	左	2	DH	7回表	一二塁	2死	2-2	空三振	5球目	チェンジアップ	146	内低
					クレイ・ホルムズ	右	2	DH	9回表	一塁	2死	3-1	四球	5球目	ツーシーム	153	外高
4/20	ヤンキー・スタジアム	木	D	ヤンキース	ネストル・コルテス	左	2	DH	1回表	-	1死	0-0	投飛	1球目	スライダー	124	外低
					ネストル・コルテス	左	2	DH	3回表	一三塁	2死	2-2	ニゴロ	7球目	カットボール	139	外中
					ネストル・コルテス	左	2	DH	5回表	一塁	2死	0-0	ニゴロ	1球目	カットボール	144	外低

日付	球場	曜日	デー・ナイター	対戦チーム	対戦投手名	投手左右	打順	位置	試合状況	走者状況	アウト	カウント	打席結果	投球数	球種	球速	コース
					ワンディ・ペラルタ	左	2	DH	7回表	二塁	2死	3-0	四球	4球目	ツーシーム	153	内低
4/21	エンゼル・スタジアム	金	N	ロイヤルズ	テイラー・クラーク	右	2	投手	1回裏	-	1死	2-2	空三振	6球目	スライダー	140	中低
					ライアン・ヤーブロー	左	2	投手	3回裏	-	2死	2-2	中直	5球目	ツーシーム	145	中低
					ライアン・ヤーブロー	左	2	投手	6回裏	一塁	無死	3-2	二併打	7球目	チェンジアップ	131	外低
					ジョシュ・ストーモント	右	2	DH	8回裏	一塁	1死	0-0	中安	1球目	カーブ	132	外低
4/22	エンゼル・スタジアム	土	N	ロイヤルズ	ザック・グリンキー	右	3	DH	1回裏	-	2死	2-2	左飛	5球目	スライダー	126	中中
					ザック・グリンキー	右	3	DH	3回裏	一三塁	2死	1-0	二ゴロ	2球目	チェンジアップ	140	外低
					ザック・グリンキー	右	3	DH	5回裏	-	1死	3-2	中飛	7球目	フォーシーム	144	中中
					アロルディス・チャプマン	左	3	DH	7回裏	-	1死	0-1	遊飛	2球目	スライダー	147	外低
					スコット・バーロー	右	3	DH	9回裏	-	2死	0-2	投ゴロ	3球目	カーブ	122	外低
4/23	エンゼル・スタジアム	日	D	ロイヤルズ	ジョーダン・ライルズ	右	3	DH	1回裏	二三塁	無死	0-0	左犠飛	1球目	カーブ	125	外中
					ジョーダン・ライルズ	右	3	DH	3回裏	一塁	2死	3-2	空三振	8球目	カーブ	130	内低
					ジョーダン・ライルズ	右	3	DH	6回裏	-	無死	2-2	中本	5球目	カーブ	128	中低
					ジョシュ・テイラー	左	3	DH	8回裏	二塁	無死	1-2	一安	4球目	スライダー	137	外低
4/24	エンゼル・スタジアム	月	N	アスレチックス	ケン・ウォルディチャック	左	3	DH	1回裏	-	2死	3-2	打撃妨害	6球目	フォーシーム	152	外低
					ケン・ウォルディチャック	左	3	DH	3回裏	一塁	2死	2-2	遊ゴロ	7球目	フォーシーム	151	中高
					ケン・ウォルディチャック	左	3	DH	6回裏	一塁	無死	2-1	右2	4球目	チェンジアップ	133	中中
					ザック・ジャクソン	右	3	DH	7回裏	-	無死	2-2	空三振	6球目	スライダー	136	外低
					アダム・オラー	右	3	DH	9回裏	-	無死	3-2	中直	7球目	スライダー	135	内中
4/25	エンゼル・スタジアム	火	N	アスレチックス	メイソン・ミラー	右	3	DH	1回裏	二塁	1死	0-0	左飛	1球目	フォーシーム	160	中中
					メイソン・ミラー	右	3	DH	2回裏	一塁	2死	1-2	見三振	8球目	フォーシーム	158	内中
					リチャード・ラブレディ	左	3	DH	5回裏	一塁	1死	1-2	遊ゴロ	4球目	ツーシーム	144	内中
					サム・ロング	左	3	DH	7回裏	-	無死	3-2	見三振	7球目	フォーシーム	152	中低
4/26	エンゼル・スタジアム	水	N	アスレチックス	ルイス・メディナ	右	3	DH	1回裏	-	2死	3-2	三ゴロ	7球目	フォーシーム	158	外低
					ルイス・メディナ	右	3	DH	2回裏	満塁	1死	1-1	一ゴロ	3球目	チェンジアップ	141	外低
					ルイス・メディナ	右	3	DH	4回裏	-	1死	3-2	空三振	6球目	チェンジアップ	141	中低
					藤浪晋太郎	右	3	DH	6回裏	一塁	1死	1-1	左安	3球目	フォーシーム	159	外中
					チャド・スミス	右	3	DH	8回裏	一塁	1死	1-1	中本	3球目	ツーシーム	152	中低
4/27	エンゼル・スタジアム	木	D	アスレチックス	JP・シアーズ	左	3	投手	1回裏	-	2死	2-2	二安	8球目	スライダー	133	外中
					JP・シアーズ	左	3	投手	3回裏	一三塁	1死	1-2	中2	4球目	フォーシーム	150	外高
					JP・シアーズ	左	3	投手	5回裏	-	無死	1-2	遊ゴロ	4球目	フォーシーム	150	外高
					ドミンゴ・アセヴェド	右	3	投手	6回裏	-	2死	0-0	右3	1球目	チェンジアップ	139	外高
					リチャード・ラブレディ	左	3	DH	8回裏	一二塁	1死	0-0	中飛	1球目	スライダー	139	内中
4/28	アメリカンファミリー・フィールド	金	N	ブルワーズ	ウェイド・マイリー	左	3	DH	1回表	一塁	1死	1-0	一ゴロ	2球目	カットボール	138	中低
					ウェイド・マイリー	左	3	DH	4回表	-	無死	1-2	二ゴロ	4球目	スライダー	126	外低
					ウェイド・マイリー	左	3	DH	5回表	一塁	2死	0-0	左飛	1球目	スライダー	126	外中
					ピーター・ストレゼレッキ	右	3	DH	8回表	一塁	1死	2-0	中安	3球目	フォーシーム	148	外低
4/29	アメリカンファミリー・フィールド	土	N	ブルワーズ	コービン・バーンズ	右	3	DH	1回表	一二塁	無死	1-2	一併打	4球目	カットボール	153	内中
					コービン・バーンズ	右	3	DH	3回表	一塁	2死	1-0	右安	2球目	カットボール	152	内低
					コービン・バーンズ	右	3	DH	5回表	一塁	2死	2-1	二ゴロ	4球目	カットボール	148	中低
					エルヴィス・ペゲーロ	右	3	DH	8回表	-	無死	0-0	右安	1球目	スライダー	146	中低
					デヴィン・ウィリアムズ	右	3	DH	9回表	-	2死	0-0	右安	1球目	フォーシーム	147	内高
4/30	アメリカンファミリー・フィールド	日	D	ブルワーズ	コリン・レイ	右	3	DH	1回表	一塁	1死	1-2	空三振	6球目	スプリット	140	外低
					コリン・レイ	右	3	DH	3回表	-	2死	0-0	中本	1球目	カットボール	138	内中
					ジェイク・カズンズ	右	3	DH	6回表	-	1死	3-2	四球	6球目	スライダー	132	外低
					タイソン・ミラー	右	3	DH	8回表	-	1死	0-0	二ゴロ	1球目	フォーシーム	146	内中
5/3	ブッシュ・スタジアム	水	N	カージナルス	マイルズ・マイコラス	右	3	投手	1回表	-	2死	0-0	右安	1球目	フォーシーム	152	内低
					マイルズ・マイコラス	右	3	投手	3回表	一三塁	1死	2-1	右安	4球目	ツーシーム	147	中中
					マイルズ・マイコラス	右	3	投手	5回表	一塁	1死	2-2	遊飛	6球目	チェンジアップ	141	外中
					ジョーダン・ヒックス	右	3	DH	7回表	一塁	1死	1-0	二ゴロ	2球目	ツーシーム	161	外高
					ジオバニー・ガジェゴス	右	3	DH	9回表	-	1死	0-0	中2	1球目	フォーシーム	152	外高
5/4	ブッシュ・スタジアム	木	D	カージナルス	ジャック・フラハティ	右	2	DH	1回表	-	1死	3-0	四球	4球目	フォーシーム	151	内低
					ジャック・フラハティ	右	2	DH	3回表	-	無死	3-1	右安	5球目	カットボール	147	内低
					ジェイク・ウッドフォード	右	2	DH	3回表	一二塁	1死	3-0	四球	4球目	ツーシーム	146	内低
					クリス・ストラットン	右	2	DH	5回表	-	1死	0-1	三飛	2球目	チェンジアップ	139	外低
					ジョジョ・ロメロ	左	2	DH	8回表	-	無死	3-2	空三振	6球目	スライダー	135	外中
5/5	エンゼル・スタジアム	金	N	レンジャーズ	デイン・ダニング	右	3	DH	1回裏	一塁	1死	1-0	一ゴロ	2球目	チェンジアップ	137	中低
					デイン・ダニング	右	3	DH	3回裏	一二塁	2死	0-0	一ゴロ	1球目	カットボール	143	内高
					ブロック・バーク	左	3	DH	6回裏	-	2死	1-0	三飛	2球目	ツーシーム	151	外高
					ジョナサン・エルナンデス	右	3	DH	8回裏	一塁	2死	1-2	二ゴロ	4球目	チェンジアップ	146	外低
					ウィル・スミス	左	3	DH	10回裏	一二塁	無死	0-1	二ゴロ	2球目	スライダー	130	外低
5/6	エンゼル・スタジアム	土	N	レンジャーズ	ネイサン・イオバルディ	右	3	DH	1回裏	一塁	1死	3-2	左飛	6球目	スプリット	142	中低
					ネイサン・イオバルディ	右	3	DH	4回裏	-	無死	0-0	二ゴロ	1球目	カットボール	148	内中
					ネイサン・イオバルディ	右	3	DH	6回裏	-	無死	0-0	中飛	1球目	カットボール	146	中中
					ネイサン・イオバルディ	右	3	DH	8回裏	-	2死	1-2	一ゴロ	4球目	カットボール	148	中低
5/7	エンゼル・スタジアム	日	D	レンジャーズ	マーティン・ペレス	左	3	DH	1回裏	一塁	1死	2-2	一安	5球目	チェンジアップ	136	外低
					マーティン・ペレス	左	3	DH	3回裏	一二塁	無死	3-1	四球	5球目	ツーシーム	151	外低
					マーティン・ペレス	左	3	DH	4回裏	一三塁	2死	0-1	中安	2球目	ツーシーム	150	内中
					コール・レイガンズ	左	3	DH	6回裏	一塁	2死	3-0	四球	4球目	フォーシーム	154	中低
					コール・レイガンズ	左	3	DH	8回裏	二塁	2死	0-0	遊直	1球目	カーブ	129	外低
5/8	エンゼル・スタジアム	月	N	アストロズ	ハンター・ブラウン	右	3	DH	1回裏	一塁	1死	3-2	左飛	6球目	スライダー	149	内高
					ハンター・ブラウン	右	3	DH	3回裏	一二塁	1死	1-2	中2	5球目	カーブ	133	外低
					ハンター・ブラウン	右	3	DH	5回裏	三塁	1死	1-0	右2	2球目	スライダー	150	内中
					ヘクター・ネリス	右	3	DH	7回裏	-	2死	1-2	左飛	4球目	フォーシーム	151	中高
5/9	エンゼル・スタジアム	火	N	アストロズ	フランバー・ヴァルデス	左	3	投手	1回裏	-	2死	3-2	二ゴロ	7球目	カットボール	135	内中
					フランバー・ヴァルデス	左	3	投手	4回裏	-	1死	3-2	中直	6球目	カットボール	136	中中
					フランバー・ヴァルデス	左	3	投手	6回裏	一塁	2死	0-0	打撃妨害	1球目	ツーシーム	156	内高
					ライアン・プレスリー	右	3	DH	9回裏	-	無死	1-2	空三振	4球目	カーブ	130	内低
5/10	エンゼル・スタジアム	水	D	アストロズ	クリスチャン・ハビエル	右	3	DH	1回裏	-	2死	3-2	空三振	6球目	フォーシーム	150	内高
					クリスチャン・ハビエル	右	3	DH	4回裏	-	無死	0-1	中飛	2球目	フォーシーム	147	内高
					クリスチャン・ハビエル	右	3	DH	6回裏	-	2死	2-2	空三振	6球目	スライダー	132	中高
					ライアン・プレスリー	右	3	DH	9回裏	一塁	無死	1-2	右中本	4球目	カーブ	132	中低
5/12	プログレッシブ・フィールド	金	N	ガーディアンズ	ローガン・アレン	左	3	DH	1回表	-	2死	3-1	四球	5球目	フォーシーム	149	外中
					ローガン・アレン	左	3	DH	3回表	一二塁	2死	1-2	空三振	4球目	スライダー	130	外低
					ローガン・アレン	左	3	DH	5回表	-	無死	3-2	打撃妨害	6球目	フォーシーム	147	外中
					ジェイムズ・カリンチャク	右	3	DH	7回表	一塁	無死	3-2	四球	7球目	フォーシーム	157	外高
					エマヌエル・クラセ	右	3	DH	9回表	二塁	無死	3-2	空三振	7球目	スライダー	148	内低

日付	球場	曜日	デー・ナイター	対戦チーム	対戦投手名	投手左右	打順	位置	試合状況	走者状況	アウト	カウント	打席結果	投球数	球種	球速	コース
5/13	プログレッシブ・フィールド	土	N	ガーディアンズ	カル・クアントリル	右	3	DH	1回表	-	1死	1-2	空三振	5球目	スプリット	139	外低
					カル・クアントリル	右	3	DH	3回表	一二塁	1死	1-1	左2	3球目	フォーシーム	151	外高
					カル・クアントリル	右	3	DH	5回表	一塁	1死	3-2	四球	7球目	ツーシーム	152	外高
					エニエル・デ＝ロス＝サントス	右	3	DH	7回表	一塁	1死	1-2	空三振	4球目	フォーシーム	156	内低
					トレバー・ステファン	右	3	DH	9回表	-	1死	1-0	二ゴロ	2球目	フォーシーム	151	外高
5/14	プログレッシブ・フィールド	日	D	ガーディアンズ	タナー・バイビー	右	2	DH	1回表	-	1死	1-0	二ゴロ	2球目	フォーシーム	155	内中
					タナー・バイビー	右	2	DH	4回表	-	1死	2-2	見三振	6球目	チェンジアップ	137	内低
					タナー・バイビー	右	2	DH	7回表	-	1死	3-2	空三振	8球目	チェンジアップ	140	内低
					エマヌエル・クラセ	右	2	DH	9回表	一三塁	無死	1-2	中安	4球目	スライダー	147	外低
5/15	オリオール・パーク	月	N	オリオールズ	グレイソン・ロドリゲス	右	3	投手	1回表	-	2死	3-0	四球	4球目	フォーシーム	158	外高
					グレイソン・ロドリゲス	右	3	投手	3回表	-	1死	1-1	右安	3球目	フォーシーム	158	外中
					グレイソン・ロドリゲス	右	3	投手	4回表	一二塁	1死	0-0	右中本	1球目	カーブ	129	中中
					ローガン・ガレスピー	右	3	投手	5回表	-	2死	2-2	右3	7球目	チェンジアップ	144	外中
					ブライアン・ベイカー	右	3	投手	7回表	一二塁	1死	0-2	二ゴロ	4球目	チェンジアップ	122	外高
					マイケル・バウマン	右	3	DH	9回表	一塁	2死	0-2	左安	3球目	フォーシーム	155	外高
5/16	オリオール・パーク	火	N	オリオールズ	ディーン・クレーマー	右	3	DH	1回表	-	1死	3-1	中飛	5球目	カットボール	142	中高
					ディーン・クレーマー	右	3	DH	4回表	-	無死	2-2	空三振	5球目	フォーシーム	154	外高
					ディーン・クレーマー	右	3	DH	6回表	-	無死	3-2	左飛	8球目	フォーシーム	156	外高
					シオネル・ペレス	左	3	DH	8回表	-	無死	1-0	二ゴロ	2球目	スライダー	135	中低
5/17	オリオール・パーク	水	N	オリオールズ	カイル・ブラディッシュ	右	3	DH	1回表	-	2死	2-1	左飛	4球目	スライダー	143	中低
					カイル・ブラディッシュ	右	3	DH	4回表	-	無死	1-1	左飛	3球目	フォーシーム	151	外高
					カイル・ブラディッシュ	右	3	DH	7回表	-	無死	1-2	中飛	5球目	スライダー	142	内高
					フェリックス・バティスタ	右	3	DH	9回表	一塁	1死	2-2	空三振	5球目	スプリット	141	中低
5/18	オリオール・パーク	木	D	オリオールズ	タイラー・ウェルズ	右	3	DH	1回表	-	2死	0-1	右中本	2球目	チェンジアップ	138	外高
					タイラー・ウェルズ	右	3	DH	3回表	-	1死	0-1	左飛	2球目	フォーシーム	148	中中
					タイラー・ウェルズ	右	3	DH	5回表	一二塁	1死	3-2	三飛	6球目	チェンジアップ	140	中中
					シオネル・ペレス	左	3	DH	7回表	二塁	1死	1-1	中飛	3球目	スライダー	136	外低
					ダニー・クーロム	左	3	DH	8回表	満塁	2死	0-0	一安	1球目	スライダー	131	外低
5/19	エンゼル・スタジアム	金	N	ツインズ	ジョー・ライアン	右	3	DH	1回裏	一塁	1死	1-2	空三振	4球目	フォーシーム	153	内高
					ジョー・ライアン	右	3	DH	3回裏	二塁	2死	1-2	空三振	4球目	スプリット	138	外低
					ジョー・ライアン	右	3	DH	5回裏	-	2死	2-1	左直	4球目	フォーシーム	150	外中
					グリフィン・ジャックス	右	3	DH	7回裏	一塁	2死	3-2	四球	7球目	スライダー	138	外高
5/20	エンゼル・スタジアム	土	N	ツインズ	ルイ・ヴァーランド	右	3	DH	1回裏	一塁	1死	2-2	見三振	5球目	フォーシーム	154	中中
					ルイ・ヴァーランド	右	3	DH	3回裏	一塁	2死	0-0	遊ゴロ	1球目	フォーシーム	154	外低
					ルイ・ヴァーランド	右	3	DH	6回裏	-	無死	3-2	右中本	6球目	フォーシーム	152	中高
					ホルヘ・ロペス	右	3	DH	7回裏	三塁	2死	1-2	空三振	5球目	カーブ	138	内低
5/21	エンゼル・スタジアム	日	D	ツインズ	パブロ・ロペス	右	3	投手	1回裏	一塁	1死	0-0	中安	1球目	フォーシーム	155	内中
					パブロ・ロペス	右	3	投手	3回裏	一塁	2死	1-1	一ゴロ	3球目	スライダー	137	中低
					パブロ・ロペス	右	3	投手	5回裏	二塁	2死	0-0	故意四				
					ホセ・デ＝レオン	右	3	DH	7回裏	三塁	1死	0-1	二ゴロ	2球目	カットボール	139	内高
5/22	エンゼル・スタジアム	月	N	レッドソックス	タナー・ホーク	右	3	DH	1回裏	-	2死	3-1	四球	5球目	カットボール	149	内高
					タナー・ホーク	右	3	DH	3回裏	-	無死	1-2	空三振	4球目	スプリット	144	外低
					タナー・ホーク	右	3	DH	6回裏	-	無死	0-2	空三振	5球目	スライダー	136	内低
					カッター・クロフォード	右	3	DH	8回裏	一塁	無死	2-2	右直	6球目	フォーシーム	154	内高
5/23	エンゼル・スタジアム	火	N	レッドソックス	ブライアン・ベヨ	右	3	DH	1回裏	-	1死	1-1	一安	3球目	チェンジアップ	141	外中
					ブライアン・ベヨ	右	3	DH	3回裏	-	2死	0-2	一ゴロ	3球目	チェンジアップ	143	中低
					ブライアン・ベヨ	右	3	DH	6回裏	-	無死	0-1	左直	2球目	フォーシーム	154	中中
					ジョエリー・ロドリゲス	左	3	DH	8回裏	-	無死	1-2	見三振	4球目	チェンジアップ	139	外低
5/24	エンゼル・スタジアム	水	N	レッドソックス	ジェイムズ・パクストン	左	3	DH	1回裏	-	2死	0-2	空三振	3球目	カットボール	139	外低
					ジェイムズ・パクストン	左	3	DH	3回裏	-	1死	0-1	左中本	2球目	カットボール	136	中高
					ニック・ピヴェッタ	右	3	DH	4回裏	-	2死	2-2	遊飛	5球目	カーブ	131	中中
					ジャスティン・ガーザ	右	3	DH	7回裏	-	1死	2-1	遊ゴロ	4球目	ツーシーム	153	中低
5/26	エンゼル・スタジアム	金	N	マーリンズ	ヘスス・ルサルド	左	3	DH	1回裏	一塁	1死	2-0	二併打	3球目	フォーシーム	156	外中
					ヘスス・ルサルド	左	3	DH	3回裏	-	2死	1-2	空三振	5球目	スライダー	136	外低
					ヘスス・ルサルド	左	3	DH	5回裏	一塁	2死	1-2	空三振	4球目	スライダー	139	外低
					タナー・スコット	左	3	DH	7回裏	二塁	1死	0-0	遊飛	1球目	スライダー	143	外低
5/27	エンゼル・スタジアム	土	N	マーリンズ	エドワルド・カブレラ	右	3	投手	1回裏	-	2死	1-0	左飛	2球目	フォーシーム	156	中中
					エドワルド・カブレラ	右	3	投手	3回裏	一塁	1死	2-0	二ゴロ	3球目	チェンジアップ	149	外高
					エドワルド・カブレラ	右	3	投手	5回裏	一二塁	1死	1-0	二併打	2球目	チェンジアップ	150	外低
					ワスカル・ブラゾバン	右	3	DH	7回裏	-	1死	3-1	四球	5球目	ツーシーム	155	外高
					ディラン・フローロ	右	3	DH	9回裏	一塁	無死	0-1	三直	2球目	ツーシーム	151	外中
5/28	エンゼル・スタジアム	日	D	マーリンズ	エウリー・ペレス	右	3	DH	1回裏	-	2死	3-2	空三振	7球目	カーブ	132	外高
					エウリー・ペレス	右	3	DH	4回裏	-	無死	3-0	右安	4球目	フォーシーム	157	中中
					スティーブン・オカート	左	3	DH	6回裏	-	無死	2-2	空三振	5球目	スライダー	127	内中
					タナー・スコット	左	3	DH	7回裏	一二塁	2死	1-2	空三振	4球目	フォーシーム	156	中低
5/29	ギャランティード・レート・フィールド	月	N	ホワイトソックス	マイケル・コペック	右	3	DH	1回表	一塁	1死	0-0	死球	1球目	フォーシーム	152	内低
					マイケル・コペック	右	3	DH	2回表	二三塁	2死	3-1	三飛	5球目	フォーシーム	154	中高
					マイケル・コペック	右	3	DH	4回表	一塁	2死	1-2	空三振	5球目	スライダー	141	内低
					キーナン・ミドルトン	右	3	DH	7回表	-	1死	1-2	空三振	5球目	チェンジアップ	146	中低
					リアム・ヘンドリクス	右	3	DH	8回表	一三塁	2死	1-2	遊ゴロ	4球目	フォーシーム	154	外高
5/30	ギャランティード・レート・フィールド	火	N	ホワイトソックス	ルーカス・ジオリト	右	3	DH	1回表	-	1死	1-0	中飛	2球目	フォーシーム	150	中高
					ルーカス・ジオリト	右	3	DH	4回表	-	無死	0-2	中本	3球目	フォーシーム	152	中高
					ルーカス・ジオリト	右	3	DH	5回表	-	2死	2-1	右飛	4球目	チェンジアップ	132	外中
					アーロン・バマー	左	3	DH	8回表	二塁	1死	2-2	空三振	6球目	スライダー	133	外低
5/31	ギャランティード・レート・フィールド	水	D	ホワイトソックス	ランス・リン	右	3	DH	1回表	-	無死	1-0	中飛	2球目	チェンジアップ	137	外高
					ランス・リン	右	3	DH	3回表	一塁	1死	0-0	中本	1球目	フォーシーム	151	内中
					ランス・リン	右	3	DH	4回表	二塁	1死	3-2	右中本	6球目	フォーシーム	150	内高
					ジェシー・ショルテンス	右	3	DH	7回表	-	無死	3-2	四球	8球目	カーブ	118	外高
6/1	ミニッツメイド・パーク	木	N	アストロズ	ロネル・ブランコ	右	3	DH	1回表	一塁	1死	0-0	右安	1球目	スライダー	139	内高
					ロネル・ブランコ	右	3	DH	2回表	満塁	2死	0-2	空三振	3球目	チェンジアップ	140	外低
					ロネル・ブランコ	右	3	DH	5回表	-	1死	0-2	捕飛	3球目	スライダー	140	内中
					ブライアン・アブレイユ	右	3	DH	7回表	-	無死	0-0	二ゴロ	1球目	フォーシーム	157	中中
					ライアン・プレスリー	右	3	DH	9回表	-	無死	2-2	空三振	6球目	カーブ	135	内低
6/2	ミニッツメイド・パーク	金	N	アストロズ	フランバー・ヴァルデス	左	1	投手	1回表	-	無死	3-2	左飛	6球目	ツーシーム	156	内高
					フランバー・ヴァルデス	左	1	投手	3回表	一二塁	1死	0-2	空三振	3球目	カットボール	136	中低
					フランバー・ヴァルデス	左	1	投手	6回表	-	無死	2-2	空三振	5球目	カットボール	136	外低
					フィル・メイトン	右	1	DH	8回表	一塁	無死	3-2	四球	6球目	カーブ	119	外中

日付	球場	曜日	デー・ナイター	対戦チーム	対戦投手名	投手左右	打順	位置	試合状況	走者状況	アウト	カウント	打席結果	投球数	球種	球速	コース
					ブライアン・アブレイユ	右	1	DH	9回表	一三塁	2死	0-0	左飛	1球目	スライダー	141	内中
6/3	ミニッツメイド・パーク	土	D	アストロズ	クリスチャン・ハビエル	右	1	DH	1回表	-	無死	3-2	中安	6球目	フォーシーム	149	外中
					クリスチャン・ハビエル	右	1	DH	3回表	一塁	1死	2-0	中3	3球目	フォーシーム	150	内低
					クリスチャン・ハビエル	右	1	DH	5回表	一塁	1死	1-2	二併打	4球目	フォーシーム	150	内高
					ライン・スタネック	右	1	DH	7回表	一二塁	1死	2-2	左2	6球目	スプリット	144	外高
					ライアン・プレスリー	右	1	DH	9回表	-	無死	0-1	右安	2球目	フォーシーム	153	中高
6/4	ミニッツメイド・パーク	日	D	アストロズ	J.P.フランス	右	1	DH	1回表	-	無死	1-0	左飛	2球目	チェンジアップ	133	外中
					J.P.フランス	右	1	DH	4回表	-	無死	2-1	一ゴロ	4球目	チェンジアップ	130	外低
					J.P.フランス	右	1	DH	6回表	-	2死	1-2	二ゴロ	4球目	チェンジアップ	131	外低
					フィル・メイトン	右	1	DH	8回表	一塁	2死	3-2	右2	6球目	カーブ	122	中低
6/6	エンゼル・スタジアム	火	N	カブス	ヘイデン・ウェズネスキー	右	2	DH	1回裏	-	1死	1-0	遊ゴロ	2球目	フォーシーム	152	内中
					ヘイデン・ウェズネスキー	右	2	DH	4回裏	-	無死	2-2	右本	6球目	カットボール	143	内高
					ブランドン・ヒューズ	左	2	DH	5回裏	二三塁	2死	3-1	四球	5球目	スライダー	133	外低
					ジェレマイア・エストラーダ	右	2	DH	7回裏	-	無死	3-2	四球	7球目	スライダー	138	内低
6/7	エンゼル・スタジアム	水	N	カブス	ジェイムソン・タイロン	右	2	DH	1回裏	-	1死	3-1	中2	5球目	フォーシーム	151	外高
					ジェイムソン・タイロン	右	2	DH	3回裏	一塁	2死	3-2	左飛	8球目	フォーシーム	152	中高
					ジェイムソン・タイロン	右	2	DH	5回裏	-	2死	3-1	四球	5球目	フォーシーム	151	外高
					マーク・ライターJr.	右	2	DH	6回裏	二塁	2死	0-2	空三振	3球目	スプリット	135	中低
					マイケル・ラッカー	右	2	DH	8回裏	満塁	2死	0-0	二ゴロ	1球目	カットボール	145	内高
6/8	エンゼル・スタジアム	木	N	カブス	ドリュー・スマイリー	左	2	DH	1回裏	二塁	無死	2-2	空三振	5球目	カーブ	128	中低
					ドリュー・スマイリー	左	2	DH	2回裏	一塁	2死	1-0	中安	2球目	カーブ	125	中中
					ドリュー・スマイリー	左	2	DH	4回裏	一二塁	1死	2-2	三飛	6球目	カーブ	130	外低
					ドリュー・スマイリー	左	2	DH	6回裏	二塁	2死	1-2	二ゴロ	5球目	ツーシーム	149	内高
					アドベルト・アルゾレイ	右	2	DH	8回裏	一塁	2死	3-2	空三振	6球目	フォーシーム	153	内中
6/9	エンゼル・スタジアム	金	N	マリナーズ	ルイス・カスティーヨ	右	2	投手	1回裏	-	1死	2-2	三安	6球目	スライダー	137	外低
					ルイス・カスティーヨ	右	2	投手	3回裏	一塁	2死	1-0	右中本	2球目	チェンジアップ	142	中中
					ルイス・カスティーヨ	右	2	投手	5回裏	一塁	2死	0-0	左2	1球目	ツーシーム	157	外中
					マット・ブラッシュ	右	2	DH	7回裏	二塁	1死	1-2	一ゴロ	5球目	フォーシーム	155	内低
6/10	エンゼル・スタジアム	土	N	マリナーズ	ブライアン・ウー	右	2	DH	1回裏	-	1死	2-2	中飛	5球目	フォーシーム	155	中高
					ブライアン・ウー	右	2	DH	3回裏	一塁	2死	0-1	右本	2球目	スライダー	136	内低
					ゲイブ・スピアー	左	2	DH	5回裏	二三塁	2死	3-2	見三振	8球目	スライダー	136	外低
					アンドレス・ムニョス	右	2	DH	8回裏	-	無死	2-2	空三振	5球目	スライダー	143	内低
6/11	エンゼル・スタジアム	日	D	マリナーズ	ローガン・ギルバート	右	2	DH	1回裏	-	無死	0-1	二ゴロ	2球目	スライダー	144	中低
					ローガン・ギルバート	右	2	DH	3回裏	-	無死	1-2	右安	4球目	スプリット	139	外低
					マット・ブラッシュ	右	2	DH	4回裏	一二塁	無死	0-0	右安	1球目	スライダー	142	内高
					テイラー・サウセド	左	2	DH	6回裏	一二塁	無死	0-2	見三振	3球目	ツーシーム	150	中低
					クリス・フレクセン	右	2	DH	8回裏	一塁	無死	0-1	右安	2球目	カットボール	141	内高
6/12	グローブライフ・フィールド	月	N	レンジャーズ	デイン・ダニング	右	2	DH	1回表	一塁	無死	2-1	一ゴロ	4球目	チェンジアップ	139	中低
					デイン・ダニング	右	2	DH	3回表	二塁	2死	3-2	四球	6球目	チェンジアップ	139	外高
					デイン・ダニング	右	2	DH	5回表	一三塁	無死	0-1	左犠飛	2球目	ツーシーム	146	中中
					グラント・アンダーソン	右	2	DH	7回表	-	1死	0-1	中本	2球目	ツーシーム	150	内低
					ウィル・スミス	左	2	DH	9回表	-	無死	1-2	空三振	4球目	スライダー	134	外低
					コール・レイガンズ	左	2	DH	12回表	二塁	無死	0-0	左本	1球目	カットボール	149	中高
6/13	グローブライフ・フィールド	火	N	レンジャーズ	コディ・ブラッドフォード	左	2	DH	1回表	-	1死	3-2	右2	6球目	チェンジアップ	133	内中
					コディ・ブラッドフォード	左	2	DH	3回表	-	2死	3-1	四球	5球目	スライダー	140	外低
					オーウェン・ホワイト	右	2	DH	6回表	-	1死	1-0	右安	2球目	チェンジアップ	142	外低
					ブロック・バーク	左	2	DH	7回表	二三塁	2死	0-0	故意四				
					ホセ・レクラク	右	2	DH	9回表	-	2死	3-2	四球	7球目	チェンジアップ	143	外中
6/14	グローブライフ・フィールド	水	N	レンジャーズ	アンドリュー・ヒーニー	左	2	DH	1回表	-	1死	3-2	四球	6球目	スライダー	134	外低
					アンドリュー・ヒーニー	左	2	DH	3回表	-	1死	2-2	見三振	5球目	フォーシーム	151	外中
					アンドリュー・ヒーニー	左	2	DH	4回表	一塁	2死	3-2	左安	7球目	フォーシーム	151	中低
					ジョシュ・スボーツ	右	2	DH	7回表	-	無死	1-1	二ゴロ	3球目	スライダー	142	中低
					ウィル・スミス	左	2	DH	9回表	二塁	1死	1-0	左中本	2球目	フォーシーム	151	中中
6/15	グローブライフ・フィールド	木	N	レンジャーズ	ネイサン・イオバルディ	右	2	投手	1回表	一塁	無死	3-2	四球	7球目	スプリット	140	中低
					ネイサン・イオバルディ	右	2	投手	3回表	-	1死	0-1	二ゴロ	2球目	スプリット	141	外中
					ネイサン・イオバルディ	右	2	投手	6回表	-	無死	3-2	四球	6球目	カットボール	146	外低
					ブロック・バーク	左	2	DH	8回表	一塁	無死	0-0	中本	1球目	スライダー	139	外高
6/16	カウフマン・スタジアム	金	N	ロイヤルズ	ブレイディ・シンガー	右	2	DH	1回表	-	1死	1-1	左2	3球目	ツーシーム	151	中低
					ブレイディ・シンガー	右	2	DH	3回表	二塁	1死	3-0	四球	4球目	ツーシーム	149	外低
					ブレイディ・シンガー	右	2	DH	5回表	一塁	2死	0-1	二ゴロ	2球目	チェンジアップ	141	外中
					カルロス・エルナンデス	右	2	DH	7回表	二塁	1死	3-0	四球	4球目	フォーシーム	160	外高
					オースティン・コックス	左	2	DH	9回表	-	無死	2-2	見三振	6球目	フォーシーム	149	外中
6/17	カウフマン・スタジアム	土	D	ロイヤルズ	マイク・メイヤーズ	右	2	DH	1回表	一塁	無死	3-2	右直	6球目	スライダー	137	中低
					マイク・メイヤーズ	右	2	DH	3回表	-	2死	1-1	二ゴロ	3球目	チェンジアップ	139	外低
					マイク・メイヤーズ	右	2	DH	5回表	一三塁	1死	0-0	二ゴロ	1球目	チェンジアップ	139	中低
					テイラー・クラーク	右	2	DH	7回表	-	1死	0-0	中本	1球目	チェンジアップ	142	外高
					アロルディス・チャプマン	左	2	DH	9回表	三塁	1死	3-0	四球	4球目	フォーシーム	162	外低
6/18	カウフマン・スタジアム	日	D	ロイヤルズ	ザック・グリンキー	右	2	DH	1回表	-	1死	1-0	二ゴロ	2球目	チェンジアップ	139	外中
					ザック・グリンキー	右	2	DH	3回表	-	2死	2-2	空三振	5球目	カーブ	114	外低
					ザック・グリンキー	右	2	DH	5回表	二塁	無死	3-2	右中本	6球目	カーブ	112	内低
					オースティン・コックス	左	2	DH	7回表	-	1死	1-2	空三振	4球目	カットボール	138	外低
6/20	エンゼル・スタジアム	火	N	ドジャース	クレイトン・カーショウ	左	2	DH	1回裏	-	1死	0-0	左飛	1球目	フォーシーム	148	中高
					クレイトン・カーショウ	左	2	DH	4回裏	-	無死	2-2	空三振	5球目	スライダー	140	外低
					クレイトン・カーショウ	左	2	DH	6回裏	一塁	1死	0-1	左飛	2球目	スライダー	141	外中
					ケイレブ・ファーガソン	左	2	DH	8回裏	-	1死	2-2	空三振	5球目	フォーシーム	156	内高
6/21	エンゼル・スタジアム	水	N	ドジャース	ブルスダー・グラテロル	右	2	投手	1回裏	-	1死	3-2	四球	6球目	カットボール	154	外高
					ビクトル・ゴンサレス	左	2	投手	4回裏	-	無死	2-1	左直	4球目	スライダー	137	外中
					アレックス・ベシア	左	2	投手	6回裏	-	無死	0-0	三飛	1球目	フォーシーム	151	内高
					エヴァン・フィリップス	右	2	DH	9回裏	-	無死	2-2	中飛	5球目	スライダー	139	中低
6/23	クアーズ・フィールド	金	N	ロッキーズ	カイル・フリーランド	左	2	DH	1回表	-	1死	2-2	中2	5球目	ツーシーム	142	内高
					カイル・フリーランド	左	2	DH	3回表	一塁	無死	0-0	中飛	1球目	スライダー	130	中高
					カイル・フリーランド	左	2	DH	5回表	-	無死	2-1	右中本	4球目	ツーシーム	140	内中
					ピーター・ランバート	右	2	DH	6回表	-	2死	0-0	右安	1球目	チェンジアップ	142	内中
					ピアース・ジョンソン	右	2	DH	8回表	二三塁	2死	3-2	空三振	6球目	カーブ	143	内低
6/24	クアーズ・フィールド	土	N	ロッキーズ	チェイス・アンダーソン	右	2	DH	1回表	一塁	無死	0-0	左飛	1球目	フォーシーム	152	中高
					チェイス・アンダーソン	右	2	DH	2回表	三塁	2死	3-2	見三振	7球目	フォーシーム	151	外中
					チェイス・アンダーソン	右	2	DH	3回表	一三塁	2死	1-0	右安	2球目	チェンジアップ	136	中中

日付	球場	曜日	デー・ナイター	対戦チーム	対戦投手名	投手左右	打順	位置	試合状況	走者状況	アウト	カウント	打席結果	投球数	球種	球速	コース
					ノア・デイヴィス	右	2	DH	4回表	一塁	無死	0-1	右直	2球目	カットボール	146	内中
					ノア・デイヴィス	右	2	DH	4回表	-	2死	0-2	空三振	7球目	チェンジアップ	139	外低
					ノア・デイヴィス	右	2	DH	6回表	二塁	1死	1-1	二ゴロ	3球目	ツーシーム	150	外中
					カール・カウフマン	右	2	DH	8回表	一塁	1死	2-1	遊併打	4球目	チェンジアップ	139	外低
6/25	クアーズ・フィールド	日	D	ロッキーズ	オースティン・ゴンバー	左	2	DH	1回表	-	1死	0-2	二ゴロ	3球目	カーブ	128	外中
					オースティン・ゴンバー	左	2	DH	3回表	一塁	2死	2-0	二安	3球目	スライダー	138	外中
					オースティン・ゴンバー	左	2	DH	6回表	二塁	無死	1-0	中3	2球目	フォーシーム	148	中高
					ダニエル・バード	右	2	DH	8回表	一塁	1死	1-2	右飛	4球目	スライダー	133	内低
6/26	エンゼル・スタジアム	月	N	ホワイトソックス	ディラン・シーズ	右	3	DH	1回裏	一塁	1死	0-2	見三振	3球目	フォーシーム	155	外高
					ディラン・シーズ	右	3	DH	4回裏	-	1死	3-1	右中本	5球目	スライダー	142	内中
					ディラン・シーズ	右	3	DH	6回裏	-	2死	2-2	空三振	7球目	スライダー	141	中低
					アーロン・バマー	左	3	DH	9回裏	一塁	無死	3-2	四球	6球目	スライダー	132	外低
6/27	エンゼル・スタジアム	火	N	ホワイトソックス	マイケル・コペック	右	2	投手	1回裏	-	1死	2-1	右中本	4球目	フォーシーム	153	中中
					マイケル・コペック	右	2	投手	3回裏	-	無死	3-1	四球	5球目	フォーシーム	151	外高
					マイケル・コペック	右	2	投手	5回裏	-	無死	3-2	右安	6球目	フォーシーム	156	中低
					トゥキ・トゥーサン	右	2	DH	7回裏	-	1死	1-1	左中本	3球目	スプリット	142	外低
6/28	エンゼル・スタジアム	水	N	ホワイトソックス	ルーカス・ジオリト	右	2	DH	1回裏	-	1死	2-2	右3	5球目	チェンジアップ	130	外中
					ルーカス・ジオリト	右	2	DH	3回裏	-	1死	3-2	空三振	6球目	スライダー	140	内低
					ルーカス・ジオリト	右	2	DH	6回裏	-	無死	3-2	見三振	7球目	フォーシーム	152	外高
					キーナン・ミドルトン	右	2	DH	8回裏	-	1死	2-2	中安	5球目	フォーシーム	154	中高
					ケンドール・グレイブマン	右	2	DH	9回裏	一二塁	2死	1-1	二安	3球目	チェンジアップ	142	外低
6/29	エンゼル・スタジアム	木	D	ホワイトソックス	ランス・リン	右	3	DH	1回裏	-	1死	1-2	空三振	5球目	スライダー	136	内低
					ランス・リン	右	3	DH	2回裏	一二塁	2死	1-2	空三振	4球目	スライダー	134	外低
					ランス・リン	右	3	DH	4回裏	二塁	2死	0-0	故意四				
					ジョー・ケリー	右	3	DH	7回裏	二塁	無死	3-1	四球	5球目	ツーシーム	158	内低
					ケンドール・グレイブマン	右	3	DH	9回裏	一塁	2死	1-2	中本	5球目	スライダー	140	中低
6/30	エンゼル・スタジアム	金	N	ダイヤモンドバックス	トミー・ヘンリー	左	2	DH	1回裏	-	1死	3-0	四球	4球目	フォーシーム	146	外高
					トミー・ヘンリー	左	2	DH	3回裏	一塁	1死	2-2	一ゴロ	5球目	スライダー	135	中高
					トミー・ヘンリー	左	2	DH	6回裏	-	無死	1-0	右本	2球目	スライダー	135	中中
					アンドリュー・チェイフィン	左	2	DH	8回裏	-	無死	3-2	四球	6球目	スライダー	135	内中
7/1	エンゼル・スタジアム	土	N	ダイヤモンドバックス	ライン・ネルソン	右	3	DH	1回裏	-	2死	2-2	中飛	5球目	フォーシーム	155	中高
					ライン・ネルソン	右	3	DH	4回裏	-	1死	2-2	空三振	5球目	チェンジアップ	135	外中
					ライン・ネルソン	右	3	DH	6回裏	一塁	無死	1-2	空三振	5球目	フォーシーム	154	中高
					スコット・マクガフ	右	3	DH	9回裏	-	無死	0-2	一直	3球目	スプリット	138	中低
7/2	エンゼル・スタジアム	日	D	ダイヤモンドバックス	ザック・ギャレン	右	3	DH	1回裏	-	1死	1-2	空三振	4球目	カーブ	135	内低
					ザック・ギャレン	右	3	DH	3回裏	-	無死	1-2	見三振	4球目	フォーシーム	153	外中
					ザック・ギャレン	右	3	DH	6回裏	-	無死	2-0	左飛	3球目	フォーシーム	151	中中
					カイル・ネルソン	左	3	DH	8回裏	-	2死	1-2	右本	4球目	スライダー	135	中中
7/3	ペトコ・パーク	月	N	パドレス	ブレイク・スネル	左	3	DH	1回表	二塁	1死	3-2	四球	7球目	スライダー	145	外低
					ブレイク・スネル	左	3	DH	3回表	一塁	1死	1-1	遊ゴロ	3球目	フォーシーム	157	外中
					ブレイク・スネル	左	3	DH	5回表	一塁	1死	3-0	四球	4球目	フォーシーム	156	外中
					トム・コスグローブ	左	3	DH	6回表	一三塁	1死	0-2	空三振	3球目	スライダー	121	外低
					ニック・マルティネス	右	3	DH	8回表	-	1死	1-2	二ゴロ	4球目	チェンジアップ	132	外低
7/4	ペトコ・パーク	火	D	パドレス	ジョー・マスグローブ	右	3	投手	1回表	-	2死	2-2	空三振	5球目	カットボール	147	中高
					ジョー・マスグローブ	右	3	投手	4回表	一塁	無死	2-2	左飛	5球目	カーブ	134	中中
					ジョー・マスグローブ	右	3	投手	6回表	-	2死	0-0	一ゴロ	1球目	カットボール	146	中低
7/5	ペトコ・パーク	水	N	パドレス	セス・ルーゴ	右	3	DH	1回表	-	2死	3-2	二ゴロ	7球目	ツーシーム	155	内中
					セス・ルーゴ	右	3	DH	3回表	二塁	1死	0-2	二ゴロ	3球目	カーブ	132	外低
					セス・ルーゴ	右	3	DH	5回表	三塁	2死	2-2	二ゴロ	5球目	カーブ	133	外中
					トム・コスグローブ	左	3	DH	8回表	-	無死	0-1	三飛	2球目	スライダー	120	外低
7/7	ドジャー・スタジアム	金	N	ドジャース	トニー・ゴンソリン	右	1	DH	1回表	-	無死	1-2	一ゴロ	4球目	スプリット	135	中低
					トニー・ゴンソリン	右	1	DH	4回表	-	無死	0-0	右安	1球目	フォーシーム	147	外中
					トニー・ゴンソリン	右	1	DH	6回表	-	無死	3-0	四球	4球目	フォーシーム	148	外高
					アレックス・ベシア	左	1	DH	7回表	一塁	2死	0-2	見三振	3球目	フォーシーム	153	外中
7/8	ドジャー・スタジアム	土	N	ドジャース	アレックス・ベシア	左	1	DH	1回表	-	無死	0-0	中安	1球目	フォーシーム	150	外低
					マイケル・グローブ	右	1	DH	3回表	-	1死	1-1	右3	3球目	フォーシーム	153	中高
					マイケル・グローブ	右	1	DH	6回表	-	無死	1-0	中飛	2球目	カットボール	142	内高
					マイケル・グローブ	右	1	DH	7回表	一塁	2死	0-1	中本	2球目	スライダー	136	中低
					ブライアン・ハドソン	左	1	DH	9回表	満塁	1死	0-0	左犠飛	1球目	カットボール	139	中低
7/14	エンゼル・スタジアム	金	N	アストロズ	J.P.フランス	右	2	投手	1回裏	-	1死	0-0	左安	1球目	フォーシーム	148	内高
					J.P.フランス	右	2	投手	2回裏	二塁	2死	0-0	左直	1球目	チェンジアップ	131	外高
					J.P.フランス	右	2	投手	5回裏	-	1死	3-2	左安	6球目	フォーシーム	148	中高
					ヘクター・ネリス	右	2	DH	7回裏	-	無死	1-2	空三振	6球目	スプリット	133	外低
					ライアン・プレスリー	右	2	DH	9回裏	-	無死	1-2	空三振	4球目	フォーシーム	153	外高
7/15	エンゼル・スタジアム	土	N	アストロズ	フランバー・ヴァルデス	左	2	DH	1回裏	-	1死	2-2	空三振	5球目	チェンジアップ	146	内中
					フランバー・ヴァルデス	左	2	DH	3回裏	-	無死	1-1	二ゴロ	3球目	ツーシーム	153	内中
					フランバー・ヴァルデス	左	2	DH	5回裏	-	2死	0-2	空三振	4球目	カーブ	131	外低
					ライン・スタネック	右	2	DH	7回裏	-	1死	1-2	空三振	4球目	スプリット	144	内低
					ライアン・プレスリー	右	2	DH	9回裏	-	無死	1-1	中本	3球目	スライダー	144	外高
					フィル・メイトン	右	2	DH	10回裏	二塁	1死	0-0	故意四				
7/16	エンゼル・スタジアム	日	D	アストロズ	クリスチャン・ハビエル	右	2	DH	1回裏	-	1死	2-2	遊直	7球目	フォーシーム	152	外中
					クリスチャン・ハビエル	右	2	DH	3回裏	-	1死	2-1	二ゴロ	4球目	スライダー	129	外低
					クリスチャン・ハビエル	右	2	DH	5回裏	-	1死	0-1	中飛	2球目	フォーシーム	149	内高
					ジョエル・クーネル	右	2	DH	7回裏	二塁	2死	3-0	故意四				
					フィル・メイトン	右	2	DH	9回裏	-	1死	0-0	中本	1球目	フォーシーム	145	内高
7/17	エンゼル・スタジアム	月	N	ヤンキース	ルイス・セベリーノ	右	2	DH	1回裏	-	1死	0-0	右安	1球目	フォーシーム	154	内中
					ルイス・セベリーノ	右	2	DH	3回裏	一塁	1死	0-1	中2	2球目	チェンジアップ	140	外高
					ルイス・セベリーノ	右	2	DH	5回裏	一三塁	2死	0-0	故意四				
					マイケル・キング	右	2	DH	7回裏	一塁	2死	1-2	中本	4球目	フォーシーム	156	外中
					ニック・ラミレス	左	2	DH	9回裏	-	無死	0-2	空三振	3球目	スライダー	131	外低
7/18	エンゼル・スタジアム	火	N	ヤンキース	ドミンゴ・ヘルマン	右	2	DH	1回裏	一塁	無死	0-2	空三振	3球目	カーブ	135	内低
					ドミンゴ・ヘルマン	右	2	DH	3回裏	一二塁	無死	3-2	四球	6球目	ツーシーム	153	外低
					ドミンゴ・ヘルマン	右	2	DH	5回裏	一塁	1死	1-0	右3	2球目	チェンジアップ	136	中低
					アルベルト・アブレイユ	右	2	DH	7回裏	-	2死	3-2	見三振	6球目	ツーシーム	158	内低
7/19	エンゼル・スタジアム	水	D	ヤンキース	カルロス・ロドン	左	2	DH	1回裏	-	1死	3-2	四球	6球目	フォーシーム	155	外高
					カルロス・ロドン	左	2	DH	3回裏	-	無死	3-2	四球	6球目	スライダー	138	内高
					カルロス・ロドン	左	2	DH	4回裏	一塁	1死	1-2	空三振	4球目	スライダー	139	外低

日付	球場	曜日	デー・ナイター	対戦チーム	対戦投手名	投手左右	打順	位置	試合状況	走者状況	アウト	カウント	打席結果	投球数	球種	球速	コース
					イアン・ハミルトン	右	2	DH	6回裏	二塁	1死	0-0	故意四				
					トミー・ケインリー	右	2	DH	8回裏	一塁	1死	3-2	四球	6球目	チェンジアップ	144	中低
7/21	エンゼル・スタジアム	金	N	パイレーツ	ヨハン・オビエド	右	2	投手	1回裏	-	1死	3-2	四球	6球目	ツーシーム	156	内低
					ヨハン・オビエド	右	2	投手	4回裏	-	無死	3-2	四球	6球目	フォーシーム	156	外低
					ホセ・エルナンデス	左	2	投手	5回裏	-	無死	1-2	空三振	4球目	スライダー	133	外低
					アンヘル・ペルドモ	左	2	DH	7回裏	-	無死	3-2	四球	6球目	自動ボール		
7/22	エンゼル・スタジアム	土	N	パイレーツ	ライアン・ボルッキ	左	2	DH	1回裏	-	1死	3-2	見三振	6球目	スライダー	144	外低
					オスバルド・ビド	右	2	DH	3回裏	一塁	2死	1-2	空三振	4球目	チェンジアップ	146	外中
					ホセ・エルナンデス	左	2	DH	5回裏	一塁	2死	0-0	中直	1球目	スライダー	137	中高
					カルメン・ムロジンスキー	右	2	DH	8回裏	-	1死	1-2	空三振	4球目	フォーシーム	157	中高
7/23	エンゼル・スタジアム	日	D	パイレーツ	ミッチ・ケラー	右	2	DH	1回裏	-	1死	3-2	中本	7球目	カットボール	148	内低
					ミッチ・ケラー	右	2	DH	3回裏	-	無死	1-2	空三振	4球目	チェンジアップ	146	外低
					ミッチ・ケラー	右	2	DH	5回裏	-	無死	3-0	四球	4球目	ツーシーム	153	外中
					アンヘル・ペルドモ	左	2	DH	6回裏	-	2死	2-2	空三振	5球目	スライダー	138	内高
7/25	コメリカ・パーク	火	N	タイガース	エドゥアルド・ロドリゲス	左	2	DH	1回表	一塁	無死	3-2	四球	6球目	ツーシーム	151	中低
					エドゥアルド・ロドリゲス	左	2	DH	3回表	-	1死	0-1	左直	2球目	未計測	未計測	未計測
					エドゥアルド・ロドリゲス	左	2	DH	5回表	三塁	1死	3-2	四球	9球目	未計測	未計測	未計測
					ボー・ブリスキー	右	2	DH	6回表	一塁	2死	1-2	見三振	4球目	未計測	未計測	未計測
					チェイスン・シュリーヴ	左	2	DH	9回表	三塁	無死	1-2	空三振	4球目	スプリット	129	中低
7/27	コメリカ・パーク	木	D	タイガース	マイケル・ロレンゼン	右	2	投手	1回表	一塁	無死	3-2	見三振	7球目	フォーシーム	153	外低
					マイケル・ロレンゼン	右	2	投手	3回表	-	1死	0-0	中飛	1球目	フォーシーム	152	中高
					マイケル・ロレンゼン	右	2	投手	5回表	-	2死	1-0	左飛	2球目	フォーシーム	151	外高
					ザック・ローグ	左	2	投手	7回表	二三塁	1死	1-2	空三振	4球目	カーブ	127	外低
					ザック・ローグ	左	2	投手	9回表	-	2死	0-0	ニゴロ	1球目	カーブ	128	中低
7/27	コメリカ・パーク	木	N	タイガース	マット・マニング	右	2	DH	1回表	-	1死	0-2	見三振	3球目	フォーシーム	158	外低
					マット・マニング	右	2	DH	2回表	一塁	2死	2-2	左本	7球目	フォーシーム	152	中低
					マット・マニング	右	2	DH	4回表	-	2死	3-1	中本	5球目	フォーシーム	153	中中
7/28	ロジャース・センター	金	N	ブルージェイズ	ケビン・ガウスマン	右	2	DH	1回表	-	1死	0-0	右本	1球目	フォーシーム	150	中低
					ケビン・ガウスマン	右	2	DH	3回表	-	1死	2-2	空三振	6球目	スプリット	141	外低
					ケビン・ガウスマン	右	2	DH	6回表	-	1死	1-2	左安	4球目	スプリット	140	外低
					ティム・メイザ	左	2	DH	8回表	-	無死	3-2	遊ゴロ	7球目	ツーシーム	153	中中
7/29	ロジャース・センター	土	D	ブルージェイズ	アレク・マノア	右	2	DH	1回表	-	1死	1-2	死球	5球目	スライダー	132	内低
					アレク・マノア	右	2	DH	3回表	-	無死	1-1	右2	3球目	ツーシーム	151	中低
					アレク・マノア	右	2	DH	5回表	二塁	1死	0-0	故意四				
					トレバー・リチャーズ	右	2	DH	6回表	一三塁	2死	0-0	故意四				
					イミ・ガルシア	右	2	DH	9回表	一塁	無死	1-2	見三振	4球目	カーブ	133	外低
7/30	ロジャース・センター	日	D	ブルージェイズ	ホセ・ベリオス	右	2	DH	1回表	一塁	無死	0-2	左飛	3球目	チェンジアップ	138	外低
					ホセ・ベリオス	右	2	DH	3回表	-	無死	0-1	左安	2球目	チェンジアップ	130	外中
					ホセ・ベリオス	右	2	DH	4回表	二塁	2死	0-0	故意四				
					ヘネシス・カブレラ	左	2	DH	7回表	-	1死	3-2	ニゴロ	6球目	スライダー	148	中低
					ティム・メイザ	左	2	DH	9回表	二塁	1死	2-0	故意四				
7/31	トゥルーイスト・パーク	月	N	ブレーブス	チャーリー・モートン	右	2	DH	1回表	-	無死	1-1	死球	3球目	カーブ	134	内低
					チャーリー・モートン	右	2	DH	2回表	三塁	2死	0-0	故意四				
					チャーリー・モートン	右	2	DH	4回表	一塁	2死	0-0	右安	1球目	フォーシーム	153	外高
					A.J. ミンター	左	2	DH	7回表	-	無死	2-2	右安	6球目	カットボール	147	外中
					デイズベル・ヘルナンデス	右	2	DH	9回表	一二塁	無死	0-2	中飛	3球目	フォーシーム	154	中高
8/1	トゥルーイスト・パーク	火	N	ブレーブス	スペンサー・ストライダー	右	2	DH	1回表	一塁	無死	0-2	空三振	3球目	チェンジアップ	138	外低
					スペンサー・ストライダー	右	2	DH	3回表	-	2死	3-2	空三振	7球目	スライダー	141	中低
					スペンサー・ストライダー	右	2	DH	6回表	-	無死	1-1	遊安	3球目	フォーシーム	158	内中
					A.J. ミンター	左	2	DH	8回表	-	無死	3-2	一ゴロ	7球目	フォーシーム	153	内低
8/2	トゥルーイスト・パーク	水	D	ブレーブス	ヨニー・チリノス	右	2	DH	1回表	-	1死	2-2	右安	7球目	スプリット	138	外高
					ヨニー・チリノス	右	2	DH	4回表	-	無死	1-2	空三振	4球目	スプリット	139	内低
					ヨニー・チリノス	右	2	DH	6回表	一塁	無死	0-0	右安	1球目	ツーシーム	147	外中
					カービー・イェイツ	右	2	DH	8回表	-	無死	3-0	四球	4球目	フォーシーム	150	外高
8/3	エンゼル・スタジアム	木	N	マリナーズ	ブライアン・ウー	右	2	投手	1回裏	-	1死	0-0	右安	1球目	カットボール	143	内中
					ブライアン・ウー	右	2	投手	4回裏	-	1死	3-1	四球	5球目	ツーシーム	154	外低
					ブライアン・ウー	右	2	DH	6回裏	-	2死	3-0	故意四				
					アイザイア・キャンベル	右	2	DH	8回裏	-	1死	2-2	右中本	6球目	フォーシーム	155	内中
8/4	エンゼル・スタジアム	金	N	マリナーズ	ルイス・カスティーヨ	右	2	DH	1回裏	-	無死	1-2	空三振	4球目	スライダー	139	内低
					ルイス・カスティーヨ	右	2	DH	3回裏	一塁	無死	3-1	四球	5球目	スライダー	140	内低
					ルイス・カスティーヨ	右	2	DH	4回裏	-	2死	0-0	左2	1球目	フォーシーム	154	中中
					ルイス・カスティーヨ	右	2	DH	6回裏	-	2死	3-2	空三振	8球目	スライダー	141	内低
					マット・ブラッシュ	右	2	DH	9回裏	一二塁	無死	0-2	空三振	3球目	フォーシーム	158	内高
8/5	エンゼル・スタジアム	土	N	マリナーズ	ジョージ・カービー	右	2	DH	1回裏	一塁	無死	1-2	二併打	5球目	フォーシーム	157	内低
					ジョージ・カービー	右	2	DH	4回裏	-	無死	3-2	右直	7球目	カーブ	129	外高
					ジョージ・カービー	右	2	DH	6回裏	一塁	1死	0-2	空三振	3球目	スライダー	141	内低
					アンドレス・ムニョス	右	2	DH	9回裏	-	1死	3-2	空三振	6球目	スライダー	144	外低
8/6	エンゼル・スタジアム	日	D	マリナーズ	ブライス・ミラー	右	2	DH	1回裏	-	1死	1-0	中安	2球目	フォーシーム	157	内低
					ブライス・ミラー	右	2	DH	3回裏	一塁	無死	0-2	空三振	4球目	スライダー	141	内低
					ブライス・ミラー	右	2	DH	5回裏	-	2死	1-2	空三振	4球目	スライダー	141	内低
					ジャスティン・トパ	右	2	DH	8回裏	-	1死	3-1	ニゴロ	5球目	チェンジアップ	142	外中
8/7	エンゼル・スタジアム	月	N	ジャイアンツ	ローガン・ウェブ	右	2	DH	1回裏	-	1死	3-2	中安	6球目	チェンジアップ	142	外中
					ローガン・ウェブ	右	2	DH	3回裏	一二塁	1死	2-2	一ゴロ	5球目	チェンジアップ	140	外低
					ローガン・ウェブ	右	2	DH	6回裏	-	無死	1-2	中2	4球目	チェンジアップ	143	外低
					タイラー・ロジャーズ	右	2	DH	7回裏	一塁	1死	1-1	右飛	3球目	スライダー	119	中高
8/8	エンゼル・スタジアム	火	N	ジャイアンツ	スコット・アレクサンダー	左	2	DH	1回裏	二塁	無死	3-1	中安	5球目	ツーシーム	150	内中
					ジェイコブ ジュニス	右	2	DH	2回裏	二塁	1死	1-1	中飛	3球目	チェンジアップ	141	外高
					アレックス・ウッド	左	2	DH	5回裏	-	無死	0-1	右直	2球目	チェンジアップ	137	中低
					アレックス・ウッド	左	2	DH	7回裏	-	無死	3-2	遊ゴロ	6球目	チェンジアップ	138	外低
					ルーク・ジャクソン	右	2	DH	8回裏	三塁	2死	0-0	故意四				
8/9	エンゼル・スタジアム	水	N	ジャイアンツ	ライアン・ウォーカー	右	2	投手	1回裏	一塁	無死	1-2	空三振	4球目	ツーシーム	153	内高
					ショーン・マネイア	左	2	投手	3回裏	一塁	1死	2-2	見三振	7球目	フォーシーム	153	中低
					トリスタン・ベック	右	2	投手	6回裏	二塁	無死	0-0	故意四				
					トリスタン・ベック	右	2	DH	8回裏	-	無死	3-2	四球	8球目	スライダー	141	外高
8/11	ミニッツメイド・パーク	金	N	アストロズ	ジャスティン・バーランダー	右	2	DH	1回表	-	1死	2-2	ニゴロ	5球目	チェンジアップ	139	外中
					ジャスティン・バーランダー	右	2	DH	3回表	一塁	1死	2-2	空三振	5球目	スライダー	138	中高
					ジャスティン・バーランダー	右	2	DH	6回表	一塁	無死	1-0	中安	2球目	フォーシーム	151	内中

日付	球場	曜日	デー・ナイター	対戦チーム	対戦投手名	投手左右	打順	位置	試合状況	走者状況	アウト	カウント	打席結果	投球数	球種	球速	コース
					ラファエル・モンテロ	右	2	DH	8回表	-	無死	3-2	見三振	6球目	フォーシーム	156	内低
8/12	ミニッツメイド・パーク	土	N	アストロズ	J.P.フランス	右	2	DH	1回表	-	1死	2-2	空三振	5球目	カットボール	141	中高
					J.P.フランス	右	2	DH	4回表	-	無死	1-2	空三振	6球目	チェンジアップ	132	中低
					J.P.フランス	右	2	DH	6回表	-	無死	0-2	中2	3球目	カットボール	140	中中
					ブライアン・アブレイユ	右	2	DH	8回表	-	2死	1-0	左飛	2球目	フォーシーム	157	中中
8/13	ミニッツメイド・パーク	日	D	アストロズ	ホセ・ウルキディ	右	2	DH	1回表	-	1死	3-2	二ゴロ	6球目	フォーシーム	149	外高
					ホセ・ウルキディ	右	2	DH	3回表	二塁	2死	2-2	空三振	5球目	チェンジアップ	138	外中
					パーカー・ムシンスキー	左	2	DH	6回表	-	2死	1-0	中本	2球目	スライダー	131	中高
					ラファエル・モンテロ	右	2	DH	9回表	-	無死	3-2	四球	8球目	フォーシーム	152	内高
8/14	グローブライフ・フィールド	月	N	レンジャーズ	マックス・シャーザー	右	2	DH	1回表	-	1死	1-2	空三振	6球目	カットボール	143	内低
					マックス・シャーザー	右	2	DH	4回表	-	無死	1-2	空三振	5球目	カーブ	125	内低
					マックス・シャーザー	右	2	DH	7回表	-	無死	0-0	三飛	1球目	チェンジアップ	136	外低
8/15	グローブライフ・フィールド	火	N	レンジャーズ	ジョーダン・モンゴメリー	左	2	DH	1回表	-	1死	1-0	一安	2球目	ツーシーム	150	内低
					ジョーダン・モンゴメリー	左	2	DH	3回表	-	2死	2-0	一ゴロ	3球目	ツーシーム	150	内中
					ジョーダン・モンゴメリー	左	2	DH	5回表	一二塁	2死	0-2	見三振	3球目	ツーシーム	149	中低
					アロルディス・チャプマン	左	2	DH	8回表	-	1死	1-2	二ゴロ	4球目	ツーシーム	165	内低
8/16	グローブライフ・フィールド	水	N	レンジャーズ	ジョン・グレイ	右	2	DH	1回表	-	1死	1-0	中本	2球目	フォーシーム	154	中高
					ジョン・グレイ	右	2	DH	3回表	-	無死	1-2	三安	6球目	フォーシーム	156	外高
					ジョン・グレイ	右	2	DH	5回表	-	2死	2-1	左飛	4球目	チェンジアップ	145	外高
					アロルディス・チャプマン	左	2	DH	8回表	-	1死	1-2	遊安	4球目	ツーシーム	166	内高
8/18	エンゼル・スタジアム	金	N	レイズ	エラスモ・ラミレス	右	2	DH	1回裏	-	1死	1-1	一安	3球目	チェンジアップ	135	外中
					エラスモ・ラミレス	右	2	DH	2回裏	満塁	2死	1-0	右本	2球目	カットボール	145	中高
					ショーン・アームストロング	右	2	DH	5回裏	-	1死	2-2	空三振	5球目	ツーシーム	155	外中
					ジェイソン・アダム	右	2	DH	7回裏	一塁	1死	1-2	空三振	4球目	チェンジアップ	144	外中
					ピート・フェアバンクス	右	2	DH	9回裏	一二塁	1死	1-2	空三振	5球目	スライダー	138	中低
8/19	エンゼル・スタジアム	土	D	レイズ	タイラー・グラスノウ	右	2	DH	1回裏	-	1死	3-2	空三振	7球目	スライダー	147	内中
					タイラー・グラスノウ	右	2	DH	3回裏	一塁	無死	2-1	左飛	4球目	スライダー	150	中中
					タイラー・グラスノウ	右	2	DH	4回裏	-	2死	1-1	左直	3球目	スライダー	147	中中
					ジェイク・デイークマン	左	2	DH	7回裏	-	無死	3-0	四球	4球目	フォーシーム	153	内低
8/19	エンゼル・スタジアム	土	N	レイズ	ザック・エフリン	右	2	DH	1回裏	-	1死	2-2	三飛	6球目	カットボール	144	中高
					ザック・エフリン	右	2	DH	4回裏	-	無死	2-1	左直	4球目	チェンジアップ	139	外中
					ザック・エフリン	右	2	DH	6回裏	-	無死	3-1	四球	5球目	カーブ	128	内低
					クーパー・クリスウェル	右	2	DH	8回裏	一塁	無死	0-0	右2	1球目	チェンジアップ	134	外中
8/22	エンゼル・スタジアム	火	N	レッズ	グラハム・アッシュクラフト	右	3	DH	1回裏	-	2死	1-2	空三振	4球目	スライダー	145	内低
					グラハム・アッシュクラフト	右	3	DH	3回裏	-	2死	3-1	四球	5球目	カットボール	155	外高
					グラハム・アッシュクラフト	右	3	DH	5回裏	-	2死	0-2	空三振	4球目	ツーシーム	157	外低
					サム・モール	左	3	DH	8回裏	一塁	1死	1-2	左飛	4球目	フォーシーム	152	外中
8/23	エンゼル・スタジアム	水	D	レッズ	アンドリュー・アボット	左	2	投手	1回裏	一塁	無死	0-0	右中本	1球目	フォーシーム	150	中中
8/23	エンゼル・スタジアム	水	N	レッズ	ライオン・リチャードソン	右	2	DH	1回裏	一塁	無死	1-0	三ゴロ	2球目	チェンジアップ	142	外中
					ライオン・リチャードソン	右	2	DH	2回裏	一二塁	2死	3-2	中直	6球目	チェンジアップ	144	内低
					ライオン・リチャードソン	右	2	DH	5回裏	一塁	1死	0-0	右2	1球目	カーブ	127	外低
					ルーカス・シムズ	右	2	DH	7回裏	-	無死	2-2	空三振	6球目	フォーシーム	152	外高
					アレクシス・ディアス	右	2	DH	9回裏	一塁	無死	2-2	二ゴロ	5球目	スライダー	140	外低
8/25	シティ・フィールド	金	N	メッツ	千賀滉大	右	2	DH	1回表	-	1死	3-0	四球	4球目	カットボール	153	中低
					千賀滉大	右	2	DH	3回表	一塁	無死	1-2	右2	4球目	カットボール	139	中低
					千賀滉大	右	2	DH	5回表	-	1死	3-1	四球	5球目	スプリット	134	内中
					アダム・コラレック	左	2	DH	8回表	-	無死	1-1	一ゴロ	3球目	スライダー	126	内低
					ブルックス・レイリー	左	2	DH	9回表	一三塁	2死	0-0	故意四				
8/26	シティ・フィールド	土	N	メッツ	カルロス・カラスコ	右	2	DH	1回表	-	1死	2-2	中2	8球目	フォーシーム	152	中高
					カルロス・カラスコ	右	2	DH	2回表	一塁	2死	0-1	右3	2球目	スライダー	136	中中
					フィル・ビッグフォード	右	2	DH	4回表	-	2死	3-1	四球	5球目	スライダー	140	外高
					アダム・コラレック	左	2	DH	7回表	-	無死	1-0	中飛	2球目	スライダー	123	外中
					ブルックス・レイリー	左	2	DH	9回表	二塁	2死	0-0	故意四				
8/27	シティ・フィールド	日	D	メッツ	デイヴィッド・ピーターソン	左	2	DH	1回表	一塁	無死	0-2	左直	4球目	スライダー	137	中中
					デイヴィッド・ピーターソン	左	2	DH	3回表	二塁	2死	1-2	空三振	4球目	フォーシーム	152	内高
					デイヴィッド・ピーターソン	左	2	DH	6回表	-	1死	1-2	二ゴロ	4球目	スライダー	141	外低
					ドリュー・スミス	右	2	DH	8回表	-	無死	2-2	空三振	6球目	スライダー	141	内中
8/28	シチズンズバンク・パーク	月	N	フィリーズ	タイワン・ウォーカー	右	2	DH	1回表	一塁	無死	2-2	中安	5球目	フォーシーム	149	外低
					タイワン・ウォーカー	右	2	DH	3回表	-	無死	1-0	中飛	2球目	スプリット	140	外低
					タイワン・ウォーカー	右	2	DH	4回表	二三塁	2死	3-0	故意四				
					マット・ストラーム	左	2	DH	6回表	-	2死	2-2	空三振	5球目	スライダー	134	内高
					グレゴリー・ソト	左	2	DH	8回表	-	2死	0-0	一ゴロ	1球目	ツーシーム	159	内高
8/29	シチズンズバンク・パーク	火	N	フィリーズ	マイケル・ロレンゼン	右	2	DH	1回表	一塁	無死	1-1	三飛	3球目	スライダー	141	中中
					マイケル・ロレンゼン	右	2	DH	3回表	二塁	1死	1-0	投安	2球目	チェンジアップ	134	外低
					マイケル・ロレンゼン	右	2	DH	5回表	三塁	1死	1-0	右安	2球目	チェンジアップ	132	外中
					ホセ・アルバラド	左	2	DH	7回表	-	1死	0-0	右直	1球目	ツーシーム	157	内中
					アンドリュー・ベラッティ	右	2	DH	9回表	二塁	2死	2-0	中2	3球目	フォーシーム	152	中低
8/30	シチズンズバンク・パーク	水	D	フィリーズ	クリストファー・サンチェス	左	3	DH	1回表	-	2死	2-2	空三振	5球目	チェンジアップ	133	内低
					クリストファー・サンチェス	左	3	DH	3回表	一塁	1死	0-0	一併打	1球目	ツーシーム	148	内低
					クリストファー・サンチェス	左	3	DH	5回表	一二塁	2死	1-1	右安	3球目	ツーシーム	151	内中
					グレゴリー・ソト	左	3	DH	8回表	-	1死	3-2	四球	6球目	スライダー	141	外低
					クレイグ・キンブレル	右	3	DH	9回表	一塁	1死	0-2	空三振	3球目	フォーシーム	156	外高
9/1	オークランド・コロシアム	金	N	アスレチックス	JP・シアーズ	左	3	DH	1回表	一塁	1死	0-2	一ゴロ	3球目	スライダー	133	外低
					JP・シアーズ	左	3	DH	3回表	三塁	2死	0-2	三ゴロ	3球目	フォーシーム	152	内高
					JP・シアーズ	左	3	DH	6回表	-	無死	0-1	右2	2球目	スライダー	130	内高
					ショーン・ニューカム	左	3	DH	8回表	-	2死	3-2	四球	7球目	自動ボール		
9/2	オークランド・コロシアム	土	D	アスレチックス	ポール・ブラックバーン	右	2	DH	1回表	一塁	無死	3-2	四球	7球目	ツーシーム	150	内中
					ポール・ブラックバーン	右	2	DH	3回表	-	無死	2-1	遊ゴロ	4球目	チェンジアップ	139	中低
					ポール・ブラックバーン	右	2	DH	5回表	二塁	1死	0-0	故意四				
					サム・ロング	左	2	DH	7回表	一二塁	1死	0-1	遊飛	2球目	カーブ	124	中低
					トレバー・メイ	右	2	DH	9回表	三塁	2死	0-0	故意四				
9/3	オークランド・コロシアム	日	D	アスレチックス	カイル・ミュラー	左	2	DH	1回表	-	1死	3-1	四球	5球目	フォーシーム	152	外低
					カイル・ミュラー	左	2	DH	3回表	-	2死	3-2	一飛	6球目	スライダー	143	内中
					エイドリアン・マルティネス	右	2	DH	5回表	-	1死	3-1	四球	5球目	ツーシーム	152	内低
					フランシスコ・ペレス	左	2	DH	7回表	-	1死	1-2	空三振	5球目	スライダー	132	内低
					カービー・スニード	左	2	DH	9回表	一塁	1死	1-2	空三振	4球目	スライダー	133	外中

通算成績　135試合/599打席/497打数/151安打/26二塁打/8三塁打/44本塁打/95打点/102得点/91四球/3死球/143三振/20盗塁/
打率.304/出塁率.412/長打率.654/OPS1.066/得点圏打率.317

大谷翔平

全本塁打パーフェクトデータブック
2023年版

2023年11月3日　第1刷発行

監　修　福島良一
発行人　蓮見清一
発行所　株式会社 宝島社
〒102-8388　東京都千代田区一番町25番地
電話　（営業）03-3234-4621
（編集）03-3239-0646
https://tkj.jp
印刷・製本　株式会社広済堂ネクスト

Printed in Japan
ISBN 978-4-299-04706-9